Befreiungsermessen

Europäische Hochschulschriften

Publications Universitaires Européennes
European University Studies

Reihe II
Rechtswissenschaft

Série II Series II
Droit
Law

Bd./Vol. 2293

PETER LANG
Frankfurt am Main · Berlin · Bern · New York · Paris · Wien

Andreas Schenk

Befreiungsermessen

PETER LANG
Europäischer Verlag der Wissenschaften

Die Deutsche Bibliothek - CIP-Einheitsaufnahme

Schenk, Andreas:

Befreiungsermessen / Andreas Schenk. - Frankfurt am Main ; Berlin ; Bern ; New York ; Paris ; Wien : Lang, 1998
(Europäische Hochschulschriften : Reihe 2, Rechtswissenschaft ; Bd. 2293)
Zugl.: Göttingen, Univ., Diss., 1997
ISBN 3-631-32311-5

D 7
ISSN 0531-7312
ISBN 3-631-32311-5

meinen Eltern

Inhaltsverzeichnis

Abkürzungsverzeichnis

a.A.	andere Ansicht
a.a.O.	am angegebenen Ort
Abs.	Absatz
a.F.	alte Fassung
Alt.	Alternative
Anm.	Anmerkung
Art.	Artikel
Aufl.	Auflage
BR	Bundesrat
BT-Drucks.	Bundestags-Drucksache
bzgl.	bezüglich
bzw.	beziehungsweise
ca.	cirka
Darst.	Darstellung
ders.	derselbe
dies.	dieselben
d.h.	das heißt
Einf.	Einführung
Einl.	Einleitung
etc.	et cetera
gem.	gemäß
ggfls.	gegebenenfalls
GmS-OGB	Gemeinsamer Senat der Obersten Gerichtshöfe des Bundes
f.	folgende Seite
ff.	folgende Seiten
FN	Fußnote
FS	Festschrift
Hs	Halbsatz
h.M.	herrschende Meinung
Hrsg.	Herausgeber
i.S.d.	im Sinne des
i.V.m.	in Verbindung mit
Kap.	Kapitel
krit.	kritisch
LT-Drucks.	Landtags-Drucksache
m.w.N.	mit weiteren Nachweisen
Nachw.	Nachweise

o.	oben
o.g.	oben genannt
o.ä.	oder ähnliches
Prot.	Protokolle
Rdnr(n).	Randnummer(n)
Rspr.	Rechtsprechung
S.	Seite
s.o.	siehe oben
sog.	sogenannt(e)
s.u.	siehe unten
u.	und
u.a.	unter anderem
Urt.	Urteil
u.U.	unter Umständen
v.	von/vom
vgl.	vergleiche
Vorb.	Vorbemerkung
WRV	Weimarer Reichsverfassung vom 11.8.1919
z.B.	zum Beispiel
Ziff.	Ziffer
zust.	zustimmend(e)(r/n)

Im übrigen sind die Abkürzungen dem Abkürungsverzeichnis der Rechtssprache von *Hildebert Kirchner*, 4. Aufl., Berlin, New York 1993, entnommen.

Einführung

Die allgemeine Redewendung, nach welcher alles erlaubt, was nicht ausdrücklich verboten ist, entspricht durchaus den Erkenntnissen und grundlegenden Prinzipien des Verfassungs- und Verwaltungsrechts. Denn der Bürger bedarf grundsätzlich für seine Betätigungen keiner staatlichen Erlaubnis. Es ist vielmehr Aufgabe des Staates, diejenigen Aktivitäten seiner Bürger, die er für sozialschädlich im Hinblick auf die Rechte einzelner Mitbürger oder die Interessen des ganzen Gemeinwesens hält, mit einem unmittelbaren gesetzlichen Verbot zu belegen oder durch eine gesetzliche Ermächtigungsgrundlage den Verwaltungsbehörden die Möglichkeit zu eröffnen, im Einzelfall derartige Handlungen zu unterbinden[1]. Gesetzliche und administrative Verbote stellen sich von jeher als Grundformen staatlicher Reglementierung und Sozialkontrolle dar. Unverzichtbare Instrumente staatlicher Kontrolle sind die Verbote mit Erlaubnis- und Befreiungsvorbehalt, bei denen das gesetzliche Verbot mit einer exekutivischen Erlaubnis oder Befreiung kombiniert wird.

Das Regel-/Ausnahmeverhältnis erscheint dabei aufgrund der nahezu vollständigen Regelungsdichte im modernen Rechtsstaat aus der Sicht des Bürgers oft ins Gegenteil verkehrt: Alle Betätigungen mit nennenswerter Intensität, und seien sie staatlicherseits im Ergebnis noch so erwünscht und gefördert, sind fast flächendeckend mit gesetzlichen Verboten belegt[2], deren Kenntnis seitens eines gesetzestreuen Bürgers überdies vorausgesetzt wird[3]. *Jellinek*[4] führte hierzu bereits 1904 aus, die Freiheit des Bürgers werde nicht geschaffen, sondern anerkannt durch die Selbstbeschränkung des Staates und die durch sie erzeugte Abgrenzung von Zwischenräumen, die notwendig zwischen den Fäden seiner Normen existieren müßten, mit denen er das Individuum umgebe.

Die zunehmende Regelungsdichte im modernen Industrie- und Sozialstaat ist auch Anlaß für die Frage, ob innerhalb der Gewaltentrias und unter Geltung des Gesetzesvorbehalts nicht eine Verschiebung der Kräfteverhältnisse in Richtung eines

---

1 BVerfGE 6, 32 (42); 7, 377 (397); *Stern*, Die öffentliche Sache, VVDStRL 21 (1964), 183 (220).

2 Krit. *Krüger*, Erlaubnisvorbehalt, DÖV 1958, 673 (674) zum allgemeinen Verbot als Steuerinstrument an sich gewünschter Aktivitäten, die letztere als "an sich unverdiente Gnade" erscheinen ließen; *Pietzner*, JA 1973, 691 spricht im Hinblick auf das Verbot mit Erlaubnisvorbehalt von einer Antinomie von Freiheit und Gemeinschaftsbindung.

3 Wobei diese Kenntnis des Staatsbürgers von *Sendler*, Normenflut, ZRP 1979, 227 (228) als lächerlichste aller Fiktionen bezeichnet wird.

4 *Jellinek*, Die Erklärung der Menschen- und Bürgerrechte, 2. Aufl. (1904), S. 62.

Gesetzesstaates zu befürchten ist[5]. Die ständig komplizierter werdenden tatsächlichen und sozialen Verhältnisse im modernen Industrie- und Sozialstaat haben zu einer Perfektionierung der Gesetzgebung geführt[6], das Bedürfnis nach verwaltungsgerichtlicher Klärung von Zweifelsfragen aber in einem ebensolchen Maße ansteigen lassen. Die mit der Regelungsdichte zunehmende Gefahr einer "Hypertrophie des Gesetzesvorbehalts"[7] und die gesteigerte verwaltungsgerichtliche Kontrolldichte haben in der jüngeren Vergangenheit zahlreiche Stimmen hervorgerufen, die sich kritisch mit diesem Phänomen auseinandersetzen[8].

Eine besondere rechtsstaatliche Bedeutung kommt dem Verwaltungsermessen bei der Aufhebung gesetzlicher Verbote zu. Die Zulässigkeit eines Ermessens im Sinne eines Spielraumes der Verwaltung zu eigenverantwortlicher Wahl und Entscheidung[9] kann nach heutiger Lehre als gesichert gelten. Die verfassungsrechtliche Zulässigkeit von Ermessenstatbeständen ist durch das Bundesverfassungsgericht ausdrücklich bestätigt worden[10] und wird nur noch vereinzelt bestritten[11]. Die Be-

---

5 Hierzu *Kloepfer,* Vorbehalt, JZ 1984, 685 (688 ff.); zum Verhältnis der verwaltungsgerichtlichen Kontrolldichte zur gesetzlichen Regelungsdichte vgl. den so betitelten Aufsatz von *Beckmann,* Kontrolldichte, DÖV 1986, 505 m.w.N.; *Starck,* Übermaß, ZRP 1979, 209 mit Zahlen, die nahezu eine Vervierfachung des Umfangs des Bundesgesetzblattes von 1954 - 1978 sowie eine Verdreifachung der Zahl der verwaltungsgerichtlichen Klagen von 1968 - 1977 belegen.

6 *Starck,* a.a.O., S. 210.

7 So *Isensee,* ZRP 1985, 139 (140).

8 *Brohm,* Verwaltungsgerichtsbarkeit, DVBl 1986, 321; besonders ergiebig hierzu ist das 1985 durchgeführte Göttinger Symposion zu dem Thema "Die öffentliche Verwaltung zwischen Gesetzgebung und richterlicher Kontrolle", Hrsg. *Götz/Klein/Starck* - vgl. auch die gleichnamigen Berichte von *Hill,* Öffentl. Verwaltung, DVBl 1985, 998 und *Aretz,* DÖV 1985, 614; sowie *Kissel,* NJW 1982, 1777; *Kopp,* Rechtskontrolle, BayVBl 1983, 673; *Schmidt-Eichstaedt,* Konkretisierungsauftrag, DVBl 1985, 645; *Papier,* Kontrolldichte, DÖV 1986, 621; *ders.:* Verwaltungsverantwortung, FS für Ule, 235; *Sendler,* Normenflut, ZRP 1979, 227; *ders.:* Verwaltung, NJW 1986, 1084; *Starck,* Übermaß, ZRP 1979, 209.

9 BVerfGE 49, 89 (145); *Ossenbühl,* in: *Erichsen,* Allg.VerwR, S. 184 ff. (187): eigenbestimmte Wertabwägung der konkret-individuellen Interessen- und Konfliktlage; zur grundsätzlichen Zulässigkeit des Ermessens vgl. *Schmidt-Aßmann,* in: *Maunz/Dürig/ Herzog/Scholz,* GG, Art. 19 IV, Rdnr. 189 ff. m.w.N..

10 BVerfGE 9, 137 (146 ff.); 49, 89 (145); zum Meinungsstand in der Lehre *Schmidt-Aßmann,* in: *Maunz/Dürig/Herzog/Scholz,* GG, Art. 19 IV Rdnr. 189; demgegenüber wurde das Ermessen in der Zeit der Weimarer Republik vereinzelt als mit dem Rechtsstaatsprinzip unvereinbar angesehen, vgl. *Scheuner,* VerwArch 33 (1928), 68 (80 f.).

11 *Rupp,* Grundfragen, S. 201 bezeichnete noch in neuerer Zeit ein als Freiraum verstandenes Ermessen als "apokryphes politisches Relikt versunkener Monarchengewalt"; *Hans*

trachtung des Ermessens unter den Gesichtspunkten des "Letztentscheidungsrechtes" von Verwaltung und Rechtsprechung sowie des Umfangs der richterlichen Kontrolle des Verwaltungshandelns betrifft das grundlegende Verhältnis der Exekutive und der Judikative zueinander sowie insbesondere den Grundsatz des adäquaten Rechtsschutzes des Bürgers im Sinne des Art. 19 Abs. 4 GG[12]. Diese grundlegende Ermessensproblematik ist bei Befreiungsnormen allein schon deshalb von Bedeutung, weil diese regelmäßig mit einem Ermessensspielraum versehen sind[13]. Die der Verwaltungsbehörde bei Ermessensentscheidungen allgemein eingeräumte Entscheidungsfreiheit wird bei Befreiungsvorschriften sogar besonders augenscheinlich, da hier der Behörde gestattet wird, einen vom Gesetzgeber gezogenen Rahmen im Einzelfall außer Kraft zu setzen[14].

Das Ermessen wird nach der überkommenen Lehre begrifflich erfaßt und bestimmten Kategorien unterschiedlich strikter Gesetzesbindung und gerichtlicher Kontrolldichte zugeordnet. Zulässigkeit und Reichweite des Verwaltungsermessens bei der Freistellung von gesetzlichen Verboten sind danach insbesondere abhängig von einer Charakterisierung dieser Verbote als präventiv oder repressiv[15]. Mit diesen Begriffen werden nach ganz herrschender Meinung zwei sich verfassungsrechtlich diametral gegenüberstehende Verbotstypen gekennzeichnet. Der gesamte Bereich der gesetzlichen Verbote wird gemeinhin nach den zuvor genannten Grundsätzen in präventive Verbote mit Erlaubnisvorbehalt und repressive Verbote mit Befreiungsvorbehalt eingeteilt[16], auch wenn die Terminologie durchaus nicht ein-

---

Huber, FS für Giacometti, S. 59 ff. (66), spricht vom Ermessensbegriff als dem "trojanischen Pferd des rechtstaatlichen Verwaltungsrechts"; vgl. auch *Soell*, Ermessen, S. 117 ff., 371; diese Auffassungen haben sich jedoch nicht verbreitet und betreffen im übrigen Befreiungsnormen ebenso wie jede andere Ermessensnorm.

12 *Ossenbühl*, Verwaltungsvorschriften, S. 316 ff..

13 *Mussgnug*, Dispens, S. 84 ff..

14 *Ossenbühl*, Tendenzen, DÖV 1968, 618 führt zur Ermessensdiskussion aus, das Ermessen sei jenes Instrument, "mit dem seismographisch die feinsten Pendelausschläge zum Richterstaat oder dem ihm diametral gegenübergestellten Verwaltungsstaat registriert werden können".

15 *Drews/Wacke/Vogel/Martens*, Gefahrenabwehr, S. 443; *Friauf*, JuS 1962, 422 (423); diese Terminologie geht zurück auf *Thoma*, VerwArch 32 (1927), 247 f.; so auch BVerfGE 20, 150 (157).

16 Vgl. nur beispielhaft *Drews/Wacke/Vogel/Martens*, Gefahrenabwehr, S. 447 ff. (456 f.); *Kloepfer*, Umweltrecht, S. 120; *Pietzner*, JA 1973, 691 (694 f.); *Sattler*, in: Göttinger Kolloqium, S. 132 ff.; *Wolff/Bachof*, VerwR I, § 48 II c (S. 106); in dieser Terminologie auch BVerfGE 20, 150 (157); 38, 348 (367).

heitlich ist. Nur gelegentlich wird die verfassungsrechtliche Relevanz einer Unterscheidung beider Verbotstypen in Frage gestellt[17].

Die auf *Otto Mayer*[18] zurückgehende Rechtsfigur des präventiven Verbotes mit Erlaubnisvorbehalt gehört zum klassischen Bestand des deutschen Verwaltungsrechts. Das präventive Verbot mit Erlaubnisvorbehalt ist seinem Wesen nach eine nur formelle, vorläufige Schranke für die Grundrechtsbetätigung. Der Bürger wird wegen potentieller Gefahren seines Vorhabens auf ein Genehmigungsverfahren verwiesen, das der Behörde eine rechtzeitige, präventive Kontrolle ermöglicht und dem Betroffenen bei Vorliegen der gesetzlichen Genehmigungsvoraussetzungen einen Anspruch auf die Erlaubnis einräumt[19].

Nach allgemeiner Ansicht kann bei den präventiven Genehmigungsvorbehalten grundsätzlich für ein Entschließungsermessen der Verwaltung kein Raum sein, da ausschließlich der Gesetzgeber die Befugnis habe, den Rahmen grundrechtlich geschützter Betätigung zu bestimmen. Dem Bürger müsse daher bei Vorliegen der gesetzlichen Voraussetzungen ein Rechtsanspruch auf die begehrte Behördenentscheidung eingeräumt werden.

Demgegenüber soll die Befreiung von einem repressiven Verbot nach ganz überwiegender Ansicht nicht lediglich eine formelle Schranke beseitigen. Vielmehr werde eine grundsätzlich verbotene und sozialwidrige Tätigkeit in einem atypischen Fall erlaubt und somit ein Recht zu dieser Aktivität überhaupt erst begründet[20]. Da mit der Befreiung ein generelles und zulässiges Verbot im begründeten Einzelfall durchbrochen und somit die Freiheitszone des Bürgers lediglich erweitert werde, könne die Entscheidung grundsätzlich in das Ermessen der Behörde gestellt werden[21]. Im Bereich der repressiven Verbote mit Befreiungsvorbehalt kann der Verwaltung danach ohne verfassungsrechtliche Bedenken die Befugnis übertragen werden, durch Ermessensentscheidung Verbote im Einzelfall außer Kraft zu setzen, da sie auch im Falle der Versagung der begehrten Entscheidung ausschließlich über eine Vergünstigung entscheide, auf die der Betroffene keinen Anspruch habe. Durch die Versagung der beantragten Befreiung oder Ausnahme

---

17 *Schwabe*, JuS 1973, 422; differenzierend: *Gusy*, Erlaubnisvorbehalt, JA 1981, 80 (83).

18 O. *Mayer*, VerwR I, S. 239 ff..

19 Grundlegend zu dieser Betrachtungsweise BVerfGE 20, 150 (157); *Forsthoff*, VerwR, S. 67; *Friauf*, JuS 1962, 422 (423); *Drews/Wacke/Vogel/Martens*, Gefahrenabwehr, S. 443.

20 BVerfGE 20, 150 (157) zum Sammlungsgesetz; *Menger/Erichsen*, Höchstr.Rspr 1967, VerwArch 58 (1967), 278.

21 Vgl. nur *Ackermann*, DÖV 1964, 721 (722); *Ossenbühl*, Tendenzen, DÖV 1968, 618 (623 f.).

könne der status negativus des Betroffenen letztlich nicht berührt werden[22]. Denn die von ihm begehrte Betätigung liege außerhalb der durch die Verfassung verbürgten Freiheitszone[23]. Erst die Aufhebung des Verbotes nach Feststellung der fehlenden Sozialschädlichkeit im konkreten Fall sei materielle Voraussetzung für das Recht überhaupt und begründe dieses erst konstitutiv[24].

Allerdings werden von den zuvor genannten Grundsätzen zur Zulässigkeit des Ermessens bei präventiven und repressiven Verboten einige Ausnahmen und Sonderfälle anerkannt, so daß sich die Fragen nach der dogmatischen Abgrenzung beider Bereiche sowie nach der Existenz von Mischformen stellen. So wird etwa mit § 7 AtomG[25] und dem in dieser Vorschrift eingeräumten Versagungsermessen eine Durchbrechung des Grundsatzes gebundener Entscheidung bei präventiven Verboten angenommen[26], die ausschließlich mit einer Sonderstellung des Atomrechts gerechtfertigt wird.

Andererseits soll das bei der Durchbrechung repressiver Verbote grundsätzlich zulässige Ermessen im einzelnen Fall erheblichen Beschränkungen unterliegen können aufgrund der durch das gesetzliche Verbot betroffenen Grundrechte, bis hin zu einem vollständigen Ausschluß jeglichen Ermessens und damit einem Rechtsanspruch auf die Befreiung[27]. Die bekanntesten Beispiele hierfür finden sich in der Rechtsprechung des Bundesverwaltungsgerichts zu den §§ 35 Abs. 2, 31 Abs. 2 BBauG, nach der im Wege der verfassungskonformen Auslegung unter Berücksichtigung des Art. 14 GG entgegen dem Wortlaut der Vorschrift ein Anspruch auf die begehrte Befreiung bestehen soll[28]. Diese Rechtsprechung hat weit-

---

22 *Ackermann,* DÖV 1964, 721 (722); *Drews/Wacke/Vogel/Martens,* Gefahrenabwehr, S. 447; *Müller,* DÖV 1969, 119 (126); *Ossenbühl,* Tendenzen, DÖV 1968, 618 (624).

23 *Ossenbühl,* Tendenzen, DÖV 1968, 618 (624).

24 So BVerfGE 20, 150 (157).

25 § 7 Abs. 2 AtomG: "dürfen ... genehmigt werden".

26 BVerfGE 49, 89 (146f.) "Kalkar"; *Haedrich,* AtomG, § 7 Rdnr. 47; *Ronellenfitsch,* S. 349; *Mahlmann,* S. 270; *Schmitt-Glaeser,* der landkreis 1976, 442 (443); a.A. *Löhr,* DVBl 1979, 70 (72).

27 BVerwGE 18, 247 (251); OVG Münster NJW 1966, 1833 mit Anmerkung von *Gierth,* NJW 1966, 2424; VG Münster DVBl 1967, 298 mit zustimmender Anmerkung Hoppe sowie ablehnender Anmerkung *Scheerbarth*; *Dyong,* in: *Ernst/Zinkahn/Bielenberg,* BauGB, § 35 Rdnr. 75; *Krautzberger,* in: *Battis/Krautz-berger/Löhr,* BauGB, § 35 Rdnr. 47; *Schrödter,* BauGB, § 35 Rdnr. 80; *Söfker,* ZfBR 1989, 91 (92); *Taegen,* in: *Schlichter/Stich,* BauGB, § 35 Rdnr. 53.

28 BVerwGE 18, 247 (251).

gehend Zustimmung gefunden[29] und führt zu der Frage, unter welchen Voraussetzungen und in welchem Umfang ganz allgemein bei repressiven Verboten ein Anspruch auf Befreiung in Betracht kommen kann[30].

Weitgehend ungeklärt ist auch, ob die ganz unterschiedlichen Funktionen und Regelungszusammenhänge von repressiven Verboten mit Befreiungsvorbehalt zu unterschiedlichen Ermessensbindungen führen können. So erfüllt das Ermessen bei der in eine präventive Materie eingebetteten bauordnungsrechtlichen Befreiung ganz andere Aufgaben, als etwa ein nach den §§ 8 Abs. 1, 70 Abs. 5 S. 2 GWB den zuständigen Behörden aus wirtschaftspolitischen Notwendigkeiten eröffneter Ermessens- und damit Handlungsspielraum[31], mit dem auch grundsätzlich sozialschädliche und somit verbotene Wettbewerbsbeschränkungen aus übergeordneten, etwa außenwirtschaftlichen, Erwägungen im Einzelfall zugelassen werden können.

In der Ermessenslehre zeichnet sich überdies ein Wandel ab, der eine rein begriffliche Abgrenzung der administrativen Gestaltungsräume als Rechtsfolgeermessen, unbestimmtem Rechtsbegriff oder Beurteilungsermächtigung zurückdrängt zugunsten einer stärker norm- und grundrechtsspezifischen Betrachtungsweise[32]. Auch wird zunehmend der Versuch unternommen, unterschiedliche Funktionen des Ermessens aufzuzeigen und auf unterschiedliche Ermessensbindungen zu untersuchen[33]. Vereinzelt wer-den Ansätze einer funktionellen Abgrenzung auch speziell bei Befreiungsnormen erörtert[34]. Von Interesse für das Untersuchungsziel ist gerade der Zusammenhang zwischen verschiedenen Funktionen und Ermessensbindungen bei Befreiungsnormen.

Ohne ein System von Ermessens- oder Befreiungsfunktionen zu entwickeln, weisen einige Autoren darauf hin, daß ein Ermessensspielraum bei der Durchbrechung repressiver Verbote jedenfalls dann unproblematisch sein dürfte, wenn von dem

---

29 Nachweise bei *Bielenberg/Krautzberger/Söfker*, BauGB-Leitfaden, Rdnr. 198; ablehnend: *Ortloff*, NVwZ 1988, 320 (322 f.).

30 *Herzog*, in: *Maunz/Dürig/Herzog/Scholz*, GG, Art. 20 VII Rdnr. 77; von Interesse ist in diesem Zusammenhang, daß die Begründungen zur vollständigen Ermessensbindung bei einigen repressiven Verboten weitgehend denjenigen zur Notwendigkeit eines Genehmigungsanspruches bei präventiven Verboten entsprechen.

31 Vgl. *Schmidt-Aßmann/Groß*, NVwZ 1993, 617 (622); *Bullinger*, JZ 1984, 1001 (1008).

32 Zuletzt *Schmidt-Aßmann/Groß*, NVwZ 1993, 617.

33 Vgl. hierzu insbesondere *Bullinger*, JZ 1984, 1001.

34 *Bullinger*, JZ 1984, 1001, (1004 ff.); *Friauf*, JuS 1962, 422 (426); *Ossenbühl*, DÖV 1968, 618 (624).

Verbot nicht wegen einer Kollision mit den Grundrechten des Betroffenen[35] abgewichen werde oder, positiv abgegrenzt, wenn Gemeinschaftsgütern[36] oder öffentlichen Belangen[37] Vorrang verschafft werden solle. Andere Autoren[38] stellen beide Befreiungsfunktionen ausdrücklich gegenüber und stellen ein Ermessen bei der Befreiung zur Vermeidung individueller Härten in Frage.

Von Interesse ist schließlich auch ein ermessensbeschränkender Gesichtspunkt, der z.B. in einer bereits genannten Entscheidung des Bundesverwaltungsgerichts zur Bindung des Ermessens in § 35 Abs. 2 BBauG parallel erörtert wird[39] und zu einem Anspruch auf Befreiung führen soll. Es handelt sich hierbei um die sog. "Koppelungsproblematik", die, vordergründig betrachtet, normstrukturelle Ermessensgrenzen aufzeigt. Danach wird das nach neuerer Lehre ausschließlich auf der Rechtsfolgenseite beheimatete Ermessen bei bestimmten Koppelungsormen durch die tatbestandlich eröffneten administrativen Entscheidungsspielräume vollständig verdrängt, sofern letztere sämtliche denkbaren Ermessensgesichtspunkte bereits konsumieren und einer gerichtlichen Überprüfung zugänglich machen.

Diese Ermessensproblematik tritt nur bei bestimmten Koppelungsnormen und keineswegs bei allen Befreiungsnormen auf. Die Koppelungsproblematik ist nur vor dem Hintergrund eines Wandels in der allgemeinen Ermessenslehre zu erklären, der zu einer "Verdrängung" des Ermessens aus dem Tatbestand der Norm führte. Befreiungsnormen weisen aber regelmäßig eine Normstruktur auf, die zur Prüfung dieser Koppelungsproblematik Anlaß gibt, da sie eine Durchbrechung eines repressiven Verbotes bei atypischen Sachverhalten ermöglichen, die im einzelnen nicht vorhersehbar und damit tatbestandlich nicht konkretisierbar sind und der Verwaltung hierzu einen weitgehenden Handlungsspielraum übertragen müssen. Der Gesetzgeber muß sich daher besonders weitgefaßter, unbestimmter Rechtsbegriffe bedienen, deren tatbestandliche Reichweite in bestimmten Fällen in Konflikt geraten kann mit dem Rechtsfolgeermessen.

Versteht man das Ermessen als Freiraum der Verwaltung in einem doppelten Sinne, nämlich als Freiheit von vollständiger gesetzlicher Determinierung einerseits

---

35 *Friauf*, JuS 1962, 422 (426).

36 *Pietzner*, JA 1973, 691 (764).

37 *Gusy*, Erlaubnisvorbehalt, JA 1981, 80 (83) unter dem Begriff Dispensermessen.

38 *Bullinger*, JZ 1984. 1001 (1009); *Ossenbühl*, DÖV 1968, 618 (624), der auch eine Mischform annimmt.

39 BVerwGE 18, 247 (251).

und von vollständiger richterlicher Kontrolle andererseits[40], ist die Problematik von Ermessensbindungen bei Befreiungsnormen unter dem Gesichtspunkt der Unterscheidung zwischen repressiven und präventiven Verboten einer anderen Ebene zuzuordnen als die Koppelungsproblematik. Präventive und repressive Verbote unterscheiden sich durch eine aus verfassungsrechtlichen Gründen unterschiedlich starke gesetzliche Determinierung der Exekutive durch die Legislative. Die Koppelung unbestimmter Rechtsbegriffe mit einem Rechtsfolgeermessen soll unter bestimmten Voraussetzungen demgegenüber das Ermessen vollständig konsumieren, indem sich die richterliche Kontrolle über den Tatbestand wegen einer Prüfungsidentität auch auf das Rechtsfolgeermessen erstreckt. Die Koppelungsproblematik ist daher im Spannungsfeld von Exekutive und Judikative angesiedelt.

Mit der vorliegenden Arbeit soll das Ermessen bei der Befreiung von repressiven Verboten unter beiden vorgenannten Gesichtspunkten auf mögliche Bindungen und Beschränkungen untersucht werden. Dabei ist auf eine Abgrenzung der repressiven Verbote mit Befreiungsvorbehalt zu den präventiven Verboten mit Erlaubnisvorbehalt einzugehen. Insbesondere bei Grenzfällen und Mischformen beider Verbotstypen stellt sich die Frage, inwieweit die Grundsätze auf repressive Verbote anwendbar oder übertragbar sind, nach denen dem Betroffenen ein Rechtsanspruch auf die begehrte Entscheidung eingeräumt werden muß. Die Koppelungsproblematik, die in Rechtsprechung und Lehre gerade bei einigen praxisrelevanten Befreiungsnormen erörtert wird, ist auf Zusammenhänge zu den vorgenannten Ermessensfragen und Verbotstypen zu untersuchen.

Auch ist unter Berücksichtigung des Meinungsstandes zu den §§ 35 Abs. 2, 31 Abs. 2 BBauG/BauGB zu prüfen, ob und unter welchen Voraussetzungen bei repressiven Verboten ganz allgemein ein Anspruch auf Befreiung aus verfassungsrechtlichen, namentlich grundrechtlichen Erwägungen in Betracht kommen kann. Die bei einigen repressiven Verboten mit Befreiungsvorbehalt nach ganz herrschender Meinung auftretenden grundrechtlichen Ermessensbindungen wecken jedenfalls Zweifel an einer verallgemeinernden Definition der Befreiung als grundrechtsneutraler Wohltat[41]. Dies gilt insbesondere deshalb, weil einige für die Verwaltungspraxis besonders wichtige Befreiungsnormen[42] tatbestandlich auf die Vermeidung individueller Härten des von dem gesetzlichen Verbot betroffenen Bürgers gerichtet sind.

---

40 In diesem Sinne *Bullinger,* JZ 1984, 1001 m.w.N..

41 So aber *Ossenbühl,* DÖV 1968, 618 (624).

42 So z.B. die bauordnungsrechtlichen Härtefall-Befreiungen oder die Befreiung vom Bebauungsplan zur Vermeidung einer individuellen Härte gem. § 31 Abs. 2 Ziff. 3 BauGB.

1. Kapitel: Das gesetzliche Verbot mit Befreiungsvorbehalt

§ 1 Begriffsbestimmungen

I. Verbote mit Erlaubnisvorbehalt und Verbote mit Befreiungsvorbehalt

Mit der allgemeinen Anerkennung der Rechtsfigur des präventiven Verbotes mit Erlaubnisvorbehalt und dessen Abgrenzung zum repressiven Verbot mit Befreiungsvorbehalt hat sich seit den zwanziger Jahren ein Sprachgebrauch entwickelt, der zwei verfassungsrechtlich grundlegend verschiedene Verbotstypen kennzeichnet. Das Institut des Verbotes mit Erlaubnisvorbehalt wurde von *Otto Mayer* erstmals 1924 vorgestellt[43]. Die terminologische Unterscheidung zwischen präventiven und repressiven Verboten findet sich zuerst bei *Thoma,* in einer Urteilsanmerkung zu einer Entscheidung des Preußischen OVG[44].

Dieser Terminologie folgend wird von einer Erlaubnis oder Genehmigung überwiegend im Bereich der präventiven Verbote gesprochen, von einer Befreiung oder gelegentlich auch einem Dispens bei der Durchbrechung repressiver Verbote[45]. Während bei der Verwendung dieser Einzelbegriffe eine gesicherte Zuordnung zu bestimmten Verbotstypen aber nicht erkennbar ist, wird in Rechtsprechung und Lehre ganz überwiegend terminologisch zwischen den Begriffspaaren der (präventiven) Verbote mit Erlaubnisvorbehalt und der (repressiven) Verbote mit Dispens-[46] oder Befreiungsvorbehalt[47] unterschieden[48].

---

43 In seinem Werk "Deutsches Verwaltungsrecht, Band I", 3. Aufl. 1924 (S. 239 ff.).

44 *Thoma,* VerwArch. 32 (1927), 247 f.; ihm folgend *Huber,* AöR 78 (1953), 113 ff. (117) mit einer Urteilsanmerkung zu BGH III ZR 103/5; *Forsthoff,* VerwR, 8. Aufl. (1961), S. 244; übernommen auch durch das Bundesverfassungsgericht in seiner Entscheidung zum Sammlungsgesetz: E 20, 150 (157).

45 *Drews/Wacke/Vogel/Martens,* Gefahrenabwehr, S. 443 mit einer Aufzählung von Beispielen; *Faber,* VerwR, S. 107; *Pietzner,* JA 1973, 691 (695) unterscheidet terminologisch zwischen (präventiven) Verboten mit Erlaubnisvorbehalt und (repressiven) Verboten mit Befreiungsvorbehalt - vgl. auch die dortigen Nachweise.

46 Z.B. *Gusy,* Erlaubnisvorbehalt, JA 1981, 80 (84).

47 So z.B. *Faber,* VerwR, S. 105 in der 1. Auflage - seit der 3. Aufl. wird von Verboten mit Zulassungsvorbehalt als Oberbegriff gesprochen; *Kloepfer,* Umweltrecht, S. 120; *Pietzner,* a.a.O., 197, allerdings mit unzutreffenden Nachweisen auf S. 694; *Sattler,* in: Göttinger Kolloqium, S. 132 ff.; *Wolff/Bachof,* VerwR I, § 48 II c; in dieser Terminologie auch BVerfGE 20, 150 (157); 38, 348 (367).

48 *Schwabe,* JuS 1973, 133, ist demgegenüber der Ansicht, es werde meist von der (präventiven) Erlaubnis und der (repressiven) Ausnahmebewilligung bzw. dem Dispens gesprochen; *Mussgnug,* Dispens, S. 87 ff. unterscheidet zwischen Verboten mit Erlaub-

Teilweise wird allerdings auch das Verbot mit Befreiungsvorbehalt ausdrücklich als Unterfall des Verbotes mit Erlaubnisvorbehalt bezeichnet[49] oder von einem Verbot mit Zulassungsvorbehalt als Oberbegriff gesprochen[50]. Das Bundesverfassungsgericht komprimierte vereinzelt den Begriff des Verbotes mit Erlaubnisvorbehalt auf den Begriff des Erlaubnisvorbehalts[51] oder gestaltete ihn um in ein Erlaubnisverfahren mit Verbotsvorbehalt[52], ohne freilich inhaltlich etwas anderes zu meinen[53].

II. Ausnahme, Befreiung und Dispens als Einzelbegriffe

Nachdem auf die Begriffspaare "Verbot mit Befreiungsvorbehalt" und "Verbot mit Erlaubnisvorbehalt" eingegangen wurde, soll kurz auf die einzelnen Begriffe selbst abgestellt werden, die im Sprachgebrauch des Gesetzgebers sowie in Lehre und Rechtsprechung für die Durchbrechung eines gesetzlichen Verbotes Anwendung finden.

1. Ausnahme und Befreiung im Baurecht

Obwohl der Gesetzgeber einerseits mancherorts die Begriffe Ausnahme und Befreiung bedenkenlos miteinander kombiniert[54], findet sich in einem bestimmten Regelungsbereich, dem Baurecht, ein gesetzestechnisch klar geregelter Dualismus, der ohne das Bewußtsein des Gesetzgebers einer wenigstens formellen Unterscheidung nicht erklärlich ist.

---

nisvorbehalt und Dispensermächtigungen.

49 *Bruder*, Befreiung, S. 39; *Faber*, VerwR, S. 106; *Friauf*, JuS 1962, 422 (424); *Hoppe*, Ausnahmen, DVBl 1969, 340 (342); *Keppeler*, Versagungsermessen, S. 8 ff. geht zwar von einer strengen Unterscheidung zwischen präventiven und repressiven Verboten aus, behandelt sodann beide Verbotstypen unter dem Oberbegriff der Verbote mit Erlaubnisvorbehalt und die jeweiligen Ermessenserwägungen unter dem Begriff des Versagungsermessens.

50 *Faber*, VerwR, S. 113.

51 BVerfGE 20, 150 (156 f.).

52 BVerfGE 40, 371 (383) = NJW 1976, 559 = DÖV 1976, 531; krit. *Schwabe*, DVBl. 1981, 389, der mit Recht ausführt, von einem Verbotsvorbehalt könne keine Rede sein.

53 Vgl. hierzu *Bettermann*, BB 1982, 2146 (2147).

54 Vgl. § 14 Abs. 2 NdsDeichG: "Die untere Deichbehörde kann zur Befreiung vom Verbot des Abs. 1 Ausnahmen genehmigen."

So unterscheidet etwa § 31 BauGB ausdrücklich zwischen Ausnahmen in Abs. 1 und Befreiungen in Abs. 2. In den Landesbauordnungen[55] findet sich ebenfalls die tatbestandliche Abgrenzung zwischen Ausnahme und Befreiung[56]. Beispielsweise war die Ausnahme in § 85 der NBauO geregelt, die Befreiung in § 86 NBauO. Äußerst umstritten und auch nach Lektüre aller widerstreitenden Meinungen unklar ist aber auch im Baurecht bereits die inhaltliche Abgrenzung dieser Begriffe.

Überwiegend wird nur eine formelle Unterscheidung angenommen, nach der die Ausnahme als "Spezialermächtigung" im Regelungszusammenhang mit einer einzelnen Verbotsnorm stehen soll, die Befreiung als "Generalermächtigung" demgegenüber "vor die Klammer gezogen" sei und eine Vielzahl von Normen betreffe[57]. Nach dieser formellen Unterscheidung handelt es sich um eine rein rechtstechnische Frage, ob eine Ausnahme in unmittelbarem Zusammenhang mit nur einer Norm installiert wird oder eine Befreiung aufgrund ihrer Stellung im Gesetz und ihrer tatbestandlichen Reichweite auf eine Vielzahl von Normen anzuwenden ist[58].

Nur vereinzelt wird die Ansicht vertreten, eine materielle Unterscheidung liege darin, daß bei einer Ausnahme der Normzweck im Ergebnis vorrangig bleibe und erreicht werde, bei der Befreiung hingegen sich der Normzweck anderen, privaten Belangen unterordnen müsse[59]. Die Befreiung sei daher nicht vorhersehbar und berechenbar und trage einen normwidrigen Charakter[60]. Entscheidend soll danach sein, daß die Befreiung im Hinblick auf die Grundrechte des Betroffenen zur Vermeidung unbilliger Härten notwendig werden könne und daher dem Prinzip der Verhältnismäßigkeit Rechnung trage[61]. Dies führt zu der Schlußfolgerung, die

---

55 So bereits die Preußische Einheitsbauordnung von 1919; hier haben sich allerdings in der jüngsten Vergangenheit terminologische Veränderungen ergeben durch die Neufassungen verschiedener Landesbauordnungen. Bayern hat bereits mit seiner Bauordnung vom 18.4.1994 (GVBl. S. 251) den Unterschied zwischen Ausnahmen und Befreiungen aufgegeben und in Art. 77 das Institut der Abweichung geschaffen.

56 Vgl. die Musterbauordnung 1959.

57 *Hoppe*, Ausnahmen, DVBl 1969, 340 (341); *Bruder*, Befreiung, S. 8; *Grosse-Suchsdorf/Schmaltz/Wiechert*, NBauO, § 86 Rdnr. 1; *Mussgnug*, Dispens, S. 71; *Richter*, DÖV 1959, 290.

58 So für das Bauplanungsrecht auch *Söfker*, in: *Ernst/Zinkahn/Bielenberg*, BauGB, § 31 Rdnr. 10; *Schlichter*, in: *Schlichter/Stich*, BauGB, § 31 Rdnr. 7 f..

59 *Richter*, DÖV 1959, 290 (291).

60 *Dürr*, in: *Brügelmann/Dürr*, BauGB § 31 Anm. 6: faktische Planänderung; *Löhr*, in: *Battis/Krautzberger/Löhr*, BauGB, § 31 Rdnr. 24.

61 Hierzu *Bruder*, Befreiung, S. 6 ff.; auf diesen Gedanken wird an späterer Stelle ausführlich einzugehen sein.

baurechtliche Befreiung ermögliche das Abweichen von "zwingenden" Normen und schaffe eine neues, objektives Baurecht im Einzelfall[62]. Im Ergebnis wird damit die Befreiung als Rechtsetzung im materiellen Sinne angesehen.

Hiergegen wird eingewandt, die Unterscheidung danach, ob die Abweichung von einer zwingenden oder einer nicht zwingenden Norm erfolge, gerate in die Nähe eines Zirkelschlusses, da der zwingende Charakter nur formal danach ermittelt werden könne, ob im Ergebnis von der Norm abgewichen werden dürfe oder nicht[63].

2. Die Terminologie in der Gesetzessprache

Außerhalb des Baurechts begegnet eine Abgrenzung der Begriffe Befreiung, Ausnahme und Dispens anhand ihres Einsatzes in der heutigen Gesetzessprache großen Schwierigkeiten. Denn während z.B. das kanonische Recht ausschließlich den Begriff des Dispenses[64] für die Nichtanwendung eines Gesetzes in einem Einzelfall verwandte, findet sich in der modernen Gesetzessprache für entsprechende Regelungen eine Vielfalt von Bezeichnungen wie "Befreiung", "Ausnahme", "Erlaubnis", "Genehmigung" oder "Ausnahmebewilligung" etc., während der Begriff des Dispenses allenfalls noch gelegentlich in der Literatur[65] Anwendung findet. Die durch Gesetz der Verwaltung eingeräumte Befugnis, eine repressive gesetzliche Regelung in einem Einzelfall nicht anzuwenden, wird in der heutigen Gesetzessprache überwiegend durch die Begriffe Befreiung und Ausnahme gekennzeichnet, die Begriffe Erlaubnis und Genehmigung finden dagegen vorwiegend bei den präventiven Verboten mit Erlaubnisvorbehalt Anwendung.

Die in dieser Arbeit näher zu untersuchenden Befreiungen von repressiven Verboten lassen sich ganz allgemein nicht durch eine eindeutig vorgegebene Terminologie in der Gesetzessprache und Lehre erkennen[66]. Dies gilt selbst für das Baurecht. Denn auch hier existieren zahlreiche Tatbestände zur Durchbrechung repressiver Normen, ohne daß der Gesetzgeber sich durchgehend einer eingrenzbaren Terminologie bedient hätte. So können gem. § 35 Abs. 2 BauGB[67] "Vorhaben im Einzel-

---

62 So *Simon*, BayBauO, Art. 72 Rdnr. 23.

63 *Schlichter*, in: *Schlichter/Stich*, BauGB, § 31 Rdnr. 7; *Söfker*, in: *Ernst/Zinkahn/Bielenberg*, BauGB, § 31 Rdnrn. 10 f.; *Dürr*, in: *Brügelmann/Dürr*, BauGB, § 31 Anm. 4.

64 Can. 80 cic: "dispensatio, seu legis in casu speciali relaxatio...".

65 *Drews/Wacke/Vogel/Martens*, Gefahrenabwehr, S 443 ff. (447).

66 *Friauf*, JuS 1962, 422 (424).

67 Zum repressiven Charakter des § 35 BauGB insgesamt: BVerwGE 19, 75 (76); BVerwG DVBl 1967, 286 (287); *Ackermann*, DÖV 1964, 721 (722); *Klein*, DÖV 1964, 658; *Men-*

fall zugelassen werden." Rechtsprechung[68] und Lehre[69] haben eine begriffliche Klarheit bei der Interpretation von Gesetzesbegriffen nicht schaffen können.

Außerhalb des Baurechts läßt sich im Ergebnis ein gezielter Einsatz oder eine gesicherte Interpretation des Gesetzesbegriffs der Befreiung in Abgrenzung zu anderen Begriffen nicht erkennen.

3. Die Terminologie in der Lehre

Eine einheitliche Linie bei der Verwendung der Begriffe fehlt nicht nur in der Gesetzgebung. Auch in der Literatur werden die Begriffe Befreiung, Ausnahme und Dispens in jede nur erdenkliche Beziehung zueinander gesetzt.

Teilweise wird der Dispens mit der Befreiung gleichgesetzt[70] und gegen die Ausnahme abgegrenzt[71] oder als überholter Begriff für die Befreiung bezeichnet[72]. Verbreitet wird auch die Ansicht vertreten, Ausnahme und Befreiung ließen sich unter dem Oberbegriff Dispens zusammenfassen[73]. Andere Autoren wiederum setzen sämtliche Begriffe gleich[74] oder verzichten ganz auf eine Berücksichtigung der Befreiung, indem der Dispens als Ausnahme von einem repressiven Verbot definiert wird[75]. Die bedenkenlose Kombination von Begriffen auch in speziellen Untersuchungen läßt sich an einem Beispiel bei *Mussgnug* verdeutlichen, der zu

---

ger, Höchstr.Rspr 1965, VerwArch 56 (1965), 88; *Müller,* DÖV 1969, 119 (126).

68 So wird in BVerfGE 38, 348 (367) der in Art. 6 § 1 Abs. 1 S. 1 MRVerbG verwandte Begriff der Genehmigung zwar als Indiz für das Vorliegen eines Verbotes mit Erlaubnisvorbehalt angesehen, das Verbot im Ergebnis aber als ein eindeutig repressives bezeichnet.

69 *Drews/Wacke/Vogel/Martens,* Gefahrenabwehr, S. 447 bezeichnen auch den Dispens als Erlaubnis im weitesten Sinne; so auch schon *Friauf,* JuS 1962, 422 (423).

70 *Grosse-Suchsdorf/Schmaltz/Wiechert,* NBauO, § 86 Rdnr. 1.

71 So *Wolff/Bachof,* VerwR I, § 48 II c; *Hoppe,* Ausnahmen, DVBl 1969, 340 (341), der jedoch im folgenden wegen der im Hinblick auf das Ermessen übereinstimmenden Problematik Ausnahmen und Befreiungen unter den Oberbegriffen "Dispenser-mächtigungen" und "Dispensationsermessen" gemeinsam behandelt.

72 *Finkelnburg/Ortloff,* Öffentl.BauR, S. 310; ebenso *Grosse-Suchsdorf/Schmaltz/Wiechert,* NBauO, § 86 Rdnr. 1: Bei dem Begriff Dispens handelt es sich um die früher gebräuchliche Bezeichnung für eine Befreiung.

73 Vgl. *Bruder,* Befreiung, S. 10; *Bull,* VerwR, Rdnr. 36; *Krüger,* Erlaubnisvorbehalt, DÖV 1958, 673; im Ergebnis auch *Hoppe,* Ausnahmen, DVBl 1969, 340 (341).

74 So *Forsthoff,* VerwR, S. 67.

75 *Faber,* VerwR, S. 113; *Pietzner,* JA 1973, 691 (694); ebenso *Drews/Wacke/Vogel/Martens,* Gefahrenabwehr, S. 447.

einem Genehmigungsvorbehalt nach der Bundesnotarordnung ausführt: "... muß die Genehmigung im Zweifel die Ausnahme bleiben, sie ist mit anderen Worten ein Dispens"[76].

Diese schlaglichtartige Darstellung des Meinungsstandes zeigt bereits deutlich, daß eine Eingrenzung der hier zu behandelnden Problematik anhand einer tragfähigen Deutung des Einzelbegriffes der Befreiung ausgeschlossen ist und eine wertende Auseinandersetzung mit den einzelnen Meinungen und Definitionen zu einer Einengung der Thematik schon im Vorfeld der Untersuchung führen würde. Die Unterscheidung von präventiven Verboten mit Erlaubnisvorbehalt und repressiven Verboten mit Befreiungsvorbehalt kann aber den nachfolgenden Erörterungen zugrundegelegt werden. Der Begriff der Befreiung wird dabei im Sinne einer Befreiung von einem repressiven Verbot gebraucht. In die Prüfung einbezogen werden administrative Durchbrechungen repressiver Verbote auch dann, wenn diese in Gesetz, Lehre und Rechtsprechung nicht als Befreiung bezeichnet werden.

III. Versagungsermessen, gemischtes Zulassungsverfahren

1. Versagungsermessen

Nicht einzufügen in das System der präventiven und repressiven Verbote ist das Versagungsermessen. Unter diesem Begriff werden ganz überwiegend die Ermessensgrenzen bei der Erteilung der straßenrechtlichen Sondernutzungserlaubnis erörtert. Sprachlich wird mit dem Versagungsermessen zwar auf ein verfassungsrechtliches aliud und rechtstechnisches Gegenteil des Befreiungsermessens hingedeutet, bei genauerer Betrachtung des Wortsinnes dürfte zwischen beiden Begriffen jedoch eigentlich kein wesentlicher Unterschied bestehen. Denn die rechtsstaatliche Problematik stellt sich eben auch bei der Befreiung gerade im Fall ihrer Versagung, da nur insoweit die Grundrechte des Antragstellers tangiert sein können. Sprachlich scheint es sich bei dem Versagungsermessen allerdings um ein verfassungsrechtliches Pendant zum Befreiungsermessen zu handeln: Befreiung von staatlichen Belastungen und Verboten einerseits, staatliche Versagung von Ansprüchen des Bürgers andererseits.

Die unter dem Begriff des Versagungsermessens regelmäßig erörterte straßenrechtliche Sondernutzungserlaubnis[77] ist nach ganz überwiegender Ansicht in das Ermessen der Behörde gestellt[78]. Dies deutet auf das Vorliegen eines repressiven

---

76 *Mussgnug*, Dispens, S. 92.

77 BVerfG NVwZ 1992, 52 (53); *Schmidt*, Sondernutzungserlaubnis, NVwZ 1985, 167.

78 Vgl. *Keppeler*, Versagungsermessen, S. 33 mit umfangreichen Nachweisen.

Verbotes hin. Die Einordnung der straßenrechtlichen Sondernutzungserlaubnis als präventives oder repressives Verbot ist allerdings streitig[79]. Auch wird der Begriff des Versagungsermessens selbst nicht eindeutig den Bereichen der repressiven oder präventiven Verbote zugeordnet. Dies könnte im Hinblick auf die verschiedenen Grenz- und Ausnahmefälle bei der Unterscheidung beider Verbotstypen auf eine Mischform hindeuten, die sich unter dem Begriff des Versagungsermessens einordnen ließe.

2. Gemischtes Zulassungsverfahren

Für den Sonderfall der atomrechtlichen Genehmigung gem. § 7 AtomG ist die Verbindung eines präventiven Verbotes mit einem Versagungsermessen ausdrücklich anerkannt[80], wobei die Zuordnung dieser Norm zu den präventiven Verboten vereinzelt durchaus bestritten[81] bzw. von einem "gemischten Zulassungsverfahren"[82] oder einer Stellung zwischen den Verbotstypen der präventiven und repressiven Verbote[83] gesprochen wird. Auch auf diesen Sonderfall der atomrechtlichen Genehmigung gemäß § 7 AtomG wird bei der Untersuchung von Mischformen einzugehen sein.

§ 2 Die Zulässigkeit der gesetzlichen Verbote mit Erlaubnisvorbehalt und mit Befreiungsvorbehalt

I. Legislative Gestaltungsfreiheit und Verfassungsrecht

1. Gesetzliches Verbot und Übermaßverbot

Daß die Befugnis des Staates, seine Bürger mit Verboten zu belegen, nicht grenzenlos sein kann, bedarf keiner vertiefenden Ausführungen. Bereits den Begründern der gewaltenteiligen Staatsidee war klar, daß im Gegensatz zur absolutistischen Herrschergewalt den Staatsgewalten selbst absolute Grenzen gesetzt sind[84].

---

79 *Keppeler,* Versagungsermessen, a.a.O. m.w.N..

80 In diesem Sinne BVerfGE 49, 89 (146 f.) "Kalkar"; *Haedrich,* AtomG, § 7 Rdnr. 47.

81 Für ein repressives Verbot: *Löhr,* DVBl 1979, 70 (72) in einer Anm. zu BVerfG DVBl 1979, 67.

82 So *Mattern/Raisch,* AtomG, § 7 Rdnr. 14.

83 *Breuer,* in: *v. Münch-Schmidt-Aßmann,* Bes.VerwR, S. 431; *Kloepfer,* in: *Achterberg/Püttner,* Bes.VerwR II, S. 604.

84 *John Locke* sah diese Grenzen bereits im 17. Jahrhundert im Zweck des Staates begründet und nahm hinsichtlich der Rechtsgüter Leben, Freiheit und Eigentum einen den Grund-

Naturrechtslehrer wie *Pufendorf* erblickten in der Staatsgewalt bereits das gleichsam abgetretene Recht der einzelnen Bürger, das auf den Staat nur insoweit übertragen sei, als dies für Gründung und Bestand des Staates sowie zum Schutz der verbliebenen Rechte der Bürger erforderlich sei[85]. Schon gegen Ende des 18. Jahrhunderts wurden diese Erkenntnisse in einer Art und Weise formuliert und präzisiert, die dem heutigen verfassungsrechtlichen Grundsatz des Übermaßverbotes weitgehend entspricht.

Der Gesetzgeber kann im Rahmen der grundrechtlichen Gesetzesvorbehalte und unter Beachtung des Verhältnismäßigkeitsgrundsatzes im weitesten Sinne den Freiheitsraum des Bürgers selbst abstecken[86]. Das Bundesverfassungsgericht[87] hat diesen Gestaltungsraum des Gesetzgebers immer wieder betont und darauf hingewiesen, daß die gesetzgeberische Lösung keinen Zweckmäßigkeits- oder allgemeinen Gerechtigkeitsprüfungen unterliege[88]. Dies bedeutet jedoch keineswegs, daß der Gesetzgeber von der Beachtung des Übermaßverbotes freigestellt ist.

Das Verhältnismäßigkeitsprinzip[89] beherrscht vielmehr die gesamte grundrechtsrelevante Tätigkeit des Staates in Legislative, Exekutive und Judikative[90]. Bereits auf der legislativen Ebene hat der Gesetzgeber daher auch nach heutiger Lehre das Prinzip der Verhältnismäßigkeit zu beachten, wenn er sich gesetzlicher Verbote

---

rechten ähnlichen Freiheitsraum an, mit dem sich der Bürger nicht der Staatsgewalt unterworfen habe - vgl. Two Treatises of Government II 1690, VV 135 - Hrsg. Dt. Übers.: *Euchner*; umfassend hierzu: *Fastenrath,* JuS 1986, 194.

85 Nach *Jellinek,* Die Erklärung der Menschen- und Bürgerrechte, 4. Aufl. (1927) S. 60; vgl. auch *Bruder,* Befreiung, S. 8 ff.; *Stern,* Staatsrecht III/1, § 59 III (S. 71 ff.).

86 *Hesse,* VerfR, Rdnr. 569 f.; *Schubert/Thedieck,* ZRP 1979, 254.

87 BVerfGE 10, 354 (371); 27, 111 (127 f.); 36, 174 (189); 54, 11 (26).

88 *Hesse,* VerfR, Rdnr. 570.

89 Die Begriffe des Übermaßverbotes und des Verhältnismäßigkeitsgrundsatzes werden in der Rechtsprechung des Bundesverfassungsgerichts oft synonym verwendet - vgl. BVerfGE 21, 150 (155); 70, 278 (286); 79, 256 (270); 80, 137 (160); 81, 156 (188); hierzu *Krebs,* in: *v. Münch/Kunig,* GG, Art. 19 Rdnr. 24 m.w.N.; *Badura,* Staatsrecht, S. 84 faßt demgegenüber nur die Kriterien der Erforderlichkeit und der Proportionalität unter dem Begriff des Übermaßverbotes zusammen.

90 Zum Grundsatz der Verhältnismäßigkeit: *Badura,* Staatsrecht, S. 84 f.; *Gentz,* NJW 1968, 1600 (1605); *Grabitz,* AöR 98 (1973), 568; *Jarass,* in: *Jarass/Pieroth,* GG, Art. 20 Rdnrn. 56 ff.; *Lerche,* Übermaß und Verfassungsrecht, 1961, *Starck,* in: *v. Mangoldt/Klein/Starck,* GG, Art. 1 Abs. 3 Rdnr. 178; *v. Münch,* in: *v. Münch/Kunig,* GG, Vorb. Art. 1-19, Rdnr. 55.

zum Zweck der Verhaltenssteuerung bedient[91]. Das Verhältnismäßigkeitsprinzip ist auch beim Einsatz gesetzlicher Verbote zum Zweck der Verhaltenssteuerung in verschiedenen Bereichen der Gesetzgebung zu beachten: bei der Wahl zwischen gesetzlichem Verbot und Eingriffsermächtigung[92], zwischen repressivem Verbot und präventivem Genehmigungsvorbehalt,[93] der Ausgestaltung des Verbotstatbestandes sowie der Genehmigungsvoraussetzungen und der Versagungsgründe sowie schließlich bei Existenz und Bindungen des Verwaltungsermessens[94].

2. Gestaltungsmöglichkeiten von Verbot und Durchbrechung

Die dem Gesetzgeber zur staatlichen Reglementierung und Verhaltenssteuerung zur Verfügung stehenden Gestaltungsmöglichkeiten von gesetzlichen Verboten und Verwaltungsentscheidungen werfen vordergründig eine Vielzahl rechtstechnischer und nicht zuletzt terminologischer Fragen auf. Sie sind aber insbesondere auch unter verfassungsrechtlichen Gesichtspunkten keineswegs neutral und berühren entscheidend den grundrechtlich geschützten Freiheitsraum des Bürgers[95]. Denn es mag gesetzgebungstechnisch unerheblich sein, ob ein Verhalten generell erlaubt ist und nur in gesetzlich geregelten Einzelfällen behördlich verboten werden kann oder ob es etwa generell verboten ist und auf Antrag im Einzelfall behördlich erlaubt werden kann[96]. Der verfassungsrechtliche Unterschied dieser Alternativen liegt insbesondere im Bereich des Verwaltungsermessens, das sich im ersten Fall zugunsten, im zweiten Fall als Belastung des Bürgers auswirkt[97].

Bei der Kombination von gesetzlichen und administrativen Verboten mit Erlaubnis-, Befreiungs- oder auch nur Anzeigevorbehalten läßt sich eine Skala von Gestaltungsmöglichkeiten unterschiedlicher Grundrechtsrelevanz entwickeln, die von

---

91 *Friauf,* JuS 1962, 422 (423).

92 *Friauf,* a.a.O..

93 BVerfGE 40, 371 (383); *Bettermann,* BB 1982, 2146 (2148).

94 *Badura,* Staatsrecht, S. 85, nimmt bei Verboten zum Zweck der Verhaltenssteuerung einen größerer Spielraum an, als bei der Gestaltung rechtsbeschränkender und -entziehender Vorschriften, sofern er grundrechtliche Berechtigungen näher ausgestaltet oder abgrenzt und so eine Substantiierung vornimmt

95 So bereits O. *Mayer,* VerwR I, S. 240; *Krüger,* Erlaubnisvorbehalt, DÖV 1958, 673 (674); *Friauf,* JuS 1962, 422 (423).

96 *Pietzner,* JA 1973, 691 führt als Beispiel für Verbotsvorbehalte und das regelungstechnische Gegenteil eines Erlaubnisvorbehaltes § 1 VereinsG an. Bei dieser Norm handelt es sich nicht um ein allgemeines Verbot, es ist vielmehr gem § 1 I VereinsG die Bildung von Vereinen frei. § 1 II VereinsG enthält sodann lediglich einen Verbotsvorbehalt.

97 *Friauf,* JuS 1962, 422 (423).

einer Anzeige[98] mit Verbotsvorbehalt über das Verbot mit Erlaubnisvorbehalt bis zum Verbot mit Befreiungsmöglichkeit reicht[99].

Auch das Verbot mit Anzeigevorbehalt kann den präventiven Verboten zugerechnet werden, da es lediglich eine Kontroll-, nicht jedoch eine Unterdrückungsfunktion hat[100]. Beispiele sind die bauordnungsrechtlichen Anzeigepflichten oder etwa § 14 Versammlungsgesetz. Da die Anzeige selbst das gesetzliche Verbot durchbricht, ohne daß ein administrativer Akt oder gar eine Ermessensbetätigung notwendig ist, sollen diese Gestaltungsformen nachfolgend aber nicht näher untersucht werden.

Das Übermaßverbot gebietet es, nicht nur bei der Formulierung eines Verbotstatbestandes, sondern auch bei der Auswahl möglicher Gestaltungen von gesetzlichem Verbot und administrativer Durchbrechung die jeweils mildeste und die betroffenen Grundrechte weitestgehend schonende[101] Möglichkeit auszuwählen[102]. Unter Anwendung des Verhältnismäßigkeitsgrundsatzes ist insbesondere auch zu prüfen, ob eine staatliche Kontrolle "mit der scharfen Waffe des Verbotes mit Dispensvorbehalt oder mit dem milden Mittel des bloßen Erlaubnisvorbehalts"[103] auszuüben ist[104].

Weder darf der Gesetzgeber ein allgemeines Grundrechtsbetätigungsverbot installieren, das lediglich durch ein behördliches Dispensermessen gelockert ist[105], noch darf aber auch das mildere Mittel des Verbotes mit Erlaubnisvorbehalt übermäßig

---

98 *Breuer*, in: *v. Münch/Schmidt-Aßmann*, Bes.VerwR, S. 430: Anmelde- oder Anzeigepflichten sind in formeller und materieller Hinsicht das mildeste Instrument der Kontrolle.

99 *Bettermann*, BB 1982, 2146 (2149): Mit sinkender Gefährlichkeit eines Verhaltens sinkt die Notwendigkeit und Angemessenheit eines Verbotes und wächst die Adäquanz des Erlaubnisvorbehalts bis hin zur Erlaubnis mit Verbotsvorbehalt; vgl. *Schick*, BayVBl 1967, 341 zum Verbot mit Anzeigevorbehalt; *Mattern/Raisch*, AtomG, Vorb. vor § 3 Rdnr. 2 differenzieren weiter in Konzessionssysteme und staatliches Zulassungsverfahren.

100 *Pietzner*, JA 1973, 691 (693).

101 *Sattler*, in: Göttinger Kolloqium, S. 132, 155.

102 BVerfGE 19, 331 (337); 30, 292 (316); 34, 71 (78).

103 So *Bettermann*, BB 1982, 2146 (2148).

104 BVerfGE 40, 371 (383) mit der Bezeichnung Erlaubnisverfahren mit Verbotsvorbehalt.

105 So schon BVerwGE 2, 295 (299); *Dürig*, in: *Maunz/Dürig/Herzog/Scholz*, GG, Art. 2 VII Rdnr. 65; *ders.*, AöR 81 (1956), 117 (150).

eingesetzt werden als "bequeme Möglichkeit für die Verwaltung, den Bürger in die Rolle des ewigen Antragstellers zu verweisen"[106].

Da bei repressiven Verboten das gesetzliche Verbot selbst die Grundrechtssphäre des Bürgers zulässig begrenzen und die Entscheidung über die Befreiung die Freiheitszone lediglich erweitern soll[107], müßte mit der Feststellung der verfassungsrechtlichen Zulässigkeit des gesetzlichen Verbotes ohne Ansehung anderweitiger Gestaltungsmöglichkeiten sowie der Ausgestaltung der Befreiungsmöglichkeiten die Prüfung abgeschlossen sein. Bei präventiven Verboten mit Erlaubnisvorbehalt hingegen müßte in zweierlei Hinsicht geprüft werden[108]: Zunächst müßte es überhaupt zulässig sein, eine Betätigung einem präventiven Erlaubnisvorbehalt zu unterstellen, zum anderen müßte als verfassungsrechtliches Korrelat zunächst die Ausgestaltung der Genehmigungsvoraussetzungen sowie gegebenenfalls ein Genehmigungsanspruch in die Betrachtung einbezogen werden.

II. Die Zulässigkeit des präventiven Verbotes mit Erlaubnisvorbehalt

1. Die Entwicklung des Verbotes mit Erlaubnisvorbehalt

Es ist sicherlich kein Zufall, wenn die erste verfassungsrechtliche Untersuchung der gesetzlichen Verbote mit Erlaubnisvorbehalt zu Beginn der zwanziger Jahre verfaßt wurde, als die durch die Weimarer Reichsverfassung erstmals manifestierte[109] Grundrechtssphäre des Bürgers das System der gesetzlichen Verbote in einem anderen Licht erscheinen ließ[110].

Die Lehre vom Verbot mit Erlaubnisvorbehalt ist von *Otto Mayer* als spezifisch polizeirechtliches Institut dargestellt worden[111]. Bereits diese erste Erwähnung des Verbotes mit Erlaubnisvorbehalt fußt gedanklich auf der erst zu einem späteren Zeitpunkt von *Thoma* ausdrücklich vorgenommenen Unterscheidung zwischen

---

106 So *Schick*, BayVBl 1967, 341.

107 BVerfGE 20, 150 (157); *Ossenbühl*, Tendenzen, DÖV 1968, 618 (624); *Drews/Wacke/Vogel/Martens*, Gefahrenabwehr, S. 447; *Müller*, DÖV 1969, 119 (126); *Ackermann*, DÖV 1964, 721 (722).

108 *Menger/Erichsen*, Höchstr.Rspr 1967, VerwArch 58 (1967), 278.

109 Sieht man von den im Ergebnis gescheiterten Versuchen der Frankfurter Nationalversammlung 1848/49 ab; hierzu *Stern*, Staatsrecht III/1, § 59 V 4 (S. 111 ff.).

110 Wenngleich die Frage nach Rechtsnatur und Geltungskraft der Grundrechte Gegenstand tiefgreifender Meinungsverschiedenheiten sowohl in der Nationalversammlung als auch in der Lehre war; hierzu *Stern*, Staatsrecht III/1, § 59 V 6 (S. 120 ff.).

111 *O. Mayer*, VerwR I, S. 239 ff.; vgl. die Darstellung bei *Friauf*, JuS 1962, 422 (423).

repressiven und präventiven Verboten[112]. Denn die Existenz und Zulässigkeit gesetzlicher Verbote überhaupt konnte als Grundform staatlicher Sozialkontrolle und Reglementierung nicht zweifelhaft sein und bedurfte keiner wissenschaftlichen Untermauerung.

Die besondere Stellung der Verbote mit Erlaubnisvorbehalt beruhte demgegenüber schon bei *Otto Mayer* auf dem Gedanken, daß es bestimmte Tätigkeiten gäbe, die zwar nicht schlechthin ordnungswidrig seien, aber nach den Umständen des einzelnen Falles zu Störungen der öffentlichen (Sicherheit und) Ordnung führen könnten. Um diese Tätigkeiten kontrollieren zu können, müsse daher zunächst ein generelles Verbot der Tätigkeit verfügt werden, um eine behördliche Prüfung zu ermöglichen[113].

Das präventive Verbot folgt daher aus der pragmatischen Notwendigkeit, auch sozial erwünschte oder wenigstens neutrale Handlungen des Staatsbürgers wegen möglicherweise sich hieraus ergebender Gefahren mit vertretbarem Aufwand einer Kontrolle unterziehen zu können. Das präventive Verbot mit Erlaubnisvorbehalt wird aus diesem Grunde daher vereinzelt aus der Sicht des Staates als Kontrollerlaubnis bezeichnet[114].

2. Das Verbot mit Erlaubnisvorbehalt als formelle Ausübungsschranke

Wendet man sich der Rechtsprechung und Lehre zur verfassungsrechtlichen Zulässigkeit präventiver und repressiver Verbote zu, fällt zunächst auf, daß der die verfassungsrechtliche Relevanz verdeutlichende Begriff des Verbotes für repressive Normen durchweg Verwendung findet, während für präventive Verbote eine Fülle alternativer Begriffe gewählt wird, die die Existenz eines gesetzlichen Verbotes sprachlich in den Hintergrund treten lassen entsprechend der präventiven Zielsetzung, letztlich nur kontrollieren, nicht aber materiell verbieten zu wollen. Der Bürger soll danach mit einem endgültigen Verbot erst nach Abschluß eines Prüfungsverfahrens und nach Feststellung der fehlenden Genehmigungsfähigkeit rechnen müssen. Dies entspricht weitgehend der Ausgangslage der kontrollierenden und nur im begründeten Einzelfall einschreitenden Verwaltungstätigkeit.

---

112 *Forsthoff,* VerwR, 10. Aufl. (1973), S. 267; *Huber,* AöR 78 (1953), 113 ff. (117); *Thoma,* VerwArch. 32 (1927), 247 f..

113 *O. Mayer,* VerwR I , S. 239 ff.; *Dürig,* AöR 81 (1956), 117 (151) spricht im Hinblick auf die präventiven Verbote mit Erlaubnisvorbehalt von einer zulässigen "Beweislastumkehr"; zu diesem Gedanken auch *Mahlmann,* S. 283 ff. sowie *Gusy,* Erlaubnisvorbehalt, JA 1981, 80 (84).

114 So *Maurer,* Allgem.VerwR, § 9 Rdnrn. 51, 55; *Wahl,* Genehmigung und Planungsentscheidung, DVBl 1982, 51 (52); zuletzt ausdrücklich *Erbguth,* DVBl 1992, 398 (400).

Bereits der vom Bundesverfassungsgericht wiederholt verwandte Begriff des "Genehmigungsvorbehalts"[115] deutet sprachlich auf eine Konstellation hin, mit der sich der Staat bei im übrigen freier Betätigung des Bürgers eine Belastung vorbehält. Das Bundesverfassungsgericht stellt insoweit für Präventivverbote ausdrücklich fest, daß die für erlaubnispflichtig erklärte Tätigkeit keineswegs "als solche verboten" sei[116]. Lange zuvor hatte bereits *Thoma*[117], auf den die Unterscheidung zwischen präventiven und repressiven Verboten zurückzuführen ist[118], die verfassungsrechtliche Relevanz des Präventivverbotes mit dem Einwand herabgemildert, die Annahme eines hinter jedem Erlaubnisvorbehalt stehenden Verbotes sei "verunglückt".

Das präventive Verbot hat nach einhelliger Ansicht keine materielle Wirkung auf die "vorläufig" verbotene Tätigkeit[119], sondern verweist den Antragsteller auf ein Genehmigungsverfahren, das mit einer "Unbedenklichkeitsbescheinigung"[120] endet, sofern kein Verstoß gegen materielle Genehmigungsvoraussetzungen vorliegt. Dieser auch höchstrichterlich betonten Zweckbestimmung der Präventivverbote folgend wird auch in der Literatur stets die sich in der Eröffnung einer Kontrollmöglichkeit erschöpfende Funktion des "Erlaubnisvorbehaltes" in den Vordergrund gestellt[121] und auf dessen nur formelle, verwaltungstechnische Bedeutung hingewiesen[122]. Jeder Hinweis auf ein gesetzliches Verbot ist schließlich mit dem ebenfalls verwandten Begriff der "Kontrollerlaubnis" vermieden[123], einem Begriff, der aber wohl allzusehr den grundrechtlichen Aspekt verwässern dürfte, daß sich der Staat primär eines Verbotes und nicht etwa einer Erlaubnis bedient, um eine Kontrolle effektiv ausüben zu können.

---

115 BVerfGE 2, 266 (279ff.); 6, 32 (42); 8, 71 (75); 20, 150 (158); 46, 120 (157), 49; 89 (145); NVwZ 1992, 53.

116 BVerfGE 20, 150 (155).

117 *Thoma,* VerwArch 32 (1927), 247 (248).

118 *Thoma,* a.a.O., 247.

119 *Pietzner,* JA 1973, 691 (695).

120 *Wolff/Bachof,* VerwR I, § 48 II a, c.

121 *Forsthoff,* VerwR, S. 258, auf dessen Definition auch in der neueren Literatur immer wieder zurückgegriffen wird.

122 *Krebs* in: *v. Münch/Schmidt-Aßmann,* Bes.VerwR, S. 354; *Drews/Wacke/Vogel/ Martens,* S. 447; krit.: *Haselau,* DÖV 1965, 449 (452).

123 So *Erbguth,* Entscheidungsspielraum, DVBl 1992, 398 (400); *Maurer,* Allgem.VerwR, § 9 Rdnrn. 51, 55; *Wahl,* DVBl 1982, 51 (52).

3. Die verfassungsrechtlichen Anforderungen an das präventive Verbot

a. Die Notwendigkeit präventiver Genehmigungsvorbehalte

Der nur vorläufige, Kontrollzwecken dienende Charakter des Verbotes mit Erlaubnisvorbehalt darf nicht darüber hinwegtäuschen, daß der Bürger zunächst von einem unmittelbaren gesetzlichen Verbot betroffen ist, das der Grundrechtsausübung unmittelbare und eindeutige Schranken setzt[124]. Wie jedes gesetzliche Verbot muß auch das präventive Verbot einer verfassungsrechtlichen Überprüfung standhalten.

Aus der Sicht des Bürgers stellt sich für bestimmte Regelungsbereiche ein nicht nur formelles Problem: Er sieht sich auch für letztlich unproblematische Vorhaben in erheblichem Umfang mit präventiven Verboten konfrontiert, deren Aufhebung durch eine Erlaubnis im Einzelfall den Verwaltungsbehörden übertragen ist. Daß grundsätzlich kein Fahrzeug ohne Zulassung, kein Fahrer ohne Fahrerlaubnis am Straßenverkehr teilnehmen darf, leuchtet jedermann ein. Daß aber in der Bundesrepublik Deutschland auch staatlicherseits besonders erwünschte Betätigungen, wie etwa jede nennenswerte Form des Bauens oder des Gewerbetreibens, zunächst durch Gesetz verboten sind und als Ordnungswidrigkeit verfolgt werden, ist eine Erkenntnis, die dem betroffenen Bürger zumeist erst dann schmerzlich bewußt wird, wenn die Außerkraftsetzung eines derartigen Verbotes durch eine behördliche Entscheidung sich nicht als reine "Formalität" darstellt, sondern in einem komplizierten und langwierigen Verwaltungs- oder gar Verwaltungsstreitverfahren erfochten werden muß[125].

Thoma führte demgegenüber zwar bereits 1927[126] aus, man könne unmöglich sagen, daß etwa das Bauen oder die Errichtung industrieller Anlagen "eigentlich" verboten sei. Diese bis zum heutigen Tage im Hinblick auf die Intention des Gesetzgebers und das im Ergebnis als sachgerecht empfundene quantitative Regel-/Ausnahmeverhältnis immer wieder anzutreffende sprachliche Relativierung der Existenz eines eindeutigen gesetzlichen Verbotes kann jedoch nicht die grundrechtliche Relevanz dieser Gestaltungsform übersehen lassen. Es ist daher anerkannt, daß auch die einer effektiven Verwaltungskontrolle dienenden präventiven

---

124 *Herzog*, in: *Maunz/Dürig/Herzog/Scholz*, GG, Art. 20 VII Rdnr. 77; das Verbot mit Erlaubnisvorbehalt kann daher zutreffend als einschneidendes Instrument der direkten Verhaltenssteuerung bezeichnet werden; so auch *Kloepfer*, in: *Achterberg/Püttner*, Bes.VerwR II, S. 604.

125 *Krüger*, Erlaubnisvorbehalt, DÖV 1958, 673 (674) spricht mit Blick auf das präventive Verbot von einer Umkehrung der normalen Verhältnisse sowie der stärksten Diskrepanz zwischen konstruktiver Figur und dem zu regulierenden Stoff.

126 *Thoma*, VerwArch 32 (1927), 247 (248).

Erlaubnisvorbehalte nur nach Maßgabe des verfassungsrechtlichen Übermaßverbotes zulässig sind[127].

Mit dem Urteil zum Sammlungsgesetz[128] hat das Bundesverfassungsgericht deutlich auf die Grenzen dieses Institutes hingewiesen und das allgemeine Verbot karitativer Sammlungen zum unzulässigen repressiven Verbot erklärt. Diese Entscheidung war Anlaß für vereinzelte Stimmen, das Verbot mit Erlaubnisvorbehalt insgesamt als Perversion grundrechtlich-institutioneller Freiheitsverbürgung zu kritisieren, da es von einem Verbot als Regel und von der Freiheit als Privileg ausgehe[129]. Der Entscheidung des Bundesverfassungsgerichts dürfte es demgegenüber aber gerade zu verdanken sein, die zulässigen Anwendungsbereiche präventiver Verbote mit Erlaubnisvorbehalt und repressiver Verbote mit Befreiungsvorbehalt unter grundrechtlichen Aspekten klargestellt und gegeneinander abgegrenzt zu haben.

b. Die tatbestandliche Reichweite des Genehmigungsvorbehaltes

Das Bundesverfassungsgericht hat in einer neueren Entscheidung[130] auch zu den inhaltlichen Grenzen eines an sich zulässigen Genehmigungsvorbehaltes Stellung genommen.

Es ging im entschiedenen Fall letztlich um die Frage der Genehmigungspflichtigkeit des Verteilens von Flugblättern auf öffentlichem Verkehrsraum gem. § 19 Abs. 7 HambWG. Ein von Mitgliedern der Scientology Church gegründeter Verein mit dem Zweck einer Aufdeckung von Mißständen in der Klinischen Psychiatrie ließ durch Mitglieder in einer Fußgängerzone Info-Briefe ohne weitere Hilfsmittel, wie etwa Info-Stände, verteilen. Dies wurde durch die zuständige Behörde unter Hinweis auf die fehlende Sondernutzungserlaubnis untersagt. Im Eilverfahren hatte das OVG diese Auffassung bestätigt und den Antrag auf Wiederherstellung der aufschiebenden Wirkung zurückgewiesen. Das OVG betonte, allein die formelle Rechtswidrigkeit mache eine inhaltliche Prüfung der Nutzung nach Maßgabe der Schutzzwecke des Straßenrechtes entbehrlich.

Das Bundesverfassungsgericht nahm in seiner Entscheidung zunächst Bezug auf die Rechtsprechung zu den rechtsstaatlichen Anforderungen an einen Genehmigungsvorbehalt[131] und kam zu dem Ergebnis, daß hinsichtlich der konkreten

---

127 *Grabitz,* AöR 98 (1973), 568 (613); *Gusy,* Erlaubnisvorbehalt, JA 1981, 80.

128 BVerfGE 20, 150.

129 *Rupp,* Sammlungsgesetz, NJW 1966, 2037 (2039).

130 BVerfG NVwZ 1992, 52 (53).

131 BVerfGE 20, 150 (158); 46, 120 (157); 49, 89 (145).

Handlung des Verteilens von Flugblättern eine Unvereinbarkeit des § 19 HambWG mit Art. 5 Abs. 1 GG vorliege, die zu einer verfassungskonformen Auslegung zwinge[132]. Diese wurde in der Weise vorgenommen, daß das Verteilen von Flugblättern nicht als dem Genehmigungsvorbehalt des § 19 Abs. 7 unterfallend angesehen wurde und von der Behörde daher auch ohne vorherige Sondernutzungserlaubnis zu dulden sei.

Das Bundesverfassungsgericht ging davon aus, daß der Gesetz- und Verordnungsgeber bei § 19 HambWG seiner Pflicht zur differenzierten Ausgestaltung des Genehmigungsverfahrens nicht nachgekommen sei, indem er bestimmte Aktivitäten nicht von der Genehmigungspflicht ausgeklammert habe[133]. Hinsichtlich dieser Aktivitäten hätte daher auch die Interpretation einer gebundenen Entscheidung dem Grundrecht aus Art. 5 Abs. 1 GG nicht genüge getan[134]. Denn auch diese Interpretation hätte den Anspruchsteller unzulässigerweise dem Genehmigungsverfahren unterworfen und ihm lediglich einen Anspruch auf eine bestimmte Entscheidung eingeräumt. Schon der gesetzliche Genehmigungsvorbehalt und das hierdurch erforderliche Genehmigungsverfahren schränkten aber nach Auffassung des Bundesverfassungsgerichts die grundrechtlich geschützte Betätigungsfreiheit unzulässig ein, da die betreffenden Handlungen ohne weiteres aus dem Genehmigungsvorbehalt hätten tatbestandlich ausgenommen werden können, mithin der zu Kontrollzwecken installierte "Verbotsüberschuß" ohne zwingenden Grund zu weit gespannt wurde.

4. "Überschießendes Verbot" und Übermaßverbot

a. Die Verknüpfung von Verbot und Erlaubnis

Die enge verfassungsrechtliche Verknüpfung von gesetzlichem Verbot und administrativer Erlaubnis bei den Verboten mit Erlaubnisvorbehalt führt zunächst zu der Frage, ob der bei genauerer Betrachtung jedenfalls den präventiven Verboten eigene "Verbotsüberschuß" verfassungsrechtlich zulässig ist[135]. Denn pragmatische, auf eine effektive Kontrolle gerichtete Erwägungen allein vermögen ein den Bür-

---

132 BVerfG NVwZ 1992, 52 (53).

133 Zu ergänzen ist insoweit, daß die Hansestadt Hamburg von der in § 19 HambWG eingeräumtem Ermächtigung zur Regelung bestimmter erlaubnisfreier Nutzungen keinen Gebrauch gemacht hatte.

134 Eine Besonderheit besteht hinsichtlich Art. 5 GG auch insoweit, als Art. 5 Abs. 1 S. 3 GG einen Genehmigungsvorbehalt i.S. einer Zensur ausdrücklich ausschließt; hierzu *Gusy*, Erlaubnisvorbehalt, JA 1981, 80.

135 *Leibholz/Rinck*, GG, Art. 20 Rdnr. 1062 f. unterscheiden zwischen Genehmigungsvorbehalt und Verbot mit Erlaubnisvorbehalt, ohne auf inhaltliche Unterschiede einzugehen.

ger belastendes Verbot nicht zu rechtfertigen[136]. Auch Verbote mit Erlaubnisvorbehalt dürfen Grundrechte nicht stärker beschränken, als dies allgemein verfassungsrechtlich zulässig ist[137].

Für Verbote mit Erlaubnisvorbehalt soll es aber gerade kennzeichnend sein, daß der Gesetzgeber das gesetzliche Verbot bewußt weiter spannt, als es zur Unterbindung nur der wirklich unerwünschten Sachverhalte und Handlungsweisen erforderlich wäre[138]. Bei isolierter Betrachtung des gesetzlichen Verbotes müßte man in einem nur zu Kontrollzwecken installierten Verbotsüberschuß grundsätzlich einen Verstoß gegen verfassungsrechtliche Prinzipien, insbesondere das Übermaßverbot sehen, bliebe es im Ergebnis bei einem Verbot[139]. Gerade aus dem Wesen der Verbote mit Erlaubnisvorbehalt folgt aber eine derartig enge Verknüpfung von Verbot und Verwaltungsentscheidung, daß eine isolierte verfassungsrechtliche Analyse des gesetzlichen Verbotes sich verbietet. Das Verbot kann vielmehr nur im Regelungszusammenhang mit dem gesamten Genehmigungsverfahren auf seine verfassungsrechtliche Zulässigkeit untersucht werden. Geht man von der grundsätzlichen Zulässigkeit der Verbote mit Erlaubnisvorbehalt aus, kann verfassungsrechtlichen Anforderungen nur durch die Ausgestaltung des Genehmigungsverfahrens genügt werden[140].

b. Das öffentliche Interesse an einem Genehmigungsvorbehalt

Bereits in frühen Entscheidungen hat das Bundesverfassungsgericht[141] klargestellt, daß der Gesetzgeber nicht schlechthin gehindert sei, die Ausübung von Befugnis-

---

136 *Herzog,* in: *Maunz/Dürig/Herzog/Scholz,* GG, Art. 20 VII Rdnr. 77 unter Hinweis auf § 31 Abs. 1 PreußPVG, der hierzu bestimmte, Verbote dürften "nicht lediglich den Zweck haben, den Polizeibehörden die ihnen obliegende Aufsicht zu erleichtern".

137 *Drews/Wacke/Vogel/Martens,* Gefahrenabwehr, S. 444; *Gusy,* Erlaubnisvorbehalt, JA 1981, 80 (84); *Grabitz,* AöR 1973, 568 (613 f.).

138 Vgl. hierzu allgemein: *Friauf,* JuS 1972, 422 (423); *Krüger,* Erlaubnisvorbehalt, DÖV 1958, 673; *Lerche,* Übermaß, S. 186 sowie *Pietzner,* JA 1973, 691 (692), der insoweit bei präventiven Verboten mit Erlaubnisvorbehalt ausdrücklich von einem "Verbotsüberschuß" spricht.

139 *Grabitz,* AöR 98 (1973), 568 (613 f.); *Gusy,* Erlaubnisvorbehalt, JA 1981, 80 f.; *Wittig,* DÖV 1968, 817 f.; *Krüger,* Erlaubnisvorbehalt, geht bei einem Verbot mit Erlaubnisvorbehalt von der stärksten Diskrepanz zwischen konstruktiver Figur und zu regulierendem Stoff aus; *Müller,* DÖV 1969, 119 (122) spricht dem präventiven Verbot demgegenüber jeden Eingriffscharakter ab, der materielle Eingriff liege erst in der Versagung der Erlaubnis.

140 BVerfGE 6, 32 (42); 8, 71 (75).

141 BVerfGE 2, 266 (279 ff.); 6, 32 (42); 8, 71 (75).

sen, die aus Grundrechten hergeleitet werden können, von einer behördlichen Genehmigung abhängig zu machen[142]. Die Verfassungsmäßigkeit des Genehmigungsvorbehalts hänge allerdings davon ab, ob legitime öffentliche Interessen hierdurch gewahrt würden. Die öffentlichen Interessen an der Vorschaltung eines Genehmigungsverfahrens ergeben sich regelmäßig aus einem besonderen Gefahrenpotential der betreffenden Tätigkeiten oder aus sonstigen gewichtigen Gründen des öffentlichen Wohls[143]. Die Behörde soll nicht erst warten müssen, bis sie diese Gefahren im einzelnen Fall erkennt oder sie sich bereits realisiert haben, etwa weil ein Gebäude wegen mangelhafter Statik eingestürzt ist.

Das Bundesverfassungsgericht[144] hat deutlich darauf hingewiesen, daß der Grundrechtsbetätigung auch ein präventiver Genehmigungsvorbehalt nur dann vorgeschaltet werden darf, wenn der damit bezweckte Erfolg die Grundrechtsbeschränkung rechtfertigt. Wie die Entscheidung zu § 19 HambWG weiter aufgezeigt hat, darf der Genehmigungsvorbehalt auch in seiner tatbestandlichen Reichweite nur so weit gespannt werden, wie dies unter Abwägung der öffentlichen Interessen mit den betroffenen Grundrechten vertretbar ist. Der Gesetzgeber muß daher bestimmte Betätigungen von der Genehmigungspflicht ausnehmen, wenn die Ausgestaltung der Genehmigungsvoraussetzungen und die Einräumung eines Genehmigungsanspruchs grundrechtlichen Notwendigkeiten nicht in ausreichendem Maße Rechnung tragen.

c. Die Ausgestaltung der Genehmigungsvoraussetzungen

Soweit sich ein zu Kontrollzwecken errichteter Genehmigungsvorbehalt aus einem besonderen öffentlichen Interesse rechtfertigen läßt, bedarf die Frage, unter welchen Voraussetzungen die begehrte Betätigung als unbedenklich oder aber als sozialschädlich anzusehen ist, einer möglichst genauen Regelung.

Erforderlich ist daher eine differenzierte Ausgestaltung des Genehmigungsverfahrens, insbesondere der Genehmigungsvoraussetzungen und Versagungsgründe[145]. Aus den Rechtsvorschriften selbst muß sich ergeben, welche Voraussetzungen für die Erteilung der Genehmigung gegeben sein müssen und aus welchen Gründen die

---

142 Die verfassungsrechtliche Zulässigkeit präventiver Verbote läßt sich entgegen *Drews/Wacke/Vogel/Martens,* Gefahrenabwehr, S. 444 sicherlich nicht einfach damit begründen, diese seien gegenüber dem generellen Verbot das mildere Mittel.

143 *Krüger,* Erlaubnisvorbehalt, DÖV 1958, 673 (674): "verfahrensmäßige Notwendigkeiten".

144 BVerfG NVwZ 1992, 52 (53 f.).

145 BVerfGE 6, 32 (42); 8, 71 (76).

Genehmigung versagt werden darf[146]. Diese gesetzlich fixierten Genehmigungsvoraussetzungen und Versagungsgründe wiederum müssen im Einklang mit dem Grundgesetz stehen. Das Bundesverfassungsgericht hat hierzu ausgeführt, das Rechtsstaatsprinzip gebiete es, daß der Gesetzgeber die der staatlichen Eingriffsmöglichkeit offenliegende Rechtssphäre des Bürgers selbst abgrenze und dies nicht dem Ermessen der Verwaltungsbehörde überlasse[147]. Dies ergibt sich auch aus Art. 19 Abs. 4 GG, da gerichtliche Kontrolle nur dort möglich ist, wo durch das Gesetz vollzugsfähige und überprüfbare Rechtsmaßstäbe vorgegeben werden.

Allerdings werden durchaus auch präventive Genehmigungsvorbehalte anerkannt, die sich weitgehend unbestimmter Rechtsbegriffe bedienen oder gar inhaltslos sind[148]. Beispiele sind § 3 Schutzbereichsgesetz oder § 21 FahrlehrerVO oder ganz allgemein die straßenrechtliche Sondernutzungserlaubnis, soweit man mit der h.M. hier einen präventiven Genehmigungsvorbehalt anerkennt[149]. Die zu regelnde Materie läßt nicht in jedem Fall ein derartig differenziertes Regelwerk zu, wie dies etwa bei der Ausgestaltung der Baugenehmigungsvoraussetzungen verwirklicht worden ist. Grundsätzlich allerdings hat der Gesetzgeber die Möglichkeiten zu einer differenzierten Ausgestaltung der Genehmigungsvoraussetzungen und Versagungsgründe auszuschöpfen.

d. Der Rechtsanspruch auf Erteilung der Genehmigung

Das entscheidende verfassungsrechtliche Korrelat zu dem präventiven Verbotsüberschuß schließlich ist der Genehmigungsanspruch, der dem betroffenen Bürger zur Seite gestellt wird. Die Verwendung unbestimmter Rechtsbegriffe zur Bestimmung präventiver Genehmigungsvorbehalte und Genehmigungsvoraussetzungen ist aufgrund einer fehlenden tatbestandlichen Konkretisierbarkeit gelegentlich nicht zu vermeiden. Keinesfalls soll aber die Verwaltungsbehörde innerhalb der Reichweite eines Verbotes, das nur eine kontrollierende, jedoch keine materielle Wirkung hat, nach eigenen Wertmaßstäben und letztverbindlich darüber entscheiden, ob der Antragsteller bei materieller Genehmigungsfähigkeit eine Erlaubnis erhält.

Schon die bereits beschriebene Notwendigkeit, die Rechtssphäre des Bürgers durch das Gesetz selbst abzugrenzen und Genehmigungsvoraussetzungen sowie Versagungsgründe exakt zu regeln, würde mit einem Verwaltungsermessen nicht

---

146 BVerfGE 20, 150 (157); 21, 73 (79); 46, 120 (157); 49, 89 (145); 52, 1 (41).

147 BVerfGE 52, 1 (41).

148 Hierzu *Krüger*, Erlaubnisvorbehalt, DÖV 1958, 673 (675).

149 Hierzu nachfolgend 1. Kap. § 3 I 4 c.

zu vereinbaren sein. Da das Verbot mit Erlaubnisvorbehalt im öffentlichen Interesse lediglich der Klärung der Frage dient, ob schützwürdige Belange des Gemeinwohls der Grundrechtsbetätigung entgegenstehen, verbietet es insbesondere das Übermaßverbot bei fehlender Kollision mit diesen Belangen, die Grundrechtsbetätigung einzuschränken oder dem Verwaltungsermessen zu überlassen[150].

Der Gesetzgeber trägt somit den verfassungsrechtlichen Erfordernissen im Ergebnis dadurch Rechnung, daß er dem Bürger nach einer behördlichen Prüfung der fehlenden Sozialschädlichkeit im konkreten Einzelfall einen Anspruch auf die Aufhebung des Verbotes einräumt[151]. In der Rechtsprechung des Bundesverfassungsgerichts, das sich wiederholt mit diesem Problem zu befassen hatte, wurde im Hinblick auf diesen Genehmigungsanspruch relativierend nicht von einem gesetzlichen Verbot gesprochen, sondern von einem Genehmigungsvorbehalt, einem Begriff, der sprachlich die legislative und die administrative Regelungskomponente miteinander vereint. Der Staatsbürger, dessen Grundrechte durch einen Genehmigungsvorbehalt berührt werden, muß daher einen Rechtsanspruch auf die Genehmigung haben, wenn kein gesetzlich vorgesehener Versagungsgrund vorliegt[152].

Diese Rechtsprechung des Bundesverfassungsgerichts, auf die auch in späteren Entscheidungen immer wieder ausdrücklich Bezug genommen wurde[153], hat im Schrifttum weitgehend Zustimmung und Eingang in die gesetzgeberische Praxis gefunden[154]. Daher finden sich im Regelungsbereich der präventiven Genehmigungsvorbehalte, namentlich im Bau- und im Gewerberecht, zentrale Normen, mit denen der Anspruch des Bürgers auf Erteilung der Genehmigung, Erlaubnis o.ä. eindeutig formuliert wird[155]. Der Genehmigungsanspruch setzt dabei tatbestandlich voraus, daß die Genehmigungsvoraussetzungen erfüllt sind bzw. kein Versagungsgrund dem Vorhaben entgegensteht.

---

150 *Müller*, DÖV 1969, 119 (125).

151 BVerfGE 8, 71 (76); 20, 150 (158); 34, 165 (200); 41, 378 (399); 46, 120 (157); 49, 89 (145).

152 So bereits BVerfGE 6, 32 (42); 8, 71 (76); *Keppeler*, Versagungsermessen, S. 6 ff. m.w.N..

153 Vgl. BVerfGE 20, 150 (157 f.); 46, 120 (157); 49, 89 (145); zuletzt NVwZ 1992, 53.

154 *Dellian*, DVBl 1969, 303 (304 f.); *Friauf*, JuS 1962, 422 (425); *Müller*, DÖV 1969, 119 (125); *Ossenbühl*, Tendenzen, DÖV 1968, 618 (623); ablehnend: *Wolff/Bachof*, VerwR I, § 48 II a (4) mit der Begründung, die Deutung des Art. 2 I GG als Grundrecht der allgemeinen Handlungsfreiheit zwinge nicht zu einem derartigen Ermessensverbot bei "Befreiungen" von präventiven Verboten.

155 Vgl. § 6 BImSchG, § 72 NdsBauO.

Die zuvor genannten Grundsätze des Bundesverfassungsgerichts beruhen allerdings nicht auf der Annahme, im Grundrechtsbereich sei eine Ermessensbetätigung der Behörde grundsätzlich ausgeschlossen. Das Urteil des Bundesverfassungsgerichts zum Sammlungsgesetz[156] ist zwar vereinzelt[157] in dieser Richtung interpretiert worden. Das Bundesverfassungsgericht hat dies in einer späteren Entscheidung[158] ausdrücklich als ein Mißverständnis bezeichnet[159]. Die vorstehenden Grundsätze zur Bindung der Verwaltungsentscheidung sind in der Rechtsprechung zu den präventiven Genehmigungsvorbehalten entwickelt worden und können daher nicht verallgemeinert werden.

5. Beispiele

Die wichtigsten Beispiele für präventive Verbote sind die Genehmigungsvorbehalte der Landesbauordnungen[160]. Die grundsätzlich erwünschte Bautätigkeit soll zum einen wegen hieraus sich ergebender Gefahren, zum anderen zum Zweck der geordneten städtebaulichen Entwicklung einer vorherigen Kontrolle unterworfen werden. Allerdings sind in der jüngeren Vergangenheit zur Förderung der Bautätigkeit in den einzelnen Landesbauordnungen bestimmte Vorhaben im Geltungsbereich qualifizierter Bebauungspläne von der Genehmigungspflicht ausgenommen und lediglich einer Anzeigepflicht unterworfen worden.

Regelmäßig finden sich auch präventive Verbote im gesamten Bereich des Gewerberechts einschließlich des Gaststättengesetzes[161]. Des weiteren gibt es derartige

---

156 BVerfGE 20, 150 (157).

157 *Menger/Erichsen,* Höchstr.Rspr 1967, VerwArch 58 (1967), 278 (282); *Schmidt-Salzer,* VerwArch 60 (1969), 261 (268).

158 BVerfGE 49, 89 (145) unter Hinweis auf die ablehnende Auffassung von *Wolff/Bachof,* VerwR I, § 48 II a (4), die sich allerdings nur auf präventive Verbote mit Erlaubnisvorbehalt bezieht.

159 Vgl. hierzu *Bullinger,* JZ 1984, 1001 (1005); *Drews/Wacke/Vogel/Martens,* Gefahrenabwehr, S. 444.

160 Vgl. die Übersicht bei *Drews/Wacke/Vogel/Martens,* Gefahrenabwehr, S. 443. Die Regelungen der Landesbauordnungen sind weitestgehend identisch.

161 *Michel/Kienzle,* GastG, § 2 Rdnr. 1: Kontrollerlaubnis; *Mörtel/Metzner,* GastG, § 2 Rdnr. 1: Anzeigepflichten nach § 31 GastG und § 14 GewO würden vielfach nicht ausreichen.

Verbote im Atomrecht[162], Immissionsschutzrecht[163] oder etwa auch im Bundesdatenschutzgesetz[164].

In anderen Bereichen sind Verbotsnormen anzutreffen, bei denen streitig oder ungeklärt ist, ob sie präventiven Charakter haben, so etwa im Waffenrecht[165] oder bei der straßenrechtlichen Sondernutzungserlaubnis[166]. Auf derartige Fälle wird gesondert einzugehen sein.

III. Das Verbot mit Befreiungsvorbehalt

1. Der Zweck des repressiven Verbotes

Die auf *Thoma*[167] zurückgehende terminologische und materielle Abgrenzung der repressiven Verbote von den präventiven Verboten folgt aus der Erkenntnis, daß der besondere Kontrollzweck des präventiven Erlaubnisvorbehalts und die hieraus sich ergebende verfassungsrechtliche Problematik nur auf bestimmte Gestaltungen von gesetzlichem Verbot und administrativer Erlaubnis Anwendung finden. Im Regelfall installiert der Gesetzgeber ein Verbot, um die tatbestandlich erfaßten Handlungen materiell zu verbieten, auch wenn dieses Verbot nicht ausnahmslos verfügt wird, sondern der Verwaltung die Befugnis übertragen wird, das Verbot in bestimmten Fällen aufzuheben.

Kennzeichnend für die sogenannten repressiven Verbote soll es daher sein, daß eine grundsätzlich als sozialschädlich anzusehende Tätigkeit durch ein generelles

---

162 Ganz h.M.: vgl. *Haedrich,* AtomG, § 7 Rdnr. 47 m.w.N.; a.A. *Löhr,* DVBl 1979, 70 (72) in einer Anm. zu BVerwG DVBl 1979, 67; für eine Zwischenform: *Mattern/Raisch,* AtomG, § 7 Rdnr. 14; *Kloepfer,* in: *Achterberg/Püttner,* Bes.VerwR II, S. 604; *Breuer,* in: *v. Münch/Schmidt-Aßmann,* Bes.VerwR, S. 555 vertritt die Ansicht, es handele sich um ein präventives, aber potentiell restriktives Verbot. Die Rechtsgrundlage bewege sich auf der Grenzlinie zwischen präventiven und restriktiven Verboten.

163 Einhellige Ansicht: *Feldhaus,* BImschG, § 4 Anm. 7; *Drews/Wacke/Vogel/Martens,* Gefahrenabwehr, S. 443; *Kutscheidt,* in: *v. Landmann/Rohmer,* UmwR I, Vor § 4 BImschG Rdnr. 19.

164 *Auernhammer,* BDatSchG, § 4 Rdnr. 1; *Ordemann/Schomerus,* BDatSchG, § 4 Anm. 1; *Simitis/Dammann/Mallmann/Reh,* BDatSchG, § 3 Rdnr. 1.

165 Für präventive Verbote: *Drews/Wacke/Vogel/Martens,* Gefahrenabwehr, S. 443.

166 Für ein präventives Verbot: BVerwGE 56, 63 (68); *Hufen,* DÖV 1983, 353 (356); *Löhr,* NVwZ 1983, 20; *Steinberg,* NJW 1978, 1898 (1901); einschränkend: *Marschall/Kastner,* BFStrG, § 8 Rdnr. 4.2.

167 *Thoma,* VerwArch 32 (1927), 247 (248).

Verbot unterdrückt wird[168]. Lediglich für atypische Sonderfälle soll dem repressiven Verbot durch den Gesetzgeber ein Befreiungsvorbehalt zugefügt werden. Das repressive Verbot hat danach keine Kontrollfunktion und bedarf auch keiner besonderen Ermächtigungsgrundlage für behördliche Eingriffe. Der Gesetzgeber selbst hat vielmehr mit dem repressiven Verbot einen zulässigen Eingriff in die Grundrechtssphäre des Bürgers vorgenommen, um diese materiell und nicht nur durch die Errichtung einer formellen Hürde zu beschränken[169].

Dem materiellen, repressiven Verbot als Regelfall wird daher in der Lehre weniger Beachtung geschenkt, als der besonderen Gestaltung des präventiven Verbotes[170]. Es bedarf weder eines Korrelates in Form eines gesetzlichen Genehmigungsanspruchs, noch muß ein Genehmigungsverfahren insgesamt einer Überprüfung unterzogen werden.

2. Die Zulässigkeit des repressiven Verbotes

a. Abschließendes, nicht überschießendes Verbot

Geht man von der Definition des repressiven Verbotes als einer zulässigen materiellen Abrenzung der Grundrechtssphäre aus, stellen sich hier nicht die besonderen Probleme des präventiven Verbotes. Insbesondere ergibt sich anders als beim präventiven Verbot die verfassungsrechtliche Zulässigkeit nicht aus dem Zusammenspiel von gesetzlichem Verbot, Genehmigungsvoraussetzungen und Genehmigungsanspruch. Das gesetzliche Verbot ist hier grundsätzlich als abschließender Eingriff in die Rechte des Betroffenen anzusehen, der bei isolierter Betrachtung einer verfassungsrechtlichen Prüfung standhalten muß[171].

Die Zulässigkeit einer repressiven gesetzlichen Norm mit Befreiungsvorbehalt wird oft anhand der Frage überprüft, ob sich auch ein ohne Befreiungsvorbehalt installiertes Verbot als zulässig erweisen würde[172]. In seiner Entscheidung zum Samm-

168 *Friauf,* JuS 1962, 422 (423); teilweise wird insoweit auch von "substantiellen" Verboten gesprochen in Abgrenzung zu den lediglich vorbeugenden, "formellen" Verboten - so *Drews/Wacke/Vogel/Martens,* Gefahrenabwehr, S. 443 ff..

169 *Müller,* DÖV 1969, 119 (126).

170 Vgl. die Darstellungen bei *Forsthoff,* VerwR, S. 258; *Friauf,* JuS 1962, 422 f.; *Pietzner,* JA 1973, 691 (695); *Wolff/Bachof,* VerwR I, § 48 II a, c.

171 *Drews/Wacke/Vogel/Martens,* Gefahrenabwehr, S. 448.

172 BVerfGE 9, 338 (359); *Müller,* DÖV 1969, 119 (126).

lungsgesetz[173] hat das Bundesverfassungsgericht einen offensichtlich präventiv angelegten Genehmigungsvorbehalt zum Verbot karitativer Sammlungen als repressives Verbot qualifiziert und dieses sodann für unzulässig erklärt. Das materiell wirkende Verbot kann danach nicht wie das präventive Verbot als Instrument zur Verhaltenssteuerung eingesetzt werden, um den Bürger in ein Genehmigungsverfahren zu drängen und die Regulierung dann nach Ermessen vornehmen zu können[174].

b. Verfassungsrechtliche Grenzen der repressiven Verbotsnorm

Die Zulässigkeit repressiver Verbote läßt sich nur mit Blick auf die tatbestandliche Reichweite der Norm und die durch sie konkret betroffenen Grundrechte beurteilen. Bereits *Ossenbühl*[175] wies auf die Gefahr hin, der Gesetzgeber könne der Verwaltung durch eine "zu weit vorgeschobene Verbotsgrenze" beliebig Raum für administratives Ermessen erschließen und forderte daher zutreffend eine grundrechtsspezifische Einschränkung der Reichweite von Repressivverboten anhand des Schutzbereiches der betroffenen Grundrechte. Dies ist jedoch eine rechtsstaatliche Selbstverständlichkeit und betrifft jede materiell wirkende Norm, nicht jedoch präventive Genehmigungsvorbehalte, bei denen dem Verbotstatbestand selbst eine materielle Wirkung fehlt.

Das "Vorschieben" der Verbotsgrenze zu Kontrollzwecken ist ebenfalls nur zulässig, wenn gewichtige Gründe des Allgemeinwohls die Grundrechtsbeschränkung rechtfertigen[176]. Bedenken gegen die Zulässigkeit des gesetzlichen Verbotstatbestandes bestehen dann im Hinblick auf dessen präventiven Charakter nicht, sofern der Gesetzgeber diesen weiteren Regelungsbereich entsprechend den Anforderungen für präventive Verbote ausgestaltet und mit einem Genehmigungsanspruch versieht. Die Existenz derartiger Mischtatbestände wird in der Lehre, soweit ersichtlich, nicht erörtert[177]. Erforderlich, aber schwierig wäre bei derartigen Tatbeständen die notwendige Differenzierung der Entscheidungsvoraussetzungen, da andernfalls nicht klar wäre, unter welchen Voraussetzungen nach Ermessen oder aber gebunden zu entscheiden wäre. Hierauf wird an späterer Stelle näher einzugehen sein.

---

173 BVerfGE 20, 150 (156 ff.).

174 BVerwGE 2, 295 (299); *Dürig*, in: *Maunz/Dürig/Herzog/Scholz*, GG, Art. 2 VII Rdnr. 65; *ders.*, AöR 81 (1956), 117 (150).

175 Tendenzen, DÖV 1968, 618 (625).

176 BVerfGE 2, 266 (279 ff.); 6, 32 (42); 8, 71 (75).

177 Sieht man vom Begriff des gemischten Zulassungsverfahrens im Zusammenhang mit § 7 AtomG ab - so *Mattern/Raisch*, AtomG, § 7 Rdnr. 14.

3. Die Befreiung vom repressiven Verbot als Rechtswohltat

a. Die Befreiung als materielle Voraussetzung für das Recht

Repressive oder substantielle[178] Verbote sollen somit qua definitionem und anders als die präventiven Verbote bereits auf der legislativen Seite abschließend auf ihre verfassungsrechtliche Zulässigkeit geprüft werden können; auf der Seite der Verwaltungsentscheidung, insbesondere des Verwaltungsermessens, bliebe danach grundsätzlich für eine verfassungsrechtliche Problematik kein Raum, insbesondere könnte ein Verwaltungermessen nicht in Konflikt geraten mit den bereits durch das gesetzliche Verbot zulässig beschränkten Grundrechten[179].

Das Bundesverfassungsgericht hat in seinem Urteil zum Sammlungsgesetz[180] zum repressiven Verbot mit Befreiungsvorbehalt ausgeführt:

"Das Verbot mit Befreiungsvorbehalt dagegen sieht die unterdrückte Tätigkeit nicht als im Prinzip erlaubt an, mit der Möglichkeit, rechtswidriges Verhalten zu verbieten, sondern als grundsätzlich verboten mit der "Chance", von diesem Verbot eine Befreiung zu erhalten. Die Genehmigung besagt nicht mehr nur, daß dem Vorhaben keine gesetzlichen Hindernisse entgegenstehen, sondern gestattet die Tätigkeit erst. Die Genehmigung ist nicht lediglich eine zur präventiven Kontrolle vorgesehe formelle Voraussetzung für die rechtmäßige Ausübung einer an sich nicht verbotenen Betätigung, sondern enthält derSache nach eine Aufhebung eines repressiven Verbotes des objektiven Rechts. Sie ist somit eine materielle Voraussetzung für das Recht überhaupt. Durch die Genehmigung wird das Recht, die beabsichtigte Tätigkeit aufzunehmen, überhaupt erst begründet."[181]

Nach ganz h.M. wäre der Gesetzgeber bei repressiven Verboten grundsätzlich nicht gehindert gewesen, eine entsprechende Betätigung des Bürgers allgemein und ausnahmslos zu verbieten. Dort, wo sich auch ein ausnahmsloses Verbot als zulässig erweise, werde die Freiheitssphäre des Bürgers durch eine Aufhebung des Verbotes im Wege der Befreiung oder Ausnahme lediglich erweitert, durch ihre

---

178 *Drews/Wacke/Vogel/Martens*, Gefahrenabwehr, S. 448

179 *Löhr*, DVBl 1979, 70 (72 f.): Bei einem repressiven Verbot ergibt sich die Zulässigkeit eines Ermessensspielraums dogmatisch zwanglos.

180 BVerfGE 20, 150.

181 BVerfGE, a.a.O., S. 157.

Versagung keinesfalls der status negativus berührt[182]. In der Versagung der Befreiung liege lediglich die Feststellung der Wirksamkeit eines gesetzlichen Verbotes, das seinerseits die Freiheitssphäre des Bürgers zulässig begrenze[183].

Unter diesen Voraussetzungen soll sich auch unmittelbar aus den Grundrechten kein Anspruch auf Erteilung einer Befreiung ableiten lassen, da im gesetzlichen Verbot selbst bereits eine zulässige Inhaltsbestimmung des betroffenen Grundrechts enthalten sei[184]. Wegen dieser weitreichenden Folgen sind an das auch ausnahmslos zulässige repressive Verbot bereits und ausschließlich auf der Ebene der Gesetzgebung strenge verfassungsrechtliche Anforderungen zu stellen.

b. § 9 VIII BFStrG als Beispiel eines repressiven Verbotes

Die vorstehend beschriebene Auffassung sei zunächst am Beispiel des § 9 BFStrG und einem Fall hierzu verdeutlicht, der Gegenstand einer Entscheidung des OVG Lüneburg[185] aus dem Jahr 1958 war. Die Klägerin hatte zur Erlangung einer Baugenehmigung eine Ausnahmeentscheidung gem. § 9 Abs. 8 BFStrG bei der obersten Landesbehörde beantragt, da sie beabsichtigte, innerhalb der 20 m breiten Schutzzone neben einer Bundesstraße eine Werbetafel aufzustellen. Nach § 9 Abs. 1 und 6 BFStrG dürfen Hochbauten und Werbeanlagen innerhalb einer 20 m breiten Schutzzone neben Bundesstraßen nicht errichtet werden. Baugenehmigungen innerhalb einer weiteren, sich hieran anschließenden, Schutzzone dürfen gem. § 9 Abs. 2 BFStrG nur mit Zustimmung der obersten Landesbehörde erteilt werden. Gem. § 9 Abs. 8 BFStrG kann diese Behörde jedoch Ausnahmen von den genannten Vorschriften zulassen.

Nach Auffassung des OVG Lüneburg war zunächst zu prüfen, ob die in § 9 BFStrG enthaltenen Beschränkungen der Baufreiheit mit dem Grundgesetz, insbesondere Art. 14 GG, vereinbar sind. Liege in der Beschränkung der Baufreiheit innerhalb der gesetzlich fixierten Schutzzonen im Ergebnis kein Verstoß gegen die Eigentumsgarantie des Art. 14 GG, bestimmten § 9 Abs. 1 bis 7 als allgemeines,

---

182 So *Ackermann*, DÖV 1964, 721 (722); *Friauf*, JuS 1962, 422 (423); *Müller*, DÖV 1969, 119 (126); *Ossenbühl*, Tendenzen, DÖV 1968, 618 (623 f.).

183 BVerfG DVBl 1969, 199 (200); *Ackermann*, DÖV 1964, 721 (722); *Drews/Wacke/Vogel/Martens*, Gefahrenabwehr, S. 456; *Ortloff*, NVwZ 1988, 320.

184 So *Ortloff*, NVwZ 1988, 320 (322) im Hinblick auf § 35 Abs. 2 BauGB als Begrenzung des Art. 14 GG.

185 Urteil. v. 25.9.1958, OVGE 1969, 476 - diese frühe Entscheidung ist Anlaß und Gegenstand des grundlegenden Aufsatzes von *Friauf*, JuS 1962, 422.

repressives Verbot zulässig die Grenzen der Eigentumsgarantie des Art. 14 GG[186]. Eine aus der Verfassung, insbesondere den Grundrechten, hergeleiteter Rechtsanspruch auf die Zulassung einer Ausnahme von diesem Verbot könne daher grundsätzlich nicht bestehen. Das OVG Lüneburg nahm im Ergebnis zwar auch einen Anspruch auf Erteilung der Ausnahme an, leitet diesen jedoch aus einer Ermessensreduzierung auf Null ab und prüfte hierzu alle denkbaren Ermessenserwägungen im konkreten Fall[187].

Bei der Beschäftigung mit weiteren Beispielen in der Literatur fällt auf, daß Anlaß für die Qualifikation eines Verbotes als repressiv regelmäßig nur im Rahmen einer Erörterung der Zulässigkeit des Verwaltungsermessens besteht. In diesen Fällen ist die Rechtfertigung eines Ermessens und damit zumeist die Qualifikation als repressives Verbot oft äußerst streitig.

Dies gilt etwa für das Waffenrecht ganz allgemein sowie für einzelne Verbote des Waffenrechts[188]. Auf diese Auffassungen sowie die widerstreitenden Ansichten zu § 7 AtomG[189] wird in der Folge näher einzugehen sein. Gleiches gilt für § 35 BauGB, der einerseits als repressive Norm qualifiziert wird[190], andererseits aber nach ganz h.M. im Sinne eine gebundenen Entscheidung zu interpretieren ist[191], ohne daß mit dieser Auslegung eine Aussage zur Rechtsnatur der Vorschrift verbunden wäre. Höchst streitig ist schließlich auch der Prüfungsumfang der Behörde

---

186 Für § 9 Abs. 1 BFStrG ausdrücklich BVerwGE 16, 301 (304).

187 OVG Lüneburg, a.a.O., S. 482 f..

188 Für ein repressives Verbot: *Faber*, VerwR, S. 112; *Schwabe*, JuS 1973, 133; *Wolff/Bachof*, VerwR I, § 48 II a; dagegen: *Apel*, WaffenR, § 8 Anm. 2 u. § 30 Anm. 1; *Drews/Wacke/Vogel/Martens*, Gefahrenabwehr, S. 443; *Potrykus/Steindorf*, WaffenR, § 8 Anm. 2 u. § 30 Anm. 1; ohne eine Aussage zur Einordnung als präventives oder repressives Verbot: *Hinze*, WaffR, § 8 Anm. 3.

189 *Haedrich*, AtomG, § 7 Rdnr. 47; *Mahlmann*, S. 270 ff. m.w.N..

190 *Ackermann*, DÖV 1964, 721 (722); *Müller*, DÖV 1969, 119 (125 f.); *Ossenbühl*, Tendenzen, DÖV 1968, 618 (623 f.).

191 BVerfGE 18, 247 (250); *Dyong*, in: *Ernst/Zinkahn/Bielenberg*, BauGB, § 35 Rdnr. 75; *Krautzberger*, in: *Battis/Krautzberger/Löhr*, BauGB, § 35 Rdnr. 47; *Schrödter*, BauGB, § 35 Rdnr. 80; *Söfker*, ZfBR 1989, 91 (92); *Taegen*, in: *Schlichter/Stich*, BauGB, § 35 Rdnr. 53.

bei der Entscheidung über eine straßenrechtliche Sondernutzungserlaubnis, deren Zuordnung zu den präventiven oder repressiven Verbotes ungeklärt ist[192].

§ 3 Die Berechtigung einer Unterscheidung zwischen präventiven und repressiven Verboten

I. Sonderfälle und Grenzfälle präventiver und repressiver Verbote

1. Die Sonderstellung des Atomrechts

Als Ausnahmefall soll im Bereich der präventiven Verbote das Versagungsermessen in § 7 AtomG[193] anzusehen sein. § 7 AtomG wird nach fast einhelliger Ansicht als präventives Verbot mit Erlaubnisvorbehalt qualifiziert[194]. Der Wille des Gesetzgebers, die friedliche Nutzung der Kernenergie nicht zu unterdrücken[195], soll in der Formulierung des Förderungszweckes des § 1 Nr. 1 AtomG seinen Ausdruck gefunden haben[196]. Gleichwohl wurde der Genehmigungsbehörde bei der Entscheidung über die Genehmigung ein Ermessensspielraum eingeräumt.

Die Verbindung eines präventiven Verbotes mit einer in das Ermessen der Verwaltungsbehörde gestellten Erlaubnis wurde durch die Gesetzgebungsorgane als Sonderfall damit gerechtfertigt, daß mit der Kodifizierung des Atomrechts Neuland betreten worden sei[197]. Mit der Einräumung eines Versagungsermessens sollte den Genehmigungsbehörden ein Spielraum gesichert werden im Hinblick auf zum Zeit-

---

192 Für ein repressives Verbot nur *Crombach*, DVBl 1977, 277 (278) und *Wolff/Bachof*, VerwR I, § 48 II c; für eine Ermessensentscheidung: *Keppeler*, Versagungsermessen, S. 33; *Kodal/Krämer*, Straßenrecht, S. 602; *Löhr*, NVwZ 1983, 20 (21); *Marschall/Kastner*, BFStrG, § 8 Rdnr. 4.2; *Naumeyer*, HessStrG, § 16 Anm. 1 d); *Steinberg*, NJW 1978, 1898 (1902); *Walprecht*, StrGNRW, § 18 Rdnr. 167 f..

193 Gem. § 7 Abs. 2 AtomG *dürfen* Errichtung und Betrieb kerntechnischer Anlagen unter bestimmten Voraussetzungen genehmigt werden. Die Entscheidung über die Genehmigung ist damit in das Ermessen der Verwaltung gestellt.

194 *Haedrich*, AtomG, § 7 Rdnr. 47; *Ronellenfitsch*, S. 349; *Mahlmann*, S. 270; *Schmitt-Glaeser*, der landkreis 1976, 442 (443); a.A. *Löhr*, DVBl 1979, 70 (72).

195 Veit, BR-Prot., 198. Sitzung vom 14. November 1958, S. 230 (C).; zunächst hatte der Regierungsentwurf zu § 7 AtomG im Hinblick auf die zuvor geschilderte Auffassung zu den rechtstaatlichen Anforderungen an die präventiven Genehmigungsvorbehalte eine gebundene Entscheidung vorgesehen (BT-Drucks. III/759 S. 5, 23f.).

196 *Haedrich*, a.a.O., Rdnr. 47; *Mahlmann*, S. 270.

197 Diese Abänderung ging auf die Initiative des Bundesrates zurück (BT Drucks III / 759 S. 50); vgl. hierzu auch *Mahlmann*, S. 271.

punkt der Verabschiedung des Gesetzes noch nicht vorhersehbare Entwicklungen und Gefahren[198]. Diese Sonderstellung des Atomrechts und die Einräumung eines Versagungsermessens sind durch das Bundesverfassungsgericht ausdrücklich bestätigt worden[199]. Das Bundesverfassungsgericht wies dabei auf das hohe Gefahrenpotential von Atomanlagen hin, das bei nicht vorhersehbaren Umständen eine Versagungsmöglichkeit der Behörde erfordere, auch wenn die gesetzlich bestimmten Genehmigungsvoraussetzungen erfüllt seien.

Die Begründung und die Existenz eines Rechtsfolgeermessens in § 7 AtomG überhaupt sind eine nicht unbestrittene[200] Ausnahmeerscheinung im Bereich der präventiven Verbote mit Erlaubnisvorbehalt. Gerade die durch das Bundesverfassungsgericht zur Begründung einer Ausnahmekonstellation erwähnten potentiellen Gefahren der Atomenergie nimmt eine Minderansicht zum Anlaß, das Atomrecht insgesamt der repressiven Gesetzgebung zuzuordnen[201]. Von anderen Autoren wird der atomrechtliche Genehmigungsvorbehalt wegen der beschriebenen Besonderheiten als "gemischtes Zulassungsverfahren"[202] oder auch als Zwischenform präventiver und repressiver Verbote[203] bezeichnet.

Der aus grundrechtlichen Erfordernissen abgeleitete Genehmigungsanspruch bei präventiven Verboten ist als Grundsatz wegen dieser Ausnahmekonstellation nicht in Frage gestellt worden.

2. §§ 2 - 4 a Kriegswaffenkontrollgesetz

Ob es sich bei dem zuvor dargestellten atomrechtlichen Genehmigungsvorbehalt unter verfassungsrechtlichen Gesichtspunkten um eine Ausnahmekonstellation handelt, ist an späterer Stelle näher zu prüfen. Es handelt sich bei § 7 AtomG jedenfalls nicht um die einzige Ausnahme von den o.g. Grundsätzen der präventiven Verbote. So werden die §§ 2 - 4 a des Kriegswaffenkontrollgesetzes nach h.M. als präventive Verbote angesehen[204], obwohl § 6 Abs. 1 KWKG ausdrücklich be-

---

198 In diesem Sinne BVerfGE 49, 89 (146 f.) "Kalkar"; *Haedrich*, AtomG, § 7 Rdnr. 47.

199 BVerfGE 49, 89 (146).

200 *Mahlmann*, a.a.O. S. 270 ff. m.w.N. zu den widerstreitenden Ansichten.

201 So *Löhr*, DVBl 1979, 70 (72) in einer Anm. zu BVerwG DVBl 1979, 67.

202 So *Mattern/Raisch*, AtomG, § 7 Rdnr. 14.

203 *Breuer*, in: v. *Münch-Schmidt-Aßmann*, Bes.VerwR, S. 555: Nicht das Verbot, aber seine Rechtsgrundlage bewegt sich auf der Grenzlinie zwischen präventiven und restriktiven Verboten; *Kloepfer*, in: *Achterberg/ Püttner*, Bes.VerwR II, S. 604.

204 BVerwGE 61, 24 (31); *Maunz*, in: *Maunz/Dürig/Herzog/Scholz*, GG, Art. 26 Rdnr. 42 sieht in Art. 26 GG ein präventives Verbot, nimmt aber nicht ausdrücklich Bezug auf das

stimmt, daß ein Anspruch auf die Genehmigung nicht besteht. Eine Mindermeinung[205] beruft sich für ihre Auffassung, es handele sich um repressive Verbote mit Befreiungsvorbehalt, gerade auf den ausdrücklichen Ausschluß des Genehmigungsanspruchs in § 6 Abs. 1 KWKG[206].

Der Grund für die Aufnahme des § 6 Abs. 1 KWKG war politischer Natur. Die Zubilligung eines Rechtsanspruchs auf die Erteilung der Genehmigung erschien dem Gesetzgeber im Hinblick auf mögliche innen- und außenpolitische Belange der Bundesrepublik Deutschland nicht vertretbar[207]. Eine Ermessensentscheidung der zuständigen Behörde ist daher vom Gesetzgeber ausdrücklich gewollt und im Gesetz ausdrücklich formuliert. Die §§ 2 - 4 a KWKG werden in der Lehre gleichwohl nicht entsprechend § 7 AtomG als Ausnahmekonstellation diskutiert.

3. Abfallrecht und Immissionsschutzrecht

Verwirrend ist ein Ausblick auf die Ermessensregelungen in den für die Verwaltungspraxis besonders wichtigen Bereichen des Immissionsschutzrechts und des Abfallrechts. Jede nennenswerte technische Anlage, von der Auswirkungen auf die Umwelt ausgehen können, bedarf entweder einer immissionsschutzrechtlichen oder einer abfallrechtlichen Genehmigung bzw. Planfeststellung. Immissionsschutzrecht und Abfallrecht bedienen sich zur Erfassung der genehmigungsbedürftigen Anlagen ganz gegensätzlicher Gesetzestechniken.

Die nach Immissionsschutzrecht genehmigungsbedürftigen Anlagen sind in der 4. Verordnung zum Immissionsschutzgesetz katalogartig und enumerativ aufgelistet. Dabei werden die Anlagen nach Art und Verfahren einzeln aufgeführt und anhand von Kapazitäts- und Mengenschwellen entweder einem vereinfachten oder einem aufwendigeren Verfahren zugewiesen. Die Genehmigungsvoraussetzungen sind sowohl dem Immissionsschutzgesetz selbst in Form von unbestimmten Rechtsbegriffen zu entnehmen als auch einer Vielzahl von ergänzenden Verordnungen und Verwaltungsvorschriften, die allgemeingültige Grenzwerte und Umweltstandards differenziert festlegen.

Das Abfallgesetz bedient sich demgegenüber mit § 7 einer Generalklausel zur Definition genehmigungsbedürftiger Anlagen. Eine Vielzahl von technischen Anlagen

KWKG; *Pottmeyer,* KWKG, S. 65 m.w.N..

205 *Hernekamp,* in: *v. Münch/Kunig,* GG II, Art. 26 Rdnr. 29 geht davon aus, daß bereits Art. 26 GG ein repressives Verbot mit Befreiungsvorbehalt enthält.

206 § 6 I KWKG: " ...auf die Erteilung der Genehmigung besteht kein Anspruch".

207 BT/Drucks. III 1589, S. 17; *Pottmeyer,* KWKG, § 6 Rdnr. 8.

wird dabei sowohl von dieser Generalklausel erfaßt als auch durch den Katalog der 4. BImSchV. Dies liegt zum einen daran, daß bestimmte Abfallbeseitigungsanlagen in den Katalog der 4. BImSchV ausdrücklich aufgenommen wurden, wie etwa Müllverbrennungsanlagen[208]. Zum anderen werden in einer Vielzahl von Produktionsanlagen, insbesondere in der chemischen Industrie, Rest- und Abfallstoffe anderer Prozesse eingesetzt, so daß insoweit abfallrechtliche Vorschriften zur Anwendung kommen. Die so entstehende Konkurrenz hat der Gesetzgebers durch § 13 BImSchG gelöst. Nach dieser Vorschrift sind alle dem Katalog der 4. BImschV unterfallenden Abfallanlagen allein nach immissionsschutzrechtlichen Vorschriften zu genehmigen[209].

Von besonderem Interesse für das Untersuchungsziel dieser Arbeit ist der präventive oder repressive Charakter der einschlägigen Genehmigungsvorbehalte und Verbote in beiden Verfahrensarten sowie die Ausgestaltung des Verfahrens. Hier ergeben sich insbesondere im Bereich des Verwaltungsermessens erhebliche Widersprüche und Zweifelsfragen. Während nämlich § 8 Abs. 3 AbfG lediglich zwingende Versagungsgründe[210] aufführt und so nach dem Wortlaut des Gesetzes sowohl bei der Planfeststellung, als auch bei der Plangenehmigung ein Verwaltungsermessen bzw. Abwägungsfreiheit einräumt[211], enthält § 6 BImschG einen eindeutig formulierten Anspruch des Antragstellers auf Erteilung der Genehmigung und wird nach einhelliger Ansicht[212] den präventiven Verboten mit Erlaubnisvorbehalt zugerechnet[213]. Zur Einordnung der abfallrechtlichen Regelung finden sich keine eindeutigen Aussagen[214].

---

208 *Schwermer*, in: *Kunig/Schwermer/Versteyl*, AbfG, § 7 Rdnr. 67.

209 *Hösel/v.Lersner*, AbfG, § 7 Rdnr. 49; *Jarass*, BImSchG, § 13 Rdnr. 3.

210 Abs. 3 S.1 war im Regierungsentwurf zunächst als "Kann-Vorschrift" gefaßt. Der Bundesrat schlug zwingende Versagungsgründe vor, um zu betonen, daß kein Anspruch auf Planfeststellung oder Plangenehmigung besteht - vgl. BT-Drucks. VI/2401, S. 4 u.20.

211 *Hösel/v.Lersner*, AbfG, § 8 Rdnr. 1: Dies ergibt sich aus den in § 8 Abs. 1 S. 1 AbfG ausdrücklich für beide Verfahrensarten formulierten Versagungsgründen.

212 BVerwGE 55, 250 (253 ff.); *Breuer*, in: *v. Münch/Schmidt-Aßmann*, Bes.VerwR, S. 431; *Feldhaus*, BImschG, § 4 Anm. 7; *Drews/Wacke/Vogel/Martens*, Gefahren-abwehr, S. 443; *Kutscheidt*, in: *v. Landmann/Rohmer*, UmwR I, Vor § 4 BImschG Rdnr. 19: subjektiv öffentliches Recht auf Genehmigung; *Ule/Laubinger*, BImSchG, § 6 Rdnr. 2 m.w.N..

213 Bereits nach der amtl. Begründung handelt es sich um eine gebundene Entscheidung - BT-Drucks. 1974, 71177; *Blankenagel/Bohl*, DÖV 1993, 588.

214 *Schwermer*, in: *Kunig/Schwermer/Versteyl*, AbfG, § 7 gibt in der Kommentierung zu dieser Frage keine Erläuterung; in *Drews/Wacke/Vogel/Martens*, Gefahrenabwehr, S. 443 wird als Beispiel für ein präventives Verbot allein § 12 AbfG erwähnt.

Auch bei der für den Bereich des Abfallrechts naheliegenden Annahme eines den gewerbe-, immissionsschutz- und atomrechtlichen Regelungen entsprechenden präventiven Verbotes wäre die Interpretation einer gebundenen Entscheidung mit der Natur der Planfeststellung im Hinblick auf Abwägungsgebot und Planrechtfertigung nicht zu vereinbaren[215]. Hinsichtlich der Plangenehmigung wäre bei Annahme eines präventiven Verbotes mindestens fraglich, warum der Gesetzgeber bei einer neueren Gesetzesmaterie keinen Anspruch des Antragstellers auf die Genehmigung formuliert haben sollte.

Ginge man den verfassungsrechtlichen Erfordernissen bei präventiven Verboten folgend nur bei Plan*genehmigungen* gem. § 7 AbfG von einer gebundenen Entscheidung aus, gelangte man im übrigen zu einem seltsamen Ergebnis. Je nach Wahl der abfallrechtlichen Verfahrensart wäre der verfassungsrechtliche Maßstab und Entscheidungsspielraum der Behörde ein anderer: abwägende Planfeststellung und Planrechtfertigung einerseits oder gebundener Verwaltungsakt andererseits.

Dieses Ergebnis wäre um so befremdlicher, als nach allgemeiner Ansicht die Entscheidung über die Durchführung eines Planfeststellungsverfahrens oder Genehmigungsverfahrens bei Vorliegen der Voraussetzungen im Ermessen der Behörde liegt und unanfechtbar ist[216]. Auch hinsichtlich des Rechtsschutzes Dritter soll die Ermessensentscheidung der Behörde über die Wahl der Genehmigungsart neutral sein[217]. Gleichwohl könnte die Behörde bei der Wahl der Verfahrensart darüber entscheiden, ob sie eine Ermessensentscheidung oder eine gebundene Entscheidung zu fällen gedenkt.

Die Konsequenzen wären aber ebenso seltsam, ginge man bei der abfallrechtlichen Genehmigung, der Natur der Planfeststellung folgend, von einer Ermessensentscheidung aus. Nur auf den ersten Blick wäre nämlich in diesem Fall die Ermessensentscheidung der Behörde bei der Wahl der abfallrechtlichen Verfahrensart verfassungsrechtlich neutral. Zu bedenken ist, daß der Plangenehmigung die Konzentra-tionswirkung des § 75 Abs. 1 S.1, 2. HS VwVfG fehlt. Gerade die häufigsten Abfallbeseitigungsanlagen[218] werden aber nicht nur von den unbestimmten

---

215 Vgl. hierzu *Beckmann*, Umweltverträglichkeitsprüfung, DÖV 1987, 944 (945 f.).

216 *Blankenagel/Bohl*, DÖV 1993, 585 (589); *Hösel/v.Lersner*, AbfG, § 7 Rdnr. 48 u. § 8 Rdnr. 25; *Schwermer*, in: *Kunig/Schwermer/Versteyl*, AbfG, § 7 Rdnr. 60; die materiellen Voraussetzungen sollen bei beiden Verfahrensarten gleich sein, vgl. *Beckmann*, Umweltverträglichkeitsprüfung, DÖV 1987, 944 (945 f.).

217 OVG Münster, NVwZ 1988, 180; *Blankenagel/Bohl*, DÖV 1993, 585 (589); *Hösel/v.Lersner*, AbfG, § 8 Rdnr. 25.

218 Neben Müllverbrennungsanlagen und Kompostwerken sind dies insbesonde chem. Aufbereitungsanlagen - vgl. die weiteren Beisp. und Nachweise bei *Schwermer*, in:

Rechtsbegriffen des Abfallrechts erfaßt, sondern auch vom Katalog der 4. BImschV.

Wie bereits ausgeführt wurde, unterliegen diese Anlagen damit aber unbeschränkt der Konzentrationswirkung des § 13 BImschG mit der Folge, daß das Vorhaben insgesamt nach immissionsschutzrechtlichen Vorschriften durchzuführen ist[219] und der Antragsteller auf diese Weise in den Genuß des Genehmigungsanspruches gem. § 6 BImSchG kommt, der ihm nach abfallrechtlichen Vorschriften verwehrt bliebe[220]. Bei den in der 4. BImSchV aufgeführten und damit der Konzentrationswirkung des § 13 BImSchG unterfallenden Abfallbeseitigungsanlagen bliebe es danach dabei, daß je nach der Ermessensentscheidung der Behörde entweder ein Planfeststellungsverfahren einzuleiten oder aber eine gebundene Genehmigungsentscheidung zu treffen wäre.

Hinzu kommen weitgehend ungeklärte Probleme der Konkurrenz von Abfall- und Immissionsschutzrecht bei Änderungen von Anlagen. Nicht zu Unrecht wird daher eine aktuelle Abhandlung mit dem Schlagwort eines "russischen Roulette der Genehmigungsverfahren" betitelt[221]. Die hier dargestellten Ermessensfragen werden in der Lehre aber, soweit ersichtlich, nicht problematisiert. Lediglich an einer Stelle in der Literatur[222] wird die Konkurrenz der Genehmigungsverfahren im Hinblick auf das Verwaltungsermessen erörtert, wegen der im Immissonsschutzrecht anzuwen-denden unbestimmten Rechtsbegriffe und Genehmigungsvoraussetzungen jedoch relativiert. Dabei wird übersehen, daß selbst bei materieller Prüfungsidentität nicht über die elementaren verfassungsrechtlichen Unterschiede zwischen Verwaltungsermessen und Genehmigungsanspruch hinweggesehen werden kann.

Kunig/Schwermer/Versteyl, AbfG, § 7 Rdnr. 67.

219 *Hösel/v.Lersner,* AbfG, § 7 Rdnrn. 2 u. 4; *Jarass,* BImSchG, § 13 Rdnr. 3; *Salzwedel/Preusker,* UmweltschutzR, S. 434; *Schwermer,* in: *Kunig/Schwermer/Versteyl,* AbfG, § 7 Rdnr. 62.

220 Insoweit dürfte die Aussage von *Gaentzsch,* NJW 1986, 2787 (2789) unzutreffend sein, die Konzentrationswirkung von Genehmigungsverfahren sei stets nur eine verfahrensrechtliche, die materielle Anforderungen nicht verdränge oder vermindere.

221 So *Blankenagel/Bohl,* DÖV 1993, 585, die allerdings auf die dargestellte Problematik von Ermessen und gebundener Entscheidung nicht eingehen.

222 *Hösel/v.Lersner,* AbfG, § 7 Rdnr. 4 stellen zwar fest, daß bei Genehmigungen nach § 7 Abs. 1 AbfG gegebenenfalls ein Genehmigungsanspruch gem. § 6 Abs. 1 BImSchG in Betracht kommen kann. Sodann wird jedoch festgestellt, dieser Unterschied sei wegen der unbestimmten Rechtsbegriffe des BImSchG geringer als oft vermutet, zumal nach § 6 Abs. 4 Nr. 3 UVPG auch bei den nach § 4 BImSchG zu genehmigenden Anlagen auch die Prüfung von Standortalternativen vorgeschrieben und die Öffentlichkeit anzuhören sei.

4. Versagungsermessen

a. Versagungsermessen als normspezifisches Problem

Inhaltliche Abgrenzungen der Problematik eines Versagungsermessens gegenüber dem Ermessen bei der Durchbrechung von präventiven und repressiven Verboten sind in der Lehre nicht zu finden. Nur gelegentlich werden die Entscheidungen mit Versagungsermessen überhaupt, wenn auch ohne Begründung, gegenüber präventiven Verboten abgegrenzt[223]. *Keppeler*[224] behandelt unter dem Begriff des Versagungsermessens alle Bau-, Wasser-, Atom-, Gewerbe-, und straßenrechtlichen Gestaltungen, geht aber auf eine verfassungsrechtliche Differenzierung der verschiedenen Verbotstypen nicht ein.

Während mit dem Begriff des Versagungsermessens überwiegend Inhalt und Reichweite sowie inhaltliche Anforderungen der Ermessensbetätigung behandelt werden, reicht der Begriff des Befreiungsermessens im Sinne dieser Untersuchung bis in die legislative Tätigkeit zurück und beinhaltet auch die Prüfung, in welchen Grenzen der Verwaltung in bestimmten Regelungsbereichen überhaupt Ermessen übertragen werden kann und welche verfassungsrechtlichen Grenzen des Befreiungsermessens in Betracht kommen können. Erörterungen des Versagungsermessens beschäftigen sich regelmäßig mit einer Analyse der inhaltlichen Grenzen des Ermessens bei der Versagungsentscheidung, insbesondere mit der Prüfung derjenigen Gesichtspunkte, die die Behörde in ihre Ermessenserwägungen einbeziehen darf[225]. Es handelt sich hierbei um normspezifische Betrachtungen, bei denen regelmäßig auf den Zweck der jeweiligen Ermessensermächtigung abgestellt wird[226].

Die Grenzen eines Versagungsermessens können zwar nur normspezifisch mit Blick auf den jeweiligen Genehmigungsvorbehalt geprüft werden. Dabei ist aber auch zu klären, ob dieser den präventiven oder den repressiven Verboten zugerechnet werden kann. Die nachfolgend näher darzustellende straßenrechtliche Sondernutzungserlaubnis wird überwiegend als präventiver Genehmigungsvorbehalt qualifiziert, vereinzelt auch als repressives Verbot. Eine Vielzahl von Abhandlun-

---

223 *Erbguth*, DVBl 1992, 398 (400) unterscheidet zwischen Kontrollerlaubnis und Entscheidung mit Versagungsermessen.

224 *Keppeler*, Versagungsermessen, S. 1 ff..

225 Dies gilt insbesondere für das Versagungsermessen bei der straßenrechtlichen Sondernutzungserlaubnis, vgl. *Groll*, NJW 1976, 2156 (2157); *Kodal/Krämer*, Straßenrecht, S. 602; *Papier*, Öffentliche Sachen, S. 105; *Schmidt*, Sondernutzungserlaubnis, NVwZ 1985, 167 m.w.N..

226 *Keppeler*, Versagungsermessen, a.a.O.; *Löhr*, NVwZ 1983, 20 (21).

gen beschränkt sich auf eine Bestätigung des Rechtsfolgeermessens und gehen auf eine Zuordnung nicht ein, obwohl das Ermessen bei einem präventiven Verbot einer besonderen Rechtfertigung bedürfte.

b. Die Versagung der straßenrechtlichen Sondernutzungserlaubnis

Die rechtlichen Grenzen des Versagungsermessens bei der straßenrechtlichen Sondernutzungserlaubnis sind überwiegend im Hinblick auf Art. 5 GG geprüft und diskutiert worden[227]. Ganz im Gegensatz zu den bislang dargestellten Problemkreisen ist in Literatur und Rechtsprechung unbestritten, daß die Erteilung der nach den Bundes- und Landesstraßengesetzen erforderlichen Sondernutzungserlaubnis in das Ermessen der Behörde gestellt ist[228]. Umstritten ist jedoch von jeher, welche Ermessensgesichtspunkte die Behörde in ihre Überlegungen einbeziehen darf[229]. Einigkeit besteht allein darüber, daß zu den zu prüfenden Belangen jedenfalls der Schutz der Straßensubstanz und die Aufrechterhaltung des ungestörten Gemeingebrauchs gehören[230]. Höchst umstritten ist demgegenüber, ob auch das Vorliegen völlig außerhalb des Straßenrechts liegender Gründe die Versagung der Erlaubnis rechtfertigen kann[231].

Durch den VGH Kassel beispielsweise wurde diese Frage zunächst in einem Beschluß aus dem Jahre 1983[232] mit der Begründung bejaht, die entscheidende Behörde habe die Pflicht, einen gesetzwidrigen Zustand zu verhindern. Diese Pflicht ergebe sich unmittelbar aus der in Art. 20 Abs. 3 GG normierten Bindung der Verwaltung an Recht und Gesetz[233]. Aufgrund dieser Auffassung wurde im konkreten

---

227 Vgl. *Schmidt,* Sondernutzungserlaubnis, NVwZ 1985, 167 sowie aus der höchstricherlichen Rechtsprechung zuletzt BVerfG NVwZ 1992, 52.

228 Vgl. *Kodal/Krämer,* Straßenrecht, S. 602; *Löhr,* NVwZ 1983, 20 (21); *Marschall/Kastner,* BFStrG, § 8 Rdnr. 4.2; *Naumeyer,* HessStrG, § 16 Anm. 1 d); *Steinberg,* NJW 1978, 1898 (1902); *Walprecht,* StrGNRW, § 18 Rdnr. 167 f.; *Keppeler,* Versagungsermessen, S. 33 mit umfangreichen Nachweisen.

229 Die Entscheidung BVerfG NVwZ 1992, 52 betrifft demgegenüber z.B. nicht Inhalt und Reichweite der Ermessens, sondern Zulässigkeit und Reichweite des Genehmigunsvorbehaltes selbst.

230 *Schmidt,* Sondernutzungserlaubnis, NVwZ 1985, 167 m.w.N..

231 Zur historischen Entwicklung der deutschen Straßengesetzgebung: *Bartlsperger,* DVBl 1979, 1.

232 VGH Kassel, Beschluß v. 30.3.1983, NJW 1983, 2280.

233 Ebenso z.B. *Kodal/Krämer,* Straßenrecht, S. 602: Jedweder sachlicher Grund kann in die Ermessensrerwägungen einbezogen werden.

Fall die Erteilung einer Sondernutzungserlaubnis zum Verteilen von Flugblättern wegen deren ordnungswidrigen Inhaltes abgelehnt[234].

In einer späteren Entscheidung des VGH Kassel aus dem Jahre 1987[235] wurde dieser Auffassung ausdrücklich entgegengetreten mit der Begründung, bei der Ermessensbetätigung seien nur straßenrechtliche, nicht jedoch allgemeine ordnungsbehördliche Belange in die Abwägung einzubeziehen; über letztere hätten ausschließlich die zuständigen Ordnungsbehörden auf Grundlage besonderer Ermächtigungen zu entscheiden.

Diese inhaltlichen Ermessensbindungen sind für die hier zu behandelnde Problematik im Ergebnis nur unter einem Teilaspekt von Bedeutung, da Gegenstand dieser Diskussion die inhaltlichen Anforderungen an die Ermessensbetätigung sind, nicht jedoch die Zulässigkeit und verfassungsrechtlichen Grenzen der Ermessensbetätigung schlechthin. Zentrale Norm ist für die erste Meinung § 40 VwVfG, der das Ermessen inhaltlich an den Zweck der (Ermessens-) Ermächtigung bindet[236]. Die inhaltlichen Anforderungen an eine Ermessensbetätigung, insbesondere die in die Abwägung einzubeziehenden Belange, sind damit ausschließlich einer normspezifischen Betrachtung zugänglich. Die aus dem Zweck der Ermächtigungsgrundlage folgenden spezifischen Ermessensbindungen sind jedoch nicht Gegenstand dieser Untersuchung. Vielmehr soll die bei Verboten mit Befreiungsvorbehalt grundsätzlich mögliche Ermessensbetätigung auf allgemeine verfassungsrechtliche, namentlich grundrechtliche Ermessensschranken untersucht werden in Abgrenzung zu den Verboten mit Erlaubnisvorbehalt oder anderen Verbotstypen und Genehmigungsvorbehalten.

c. Der straßenrechtliche Genehmigungsvorbehalt als präventives oder repressives Verbot ?

Die unter dem Begriff des Versagungsermessens üblicherweise behandelten inhaltlichen Bindungen des Ermessens an den Zweck der Ermächtigung lassen die Frage unbeantwortet, welche grundsätzlichen verfassungsrechtlichen Weichenstellungen

---

234 Gegen diese Auffassung ausdrücklich *Papier*, Öffentliche Sachen, S. 105 m.w.N..

235 VGH Kassel NVwZ 1987, 902.

236 Siehe hierzu die umfangreiche Darstellung von *Keppeler*, Versagungsermessen, S. 1 ff. , insbesondere zum Zweck der Ermächtigung; *Löhr*, NVwZ 1983, 20.

bei einem straßenrechtlichen Genehmigungsvorbehalt im Hinblick auf eine Unterscheidung zwischen präventiven und repressiven Verboten vorzunehmen sind[237].

Ginge man von einem präventiven Verbot aus, müßte man bei der straßenrechtlichen Sondernutzungserlaubnis, ebenso wie bei § 7 AtomG, von einer Ausnahmekonstellation ausgehen und das Versagungsermessen begrifflich auf eben diese Ausnahmekonstellationen des Atomgesetzes und des Straßenrechtes begrenzen. Eine derartige Auffassung wird mit verschiedenen Differenzierungen von der herrschenden Meinung vertreten[238]. Eine Zuordnung der straßenrechlichen Sondernutzungserlaubnis zu den repressiven Verboten mit Befreiungsvorbehalt[239] wird demgegenüber nur vereinzelt angenommen.

Geht man mit der h.M. bei dem Genehmigungsvorbehalt für die straßenrechtliche Sondernutzung von der Verbindung eines präventiven Verbotes mit einem Verwaltungsermessen aus, bedarf diese weitere Ausnahmekonstellation ebenso wie § 7 AtomG oder §§ 2 - 4 a KWKG einer besonderen Begründung. Gemeinhin wird auf die Existenz einer begründungsbedürftigen Ausnahme aber nicht eingegangen, sondern lediglich auf die besonderen Ermessensbindungen aus dem Zweck der Ermächtigung abgestellt[240] oder eine begrenzte Ermessensbetätigung angenommen[241].

Verbreitet wird auch die Ansicht vertreten, die straßenrechtliche Sondernutzungserlaubnis sei dem Bereich der Leistungsverwaltung zuzuordnen[242]. Konsequenz dieses dogmatischen Ansatzes müßte sein, die Zuordnung der straßenrechtlichen Sondernutzungserlaubnis zu den präventiven Verboten mit Erlaubnisvorbehalt mindestens in Frage zu stellen[243], denn die Kontrolle grundrechtlicher Betäti-

---

237 *Naumeyer*, HessStrG, § 16 Anm. 1 d) beschränkt sich auf die Aussage, nur straßenbezogenen Gesichtspunkte seien für das Versagungsermessen relevant; ebenso *Walprecht*, StrGNRW, § 18, Rdnr. 167 f..

238 BVerwGE 56, 63 (68); *Hufen*, DÖV 1983, 353 (356); *Löhr*, NVwZ 1983, 20; *Steinberg*, NJW 1978, 1898 (1902); einschränkend: *Marschall/Kastner*, BFStrG § 8 Rdnr. 4.2..

239 So ausdrücklich *Crombach*, DVBl 1977, 277 (278); *Wolff/Bachof*, VerwR, § 48 II c; *Schmidt*, Sondernutzungserlaubnis, NVwZ 1985, 167 (169) stellt lediglich fest, daß ein Anspruch auf die Genehmigung nicht gegeben sei.

240 *Löhr*, NVwZ 1985, 20 (21).

241 *Marschall/Kastner*, BFStrG § 8 Rdnr. 4.2..

242 *Bartlsperger*, DVBl. 1979, 1 (12); *Brohm*, Demonstrationsfreiheit, JZ 1985, 501 (507); *Steinberg*, NJW 1978, 1898 (1899); *Steiner*, Straßenrecht, JuS 1984, 1; *Keppeler*, Versagungsermessen, S. 34 m.w.N..

243 So z.B. *Keppeler*, Versagungsermessen, S. 34 m.w.N..

gung durch staatliche Verbote einerseits und die Gewährung staatlicher Leistungen andererseits können nicht gleichzeitig bestimmend sein für die Beurteilung und Reichweite eines Versagungsermessens. Eine Zuordnung der Sondernutzungserlaubnis zu den repressiven Verboten könnte man allenfalls mit der Begründung vertreten, die straßenrechtliche Sondernutzungserlaubnis begründe ein Recht zur Inanspruchnahme dieser staatlichen Leistung erst konstitutiv.

Besonderheiten werden schließlich bei der straßenrechtlichen Sondernutzungserlaubnis auch bezüglich der Rechtsnatur des Sondergebrauches an der Straße angenommen, die teilweise dem Privatrecht, teilweise dem öffentlichen Recht oder aber dualistisch zugeordnet wird[244]. Welche Schwierigkeiten einer verfassungsrechtlichen Betrachtung sich bei der Sondernutzungserlaubnis ergeben, wird z.B. bei *Lorenz* deutlich, der eine dualistische Konstruktion vertritt[245] und im Ergebnis die Rechtsfigur eines präventiven Verbotes mit Erlaubnisvorbehalt annimmt, bei dessen Ausgestaltung der Freiheitsanspruch des Bürgers erhalten bleiben müsse[246]. Der sich aus dieser Konstruktion grundsätzlich ergebende Anspruch auf die Genehmigung wird aber schließlich mit der Begründung abgelehnt, das Freiheitsrecht aus Art. 2 GG sei eben nur auf den Gemeingebrauch gerichtet. Die Sondernutzungserlaubnis stelle nicht wie eine Baugenehmigung die Freiheit des Bürgers wieder her, sondern erweitere den Rechtsstatus des Begünstigten[247].

Ein Rechtsanspruch wird schließlich auch mit der zivilrechtlich geprägten Begründung abgelehnt, die Grundrechte vermittelten kein Recht, fremdes Eigentum in Anspruch zu nehmen[248]. Diese Begründung allerdings ließe sich allenfalls mit der Annahme eines repressiven Verbotes vereinbaren, nicht jedoch mit einem präventiven Genehmigungsvorbehalt in Einklang bringen.

5. Die repressiven Zonen innerhalb präventiver Genehmigungsvorbehalte

a. Kein Anspruch "jenseits" der Genehmigungsvoraussetzungen

An dem Beispiel der bauordnungsrechtlich geregelten Genehmigung und bauplanungsrechtlichen oder bauordnungsrechtlichen Befreiung läßt sich verdeutlichen, daß auch innerhalb der Reichweite präventiver Genehmigungsvorbehalte Abgren-

---

244 Vgl. hierzu *Kodal/Krämer*, Straßenrecht, S. 600.

245 *Lorenz*, LStrG BW, § 16, Rdnr. 15.

246 *Lorenz*, LStrG BW, § 16 Rdnr. 18 unter Hinweis auf BVerfGE 20, 150 (154) zum Sammlungsgesetz.

247 *Lorenz*, LStrG BW, § 16 Rdnr. 18 unter Bezugnahme auf BVerfGE 56, 63.

248 *Lorenz*, LStrG BW § 16 Rdnr. 15 mit einer Bezugnahme auf BVerfGE 7, 230 (234).

zungen zwischen präventiven und repressiven Verboten notwendig sind, die mit Hilfe einer durch die gesetzlichen Tatbestände normierten Grenze zwischen genehmigungsfähiger und nicht genehmigungsfähiger Betätigung vorzunehmen sind.

Bei der tatbestandlichen Fixierung der "genehmigungsfähigen" Betätigung hat der Gesetzgeber grundsätzlich zwei Möglichkeiten: Entweder werden die Genehmigungsvoraussetzungen tatbestandlich umrissen oder aber die Versagungsgründe. Im ersten Fall könnte man einen repressiven Bereich bei allen nicht von dem Genehmigungstatbestand erfaßten und "nur" über eine (Befreiungs-) Generalklausel der Genehmigung zugänglichen Aktivitäten vermuten, im zweiten Fall ließe sich die repressive Zone unmittelbar durch die Versagungsgründe tatbestandlich umreißen.

Das Abstellen auf die tatbestandlich fest eingegrenzte und subsumierbare Grundaussage einerseits und die nicht im voraus zu überblickenden und zu regelnden Ausnahme- und Befreiungskonstellationen andererseits reduziert die Unterscheidung zwischen präventiven und repressiven Verboten nach Auffassung von *Schwabe*[249] auf ein rein quantitatives Regel-/Ausnahmeverhältnis. Dieser rein quantitative Lösungsansatz stellt darauf ab, daß einerseits auch vom Regelungsbereich präventiver Genehmigungsvorbehalte Sachverhalte erfaßt werden, die der Gesetzgeber im Ergebnis materiell unterdrücken will, andererseits auch im Anwendungsbereich repressiver Verbotsnormen regelmäßig Aktivitäten des Bürgers denkbar sind, bei denen ein genereller Unterdrückungswille des Gesetzgebers nicht vermutet werden kann.

Der quantitative Lösungsansatz von *Schwabe* soll an späterer Stelle[250] untersucht werden. An dieser Stelle kann aber bereits festgestellt werden, daß die Existenz repressiver Verbote mit oder ohne Befreiungsvorbehalt innerhalb präventiver Genehmigungsvorbehalte auch auf Grundlage der der ganz herrschenden Meinung erklärbar ist und nicht zu einer Aufgabe einer qualitativen Abgrenzung präventiver und repressiver Verbote zwingt. Grundsätzlich anzunehmen ist nämlich nach der überkommenen Definition präventiver und repressiver Verbote, daß auch in präventiven Materien jenseits der vom Gesetzgeber gezogenen Grenze der Genehmigungsfähigkeit eine Betätigung des Bürgers nicht mehr als neutral, sondern mindestens als unerwünscht angesehen werden muß, auch wenn über Befreiungs-,

---

249 *Schwabe*, JuS 1973, 133 (134), der im Hinblick auf dieses Verhältnis und den entsprechenden sprachlichen und gesetzgebungstechnischen Aufbau für das präventive Verbot ausführt, der Bereich des "definitiv" Verbotenen sei optisch in den Hintergrund gedrängt zugunsten des genehmigungsbedürftigen, aber doch zu genehmigenden Tuns.

250 Nachfolgend 1. Kap. § 3 V.

Ausnahme- oder Dispensvorbehalte derartige Aktivitäten im Einzelfall zugelassen werden können[251].

Hat der Gesetzgeber die Grundrechte durch das gesetzliche Verbot unter tatbestandlicher Ausgrenzung der nicht genehmigungsfähigen Sachverhalte und Beachtung des Übermaßverbotes zulässig eingeschränkt[252], sollen sich die von der Ausgrenzung tatbestandlich erfaßten Aktivitäten "nicht mehr im eigentlichen Bereich grundrechtlich geschützter Tätigkeit" befinden[253]. Das repressive Verbot soll eben diese aus dem jeweiligen grundrechtlichen Freiheitsbereich ausgestoßene Tätigkeit bezeichnen[254], auch wenn diese Aktivitäten im Einzelfall aufgrund eines Befreiungsvorbehaltes genehmigt werden können.

Dementsprechend wird ganz überwiegend die Auffassung vertreten, der Bauwillige etwa, der zur Erlangung einer Baugenehmigung eines Dispenses bedürfe, könne schon deshalb keinen Anspruch auf die Erteilung der Genehmigung haben, weil sein Vorhaben grundsätzlich gar nicht genehmigungsfähig sei, da die gesetzlich geregelten Genehmigungsvoraussetzungen und damit der Tatbestand der bauordnungsrechtlichen Anspruchsgrundlage ersichtlich nicht erfüllt seien[255]. Damit ist allerdings noch nichts darüber gesagt, ob und unter welchen Voraussetzungen sich ein Anspruch auf eine Befreiung ergeben kann. Denn erst wenn feststeht, daß das Vorhaben, gemessen an den gesetzlich normierten Genehmigungsvoraussetzungen und Versagungsgründen, nicht genehmigt werden kann, kommt überhaupt eine Befreiung von einzelnen Genehmigungsvoraussetzungen in Betracht.

251 Vgl. *Schwabe,* JuS 1973, 133 (134); *Pietzner,* JA 1973, 691 (695 f.).

252 Dies wird regelmäßig ungeprüft unterstellt, vgl. *Keppeler,* Versagungsermessen, S. 9 (am Ende).

253 So *Keppeler,* Versagungsermessen, S. 10.

254 *Keppeler,* Versagungsermessen, a.a.O..

255 So ausdrücklich *Friauf,* JuS 1962, 422 (424); *Kloepfer,* Umweltrecht, S. 120; vgl. auch *Simon,* BayBauO, Art. 72 a.F. Rdnr. 23 ff., nach dessen Auffassung die Befreiung neues, objektives Baurecht schafft; ebenso *Baltz/Fischer,* PrBauPR, S. 168; ablehnend *Sendler,* Bauvorhaben, BBauBl 1968, 63; einschränkend: *Bullinger,* JZ 1984, 1001 (1007 ff.); *Erichsen,* Baudispens, DVBl 1967, 269 (270 f.); *Hoppe,* Ausnahmen, DVBl 1969, 340 (342); *Ossenbühl,* Tendenzen, DÖV 1968, 618 (624); *Schmidt-Eichstaedt,* Konkretisierungsauftrag, DVBl 1985, 645; *ders.,* Befreiung, DVBl 1989, 1 (2).

b. Die verfassungsrechtliche Bedeutung der Genehmigungsvoraussetzungen

Die besondere Bedeutung der gesetzlich fixierten Genehmigungsvoraussetzungen wird bereits in der frühen Literatur und Rechtsprechung zu den Verboten mit Erlaubnisvorbehalt betont. Schon *Otto Mayer*[256] führte für das präventive Verbot aus:

"für das danach zu Erlaubende bewendet es bei seiner Wirkung als Überwachungsmaßregel. Lediglich für das nicht zu Erlaubende erweist sich das Verbot nicht als ein formelles, vorläufiges, sondern als ein sachliches, endgültiges"[257].

Die Pflicht des Gesetzgebers, bei präventiven Verboten die Genehmigungsvoraussetzungen und Versagungsgründe so exakt wie möglich zu regeln, soll es dem betroffenen Bürger auch schon vor dem Abschluß des Genehmigungsverfahrens ermöglichen, sein Vorhaben als genehmigungspflichtig, aber auch genehmigungsfähig zu erkennen und das präventive Verbot als vorläufige, formelle Schranke zu verstehen. *Friauf*[258] spricht mit Blick auf das Baugenehmigungsverfahren von unterschiedlichen, nämlich präventiven und repressiven Wirkungen, je nachdem, ob eine Übereinstimmung mit dem materiellen Baurecht festgestellt wird oder nicht[259].

Auch die frühe Rechtsprechung des Bundesverfassungsgerichts zur grundsätzlichen Zulässigkeit der Verbote mit Erlaubnisvorbehalt[260] läßt bereits auf eine zentrale Funktion der gesetzlich fixierten Genehmigungsvoraussetzungen für die Abgrenzung repressiver und präventiver Verbote schließen.

In den zitierten Entscheidungen werden nicht nur Anforderungen an die Ausgestaltung des Genehmigungsverfahrens gestellt und damit an die Bestimmtheit und inhaltliche Reichweite der Genehmigungsvoraussetzen und der Versagungsgründe[261]; der vom Bundesverfassungsgericht geforderte Rechtsanspruch auf die Genehmigung als Kennzeichen des präventiven Verbotes wurde im übrigen auch ausdrücklich gekoppelt an das Nichtvorliegen gesetzlich fixierter Versagungsgründe bzw. die Erfüllung der gesetzlich fixierten Genehmigungsvoraussetzungen.

---

256 *O. Mayer*, VerwR I, S. 241.

257 Ebenso *Schwabe*, JuS 1973, 133 (134 f.); *Pietzner*, JA 1973, 691 (696).

258 *Friauf*, JuS 1962, 422 (424).

259 Als weiteres Beispiel nennt *Friauf*, a.a.O., S. 424 den § 1 GastG; ebenso *Kloepfer*, Umweltrecht, S. 120: Wenn die Genehmigungsvoraussetzungen nicht vorliegen, erweist sich das formelle Verbot als materielles Verbot.

260 BVerfGE 6, 32 (42); 8, 71 (76).

261 BVerfGE 20, 150 (158); 46, 120 (157); 49, 89 (145); NVwZ 1992, 53.

c. Die repressiven Enklaven im Baurecht

Nach Maßgabe der vorstehenden Grundsätze lassen sich auch in dem einhellig der präventiven Gesetzgebungs- und Verwaltungstätigkeit zugeordneten Baurecht zahlreiche Enklaven finden, die mit gleicher Selbstverständlichkeit den repressiven Verboten zugerechnet werden. Dies gilt etwa für das Bauen im Außenbereich gem. § 35 BauGB, das Bauen außerhalb der Festsetzungen des Bebauungsplanes gem. § 31 Abs. 2 BauGB oder allgemein das Bauen mit Hilfe einer bauordnungsrechtlichen Befreiung, wie sie in Landesbauordnungen geregelt ist.

Diese Gestaltungen sind durch die Besonderheit gekennzeichnet, daß innerhalb der Reichweite eines präventiven Genehmigungsvorbehaltes eine Abgrenzung präventiver und repressiver Zonen durch die Ausgestaltung der Genehmigungsvoraussetzungen und Versagungsgründe erfolgt oder etwa satzungsmäßig durch die Festsetzungen eines Bebauungsplanes. Diese tatbestandliche oder satzungsmäßige Grenzlinie ist zugleich die Grenzlinie zwischen einem präventiven und einem repressiven Bereich. Der Bauwillige, der ein im Widerspruch zu einzelnen Genehmigungsvoraussetzungen stehendes Vorhaben verfolgt, bewegt sich danach im repressiven Bereich und kann sich nicht auf den gesetzlichen Rechtsanspruch auf die Genehmigung berufen.

Er kann sich um die Zulassung seines Vorhabens im Wege des Dispenses bemühen, auf desses Erteilung nach ganz herrschender Ansicht aber ebenfalls kein Rechtsanspruch besteht. Denn die Entscheidung über die Anwendung oder Nichtanwendung dieser Abgrenzungskriterien und damit letztlich über die Zulassung des gesamten Vorhabens ist durch bestimmte Befreiungstatbestände regelmäßig in das Ermessen der Behörde gestellt. Insoweit kann man bei diesen Regelungen von eingeschachtelten repressiven Verboten sprechen[262].

Ungeklärt ist die Frage, ob diese Grundsätze für alle Befreiungsnormen des Baurechts gelten oder ob insoweit eine differenzierte Betrachtung notwendig ist. Auch bei den eingeschachtelten Verboten des Baurechts stellt sich die Frage nach grundrechtlichen Ermessensbindungen.

II. Die Unterscheidung zwischen präventiven und repressiven Verboten als verfassungsrechtliche Vorfrage

Soweit man die Zulässigkeit und Reichweite jeglicher Ermessensbetätigung bei der Entscheidung über die Befreiung von einem gesetzlichen Verbot von der Frage abhängig macht, ob es sich bei dem Verbot um ein präventives oder ein repressives

---

262 So *Schwabe*, JuS 1973, 133 (134).

handelt, mißt man dieser Unterscheidung der betreffenden Gesetzgebungsmaterien eine Bedeutung bei, durch welche die gesamte verfassungsrechtliche Problematik auf den Akt der Gesetzgebung konzentriert wird. Der Gesetzgeber hätte nach Maßgabe der vorstehenden Anforderungen bei der Installation präventiver Genehmigungsvorbehalte sein Augenmerk auf die Ausgestaltung des Genehmigungsverfahrens und -anspruchs zu richten, bei repressiven Verbote auf die Zulässigkeit des Verbotstatbestandes selbst.

So oft bei einer Erörterung von Ermessensspielräumen und -grenzen auch die Zuordnung von Verbotsnormen zu den präventiven und repressiven Verboten zugrundegelegt wird, so selten wird die Frage vertieft, nach welchen Kriterien ein gesetzliches Verbot als präventives oder repressives anzusehen sein soll. Auch die stets wiederholte Zweckbestimmung, nach der mit dem präventiven Verbot die entsprechende Betätigung nicht tatsächlich unterdrückt, sondern lediglich durch eine vorläufige formelle Schranke einer behördlichen Prüfung und Einzelfallentscheidung zugeführt werden soll, läßt die Frage unbeantwortet, ob etwa nur der Wille des Gesetzgebers oder aber alternativ oder kumulativ die Gesetzgebungsmaterie selbst oder sonstige verfassungsrechtliche Aspekte für die Abgrenzung von Bedeutung sein sollen.

Soweit vereinzelt auf die dogmatischen Grundlagen einer Unterscheidung zwischen präventiven und repressiven Verboten eingegangen wird, soll entscheidend die Zielsetzung des Gesetzgebers sein, tatsächlich bestimmte Verhaltenweisen unterdrücken, oder aber lediglich kontrollieren zu wollen, was gegebenenfalls im Wege der Auslegung zu ermitteln sei[263], sofern dieser Wille nicht dem Gesetz ausdrücklich entnommen werden könne[264].

Die große Bedeutung der Abgrenzung von präventiven und repressiven Verboten für die Beurteilung des Verwaltungsermessens kann nicht zweifelhaft sein[265]. Es besteht auch Einigkeit darüber, daß die Grundlagen dieser Unterscheidung in der Verfassung, namentlich den Grundrechten der durch das Verbot betroffenen Bürger, zu finden sind. Es werden jedoch nur selten norm- oder bereichsspezifisch verfassungsrechtliche Anforderungen an diese oder jene Form staatlicher Reglementierung geprüft. Vielmehr soll nach ganz h.M. die Zuordnung einer Norm zu die

---

263 *Drews/Wacke/Vogel/Martens,* Gefahrenabwehr, a.a.O., S. 447; *Faber,* VerwR, S. 112.

264 Vgl. den Förderungszweck des § 1 Nr. 1 AtomG; hierzu *Haedrich,* AtomG, § 7 Rdnr. 47; *Mahlmann,* S. 270 sowie im 1. Kap. § 3 I 1.

265 So z.B. *Keppeler,* Versagungsermessen, S. 11; *Faber,* VerwR, S. 111.

sem oder jenem Bereich den verfassungsrechtlichen Rahmen für die Einräumung des Ermessens vorgeben[266].

Ganz überwiegend wird daher die Prüfung, ob die Verbotsnorm präventiven oder der repressiven Charakter hat, den Überlegungen zur Existenzberechtigung und Reichweite eines Rechtsfolgeermessens vorangestellt[267]. Bei repressiven oder substantiellen[268] Verboten soll die grundsätzliche Zulässigkeit des Ermessens dabei voraussetzen, daß das gesetzliche Verbot selbst sich als zulässig erweist. Das auf der Rechtsfolgenseite eingeräumte Ermessen kann danach nur dann nicht in Konflikt mit den betroffenen Grundrechten geraten, wenn diese bereits durch die gesetzliche Verbotsnorm zulässig beschränkt wurden. Nur der so festgestellte status negativus könne durch ein Verwaltungsermessen nicht tangiert, sondern durch eine Aufhebung des Verbotes die Freiheitszone allenfalls erweitert werden[269].

III. Funktion und Regelungszusammenhang der Befreiung

Die vorstehenden Argumente sind zunächst insoweit folgerichtig und unbestreitbar, als die bei repressiven oder substantiellen Verboten vorausgesetzte zulässige Beschränkung der Grundrechtssphäre der Eröffnung eines Ermessspielraums jedenfalls nicht entgegensteht, der nur zu Kontrollzwecken errichtete Genehmigungsvorbehalt demgegenüber als verfassungsrechtliches Korrelat grundsätzlich einen Genehmigungsanspruch erfordert. Die verfassungsrechtliche Unbedenklichkeit als "Wesensmerkmal" des repressiven Verbotes und die hiermit notwendige normspezifische Betrachtung jedes einzelnen Verbotstatbestandes führt aber gerade dort zu Zweifelsfragen, wo verschiedene Verbotstatbestände und Möglichkeiten einer Durchbrechung in einem komplizierten Regelungszusammenhang stehen und die inhaltliche Abgrenzung genehmigungsfähiger und nicht genehmigungsfähiger Tätigkeiten weitgehend unbestimmten Rechtsbegriffen überlassen bleibt.

Die Ermittlung von Kontrollfunktionen oder materiellen Wirkungen einer Verbotsnorm ist nämlich kaum zu leisten, sofern der intendierten Betätigung des Bürgers

---

266 So ausdrücklich *Keppeler,* Versagungsermessen, S. 9 f..

267 *Mussgnug,* Dispens, S. 88; *Drews/Wacke/Vogel/Martens,* Gefahrenabwehr, S. 456; *Forsthoff,* VerwR, S. 267.

268 So *Drews/Wacke/Vogel/Martens,* Gefahrenabwehr, a.a.O..

269 So *Ackermann,* DÖV 1964, 721 (722); *Ortloff,* NVwZ 1988, 320 (322 f.); *Ossenbühl,* Tendenzen, DÖV 1968, 618 (623 f.).

gleichzeitig mehrere gesetzliche Regelungen entgegenstehen und die Frage, durch welchen Tatbestand und welchen (unbestimmten) Versagungsgrund der status negativus letztlich zulässig begrenzt wird, in einer vielschichtigen Verknüpfüng von gesetzlichen Verboten und administrativen Erlaubnissen und Befreiungen zu ermitteln ist[270]. So wird dem Bauherrn, der an einem denkmalgeschützten und aus der Sicht der Behörde nicht (mehr) privilegierten Bau im Außenbereich erhebliche Umbauarbeiten vornehmen will, der bauordnungsrechtliche Genehmigungsanspruch erst nutzen, wenn alle anderen rechtlichen Hindernisse aus dem Weg geräumt und alle hierbei notwendigen Ermessensentscheidungen der Behörde positiv getroffen sind. Schwierig zu beantworten ist in Ermangelung gesetzlicher Vorgaben auch die Frage, inwieweit ein weitgefaßter, tatbestandlich undifferenzierter Genehmigungsvorbehalt, wie etwa derjenige der straßenrechtlichen Sondernutzungserlaubnis, einen nur kontrollierenden oder oder aber (auch) materiellen Charakter hat.

Einer näheren Untersuchung bedürfen nach der hier vertretenen Ansicht daher auch die Funktion und der Regelungszusammenhang einer Befreiungsnorm. Soweit das Bundesverfassungsgericht etwa keine Bedenken an der Zulässigkeit abstrakter Regelungen im Hinblick auf einzelne Härtefälle hat[271] und der Hinzufügung eines Befreiungstatbestandes nach einem repressiven Verbot gerade eine ausgleichende bzw. grundrechtsschonende[272] Funktion bezüglich dieser Härtefälle zuerkannt wird[273], muß die Qualifikation dieses Verbotes als abschließende Bestimmung der Grundrechtssphäre und die der Befreiung als grundrechtsneutrale Wohltat hinterfragt werden.

---

270 Unzutreffend dürfte es daher sein, ganz allgemein von einer präventiven oder repressiven Verwaltungstätigkeit zu sprechen; so aber *Drews/Wacke/VogelMartens*, Gefahrenabwehr, S. 443.

271 BVerfGE 21, 12 (27); 27, 220 (230); 30, 292 (312); NJW 69, 2133; hierzu auch *Selmer*, DÖV 1972, 551.

272 BVerfGE 38, 348 (368); 54, 54 (61); vgl. hierzu *Sattler*, in: Göttinger Kolloqium, S. 133 ff. (155).

273 *Lerche*, Übermaß, S. 193; *ders.*, Verwaltung, DÖV 1961, 486 (489); *Selmer*, DÖV 1972, 551 (555).

V. Kritik an der Unterscheidung zwischen präventiven und repressiven Verboten

1. Der Meinungsstand

Die inhaltliche Unterscheidung zwischen beiden Verbotsformen wird vereinzelt ohne nähere Begründung relativiert[274] oder bezweifelt[275]. Eine grundsätzliche Ablehnung einer Unterscheidung überhaupt findet sich bei *Schwabe*[276], der auch in verfassungsrechtlicher Hinsicht keine qualitativen, sondern lediglich quantitative Unterschiede annimmt. Zur Begründung wird darauf verwiesen, daß beide Verbote letztlich darauf gerichtet seien, nur die wirklich unerwünschten Handlungen zu verbieten, die mindestens neutralen jedoch nicht antasteten. Auch sog. repressive Verbote verfolgen danach das Ziel, die im Wege der Befreiung zu erlaubenden Tätigkeiten von den sozialschädlichen abzugrenzen. Gleiches gelte für die sog. präventiven Verbote, die auch den Zweck verfolgten, die unerwünschten und nicht genehmigungsfähigen Verhaltensweisen zu unterdrücken. Als Beispiele führt *Schwabe* für den Bereich der repressiven Verbote das Waffenrecht an, das keineswegs die Aufgabe habe, etwa die Bewaffnung der Begleiter von Geldtransporten zu verhindern.

Die Argumentation von *Schwabe* läßt sich im Kern auf die Annahme zurückführen, auch repressive Verbote arbeiteten, ebenso wie präventive Verbote, mit einem "Verbotsüberschuß", indem die tatbestandliche Reichweite des Verbotes auch im Ergebnis unschädliche Aktivitäten überspanne und somit gegebenenfalls durch die Befreiung durchbrochen werden müsse. Dies soll sich insbesondere am Beispiel des § 35 BBauG zeigen, der zunächst sämtliche nicht privilegierten Bauten im Außenbereich verbiete, obwohl diejenigen Bauten, die keine öffentlichen Belange beeinträchtigten, im Ergebnis zu genehmigen seien. Im Ergebnis nimmt *Schwabe* lediglich quantitative Unterschiede zwischen beiden Regelungsformen an: Das repressive Verbot sei als Grundregel angelegt, die Befreiung als Ausnahme, bei einem präventiven Verbot verhalte es sich umgekehrt[277].

Gusy[278] folgt dieser Auffassung im Hinblick auf präventive und repressive Verbote und führt hierzu aus, sowohl präventive als auch repressive Normen enthielten ein

---

274 *Wolff/Bachof*, VerwR I, § 48 II c.

275 *Neumann/Nipperdey/Scheuner*, Die Grundrechte III, S. 221.

276 *Schwabe*, JuS 1973, 133 (134 f.).

277 *Schwabe*, JuS 1973, 133 (135).

278 *Gusy*, Erlaubnisvorbehalt, JA 1981, 80.

Verbot, das unter bestimmten Voraussetzungen aufgehoben werde. Lägen die Tatbestandsvoraussetzungen der Verbotsnorm vor, so sei unter diesen Umständen das Vorhaben untersagt; lägen dagegen die Voraussetzungen des Erlaubnistatbestandes vor, so sei unter diesen Umständen das Vorhaben gestattet[279].

Für die termininologisch abzugrenzenden Verbote mit Dispensvorbehalt nimmt *Gusy* eine inhaltliche Besonderheit insoweit an, als diese ausschließlich aufgrund öffentlicher Belange eingerichtet werden dürften[280]. Dementsprechend wird auch für die Erteilung des Dispenses eine Berücksichtigung individueller Belange des Betroffenen ausgeschlossen. Das Verbot mit Dispensvorbehalt stelle sich aus der Perspektive des Betroffenen als völliges Verbot seines Vorhabens dar, sofern nicht Belange außerhalb seiner Sphäre eine Durchbrechung legitimierten. Eine solche Verbotsnorm sei daher nur zulässig, sofern eine völlige Untersagung ohne Ausnahme zulässig wäre. Nur unter diesen Voraussetzungen sei eine derartige Verbotsnorm mit den Grundrechten des Betroffenen vereinbar; andernfalls erfordere das Übermaßverbot die Schaffung eines Verbotes mit Erlaubnisvorbehalt, das den individuellen Belangen Rechnung trage[281].

Pietzner[282] zieht im Anschluß an *Friauf*[283] zwar nicht die Unterscheidung zwischen präventiven und repressiven Verboten insgesamt in Zweifel, wendet sich aber gegen die Rechtfertigung des ungebundenen Befreiungsermessens als Entscheidung über eine Begünstigung und die hierzu gegebene Begründung, der Gesetzgeber habe bereits selbst die Grundrechtssphäre zulässig abgegrenzt. Hierzu wird ausgeführt, daß Ausnahmevorbehalte, die das Übermaßverbot fordere, um die Eingriffsbelastung innerhalb der grundrechtlichen Toleranzgrenze zu halten, nicht dem Verwaltungermessen überlassen sein können. *Friauf*[284] ist der Auffassung, der Gesetzgeber habe durch die Hinzufügung eines Erlaubnisvorbehalts[285] zu einem

---

279 *Gusy,* Erlaubnisvorbehalt, JA 1981, 80 (81).

280 *Gusy,* a.a.O., S. 83 unter Bezugnahme auf *Ossenbühl,* Tendenzen, DÖV 1968, 618 (625) - eine derartige Aussage läßt sich dem Aufsatz von *Ossenbühl* indes nicht entnehmen. Die fehlende Berücksichtigung privater Belange des Betroffenen bei der Errichtung des gesetzlichen Verbotes und der Dispensationsmöglichkeiten schließt nach *Gusy* Ermessensbindungen grundsätzlich aus. *Gusy* grenzt terminologisch und inhaltlich zwischen Verboten mit Erlaubnis-, Befreiungs- und Dispensvorbehalt ab.

281 *Gusy,* Erlaubnisvorbehalt, JA 1981, 80 (83).

282 *Pietzner,* JA 1973, 691 (764).

283 *Friauf,* Jus 1962, 422 (425).

284 *Friauf,* Jus 1962, 422 (426)

285 Gemeint ist bei *Friauf* ganz offensichtlich ein Befreiungsvorbehalt im Sinne dieser Untersuchung. *Friauf,* JuS 1962, 422 (424) bezeichnet das repressive Verbot mit Befrei-

repressiven Verbot zu erkennen gegeben, daß die von ihm verfolgten Zwecke eben kein ausnahmsloses Verbot rechtfertigten oder jedenfalls nicht erforderten.

2. Stellungnahme

Der Auffassung von *Gusy* ist im Hinblick auf eine Unterscheidung zwischen präventiven und repressiven Verboten nur insoweit zuzustimmen, als im Regelungsbereich beider Verbotstypen erlaubt und verboten wird, je nachdem, ob die tatbestandlichen Voraussetzungen für Erlaubnis oder Verbot erfüllt sind. Dies besagt aber nur, daß die Genehmigungsfähigkeit einer Betätigung stets anhand der materiellen Verbotsgrenze zu ermitteln ist, die der Gesetzgeber zieht.

Gusy übersieht aber, daß die präventive Verbotsgrenze selbst eben keine materielle Wirkung auf die betroffenen Grundrechte hat und sich hierdurch grundlegend von repressiven Verbotsgrenzen unterscheidet. Im Regelungsbereich präventiver Genehmigungsvorbehalte bestimmt eben nicht der Verbotstatbestand des Genehmigungsvorbehaltes, was letztlich zu genehmigen ist, sondern die Genehmigungsvoraussetzungen und Versagungsgründe übernehmen diese Aufgabe. Der präventive Genehmigungsvorbehalt unterscheidet sich somit gerade in seiner Wirkung auf die betroffenen Grundrechte elementar von den repressiven Genehmigungsvoraussetzungen und Versagungsgründen sowie schlechthin von allen repressiven Normen.

Ähnliches gilt für die von *Schwabe* aufgestellte These einer nur quantitativen Unterscheidung präventiver und repressiver Verbote. Zutreffend stellt auch *Schwabe* zunächst fest, daß der Gesetzgeber in allen Bereichen des Verwaltungsrechts, so auch gleichermaßen im Baurecht wie im Waffenrecht, nur wirklich sozialschädliche Aktivitäten unterbinden will[286]. Richtig ist sicherlich auch, daß sich in verschiedenen Gesetzgebungsbereichen hinsichtlich der Regelungs- und Beschränkungsintensität quantitative Unterschiede feststellen lassen. Einzelne Verbotstypen weisen aber entgegen *Schwabe* sehr wohl qualitative Unterschiede auf. Der von *Schwabe* bei allen Verbotstypen angenommene "Verbotsüberschuß" ist nur kennzeichnend für präventive Genehmigungsvorbehalte. Der Umstand, daß auch repressive Verbote unter bestimmten Voraussetzungen durchbrochen werden können, darf nicht zu der Annahme verleiten, auch das repressive Verbot sei durch den Gesetzgeber mit einem Verbotsüberschuß ausgestattet worden.

---

ungsvorbehalt als Unterfall des Verbotes mit Erlaubnisvorbehalt; ebenso *Bruder,* Befreiung, S. 39; *Faber,* VerwR, S. 106; *Hoppe,* Ausnahmen, DVBl 1969, 340 (342); *Keppeler,* Versagungsermessen, S. 8 ff..

286 *Schwabe,* JuS 1973, 133 (135).

Befreiungen von einem repressiven Verbot dienen somit anders als Genehmigungsvoraussetzungen und Versagungsgründe nicht zur *Bestimmung* einer gesetzlichen Verbotsgrenze und Ergänzung eines Genehmigungsvorbehaltes, sie dienen zur *Veränderung* der materiellen Verbotsgrenze zugunsten des Betroffenen. Von Interesse sind die Gründe und Maßstäbe für diese Veränderung sowie die Konsequenzen für das Verwaltungsermessen bei der Erteilung von Befreiungen.

Zur Beantwortung dieser Frage geben die kritischen Auffassungen von *Gusy* und *Pietzner* allerdings erste Hinweise. *Gusy* grenzt Verbote mit Dispensvorbehalt terminologisch und inhaltlich ab und schließt die Berücksichtigung individueller Belange bei der Befreiung von diesen Verboten aus. Dementsprechend sollen Verbot und Befreiung grundrechtsneutral, das Verwaltungsermessen in keiner Weise eingeschränkt sein[287]. *Pietzner* hingegen spricht von Ausnahmevorbehalten, die das Übermaßverbot erfordere und bezweifelt bei diesen die Zulässigkeit eines Verwaltungsermessens[288].

Keine der vorgenannten kritischen Auffassungen kann die qualitative Unterscheidung zwischen präventiven und repressiven Verboten in Frage stellen. Die von *Gusy* und *Pietzner* angenommenen Grundsätze können sich nur auf repressive gesetzliche Verbote beziehen. Eine weitergehende Auseinandersetzung mit den zuvor geschilderten kritischen Stimmen soll an dieser Stelle noch nicht erfolgen. Insbesondere soll an dieser Stelle noch nicht geklärt werden, ob sich die Auffassungen von *Gusy* und *Pietzner* unvereinbar gegenüberstehen oder sich auf verschiedene Typen von repressiven Verboten beziehen. Um die Problematik insgesamt zu erfassen, wird zunächst der Meinungsstand zu den verfassungsrechtlichen und normstrukturellen Grenzen des Befreiungsermessens, sodann derjenige zu den dogmatischen Grundlagen einer Unterscheidung zwischen präventiven und repressiven Verboten wiedergegeben.

Die kritischen Auffassungen sind zwar übereinstimmend auf die Grenzen des Ermessens bei repressiven Verboten gerichtet, gehen jedoch von grundsätzlich anderen Prämissen und Blickwinkeln aus. Eine weitere Auseinandersetzung mit diesen Auffassungen erfolgt in der Weise, daß nach einer Betrachtung des Meinungsstandes zu den verfassungsrechtlichen Grenzen repressiver Verbote auf die dogmatischen Grundlagen einer Unterscheidung zwischen präventiven und repressiven Verboten eingegangen wird, um aus den gewonnenen Erkenntnissen Kategorien unterschiedlicher Ermessensbindungen im System der repressiven Verbote und

---

287 *Gusy*, Erlaubnisvorbehalt, JA 1981, 80 (83).

288 *Pietzner*, JA 1973, 691 (764).

ihrer Durchbrechung erkennen und mit den überkommenen Instituten vergleichen zu können.

VI. Zwischenergebnis

Der Gesetzgeber kann im öffentlichen Interesse und in verfassungsrechtlichen Grenzen gesetzliche Verbote mit Erlaubnisvorbehalt zu Kontrollzwecken installieren, die durch einen "Verbotsüberschuß" gekennzeichnet sind. Der Bestimmtheitsgrundsatz und die durch das Verbot tangierten Grundrechte verlangen eine tatbestandlich möglichst differenzierte Ausgestaltung der Genehmigungsvoraussetzungen und Versagungsgründe. Außerdem ist dem betroffenen Bürger bei Vorliegen der gesetzlichen Genehmigungsvoraussetzungen ein Anspruch auf die Genehmigung einzuräumen. Ausnahmen von diesem Grundsatz bedürfen einer besonderen Begründung.

Bei repressiven Verboten ergeben sich aus einer nur kontrollierenden Funktion grundsätzlich keine Besonderheiten und Anforderungen an das Genehmigungsverfahren oder die Notwendigkeit eines Genehmigungsanspruchs. Als Regelfall des gesetzlichen Verbotes liegt im repressiven gesetzlichen Verbotstatbestand eine materielle Wirkung zur Begrenzung der betroffenen Grundrechte. Ob dies für alle repressiven Verbotstatbestände gilt oder ob alle Verbote ohne präventiven Charakter als repressive Verbote anzusehen sind, bedarf ebenso der Klärung wie die Frage, bei welchen nicht präventiven Verboten sich das Verwaltungsermessen tatsächlich im grundrechtsneutralen Raum bewegt oder welche grundrechtlichen Beschränkungen des Ermessens gegebenenfalls anzunehmen sind.

Dabei kann eine Zuordnung einzelner Regelungsbereiche oder gar einzelner Normen zur präventiven oder repressiven Verwaltungstätigkeit im Einzelfall durchaus schwierig und umstritten sein und muß daher jeweils zu Beginn einer Untersuchung einzelner repressiver Verbote geklärt werden. Auch sind die unterschiedlichen Regelungszusammenhänge und Funktionen von Befreiungstatbeständen in die Überlegung einzubeziehen.

Nicht alle gesetzlichen Verbotstatbestände lassen sich nach den Definitionen präventiver und repressiver Verbote ohne weiteres einordnen. Unter den anzutreffenden Sonderfällen wird nur für § 7 AtomG die Existenz einer Ausnahmekonstellation ausdrücklich anerkannt. Andere präventive Verbote, die mit einer Ermessensentscheidung durchbrochen werden können, sind bislang nicht Gegenstand wissenschaftlichen Interesses. Insbesondere bei der straßenrechtlichen Sondernutzungserlaubnis ist die Frage zu klären, ob tatsächlich ein präventiver Genehmigungsvorbehalt in einer dem § 7 AtomG vergleichbaren Aunahmekonstellation vorliegt oder ein repressives Verbot sowie gegebenenfalls eine Sonder- oder Mischform unter dem Begriff des Versagungsermessens.

2. Kapitel: Die Grenzen des Befreiungsermessens in Rechtsprechung und Lehre

§ 1 Die verfassungskonforme Auslegung von Befreiungsnormen

I. Grenzen des Verwaltungsermessens bei repressiven Verboten

Wie bereits ausgeführt wurde, soll das repressive Verbot auf der legislativen Seite ganz allgemein voraussetzen, daß die von der Verbotsnorm erfaßte Tätigkeit zulässigerweise auch hätte ausnahmslos verboten werden können[289]. Die verfassungsrechtliche Problemstellung müßte daher im Gegensatz zum präventiven Verbot mit Erlaubnisvorbehalt nicht anhand einer Gesamtbetrachtung von gesetzlichem Verbot und administrativer Erlaubnis(-pflicht) untersucht werden. Nach einer zulässigen gesetzlichen Abgrenzung der Grundrechtsphäre, könnte der Exekutive bei der Entscheidung über eine Befreiung grundsätzlich ein Verwaltungsermessen übertragen werden[290].

Allerdings darf sich der Gesetzgeber bei der Auswahl einer Gestaltungsform von gesetzlichem Verbot und administrativer Durchbrechung nur dann für ein repressives Verbot mit Befreiungsvorbehalt entscheiden, wenn zur Erreichung des bezweckten Erfolges kein milderes, die Grundrechte weniger belastendes Instrument zur Verfügung steht wie etwa das des Verbotes mit Erlaubnisvorbehalt oder etwa einer Anzeigepflicht mit Verbotsvorbehalt[291].

Dies vorausgesetzt ist der Gesetzgeber im Rahmen seiner Gestaltungsfreiheit grundsätzlich befugt, der Verwaltung bestimmte Freiräume für eine eigenverantworliche Prüfung und Entscheidung zu übertragen. Inwieweit der Gesetzgeber bei der Zuweisung von derartigen Spielräumen frei ist im Sinne einer "normativen Ermächtigungslehre"[292] oder die Rechtschutzgarantie des Art. 19 Abs. 4 GG den Grundsatz vollständiger gerichtlicher Überprüfung erfordert, von dem nur begründungsbedürftige Ausnahmen aufgrund einer besonderen verfassungsrechtlichen

289 BVerfGE 25, 112 (119 ff.); *Ackermann*, DÖV 1964, 721 (722); *Drews/Wacke/Vogel/Martens*, Gefahrenabwehr, S. 456; *Müller*, DÖV 1969, 119 (126); *Ossenbühl*, Tendenzen, DÖV 1968, 618 (623 f.); *Ortloff*, NVwZ 1988, 320.

290 Krit. *Hoppe*, Ausnahmen, DVBl 1969, 340 (344).

291 BVerfGE 19, 331 (337); 30, 292 (316); 34, 71 (78); BVerwGE 2, 295 (299); *Bettermann*, BB 1982, 2146 (2148); *Dürig*, in: *Maunz/Dürig/Herzog/Scholz*, GG, Art. 2 VII Rdnr. 65; *ders.*, AöR 81 (1956), 117 (150).

292 *Schmidt-Aßmann*, in: *Maunz/DürigHerzog/Scholz*, GG, Art. 19 Abs. 4 Rdnr. 185 unter Bezugnahme auf BVerfGE 61, 82 (111); vgl. hierzu auch *Geis*, Päd. Interesse, DÖV 1993, 22 (24); *Wahl*, NVwZ 1991, 409 (411); *Rozek*, NVwZ 1992, 343 (344) m.w.N..

Legitimation möglich sind[293], kann im Rahmen dieser Untersuchung nicht geklärt werden[294].

Auch bei der Befreiung von repressiven Verboten kann der Gesetzgeber jedenfalls unter bestimmten Voraussetzungen der Verwaltung normativ einen Freiraum eröffnen, indem ihr die Aufgabe übertragen wird, im Rahmen eigener Wertverwirklichung und Letztentscheidungskompetenz über die Aufhebung des Verbotes im einzelnen Fall zu entscheiden. Die Grenzen sind allerdings in Abwägung mit den betroffenen Grundrechten und unter Berücksichtigung eines effektiven Rechtsschutzes i.S.d. Art. 19 GG zu ziehen.

Im Gegensatz zu den präventiven Verboten liegt regelmäßig kein verfassungsrechtlich durchaus problematischer Verbotsüberschuß vor, der eine Entscheidungsfreiheit der Verwaltung grundsätzlich ausschließen und einen Genehmigungsanspruch erfordern würde. Denn die grundlegenden Entscheidungen des Bundesverfassungsgerichts zu den Voraussetzungen eines zu Kontrollzwecken errichteten Genehmigungsvorbehalts[295], den Folgen für die Ausgestaltung der Genehmigungsvoraussetzungen[296] sowie schließlich zur Notwendigkeit eines Genehmigungsanspruches[297] sind nur auf diejenigen Verbote übertragbar, die selbst keine materielle Wirkung auf die betroffenen Grundrechte entfalten sollen. Bereits in den ersten Entscheidungen zu diesem Problemkreis spricht das Bundesverfassungsgericht davon, daß "die Ausübung von Befugnissen, die aus Grundrechten hergeleitet werden können"[298] unter bestimmten Voraussetzungen von einer Genehmigung abhängig gemacht werden dürfe. Damit ist der aus grundrechtlichen Notwendigkeiten sich ergebende Genehmigungsanpruch bereits zum Ausgangspunkt der Überlegungen gemacht worden.

Eine repressive, die Rechte des Antragstellers begrenzende Wirkung kann somit im Anwendungsbereich präventiver Genehmigungsvorbehalte nur von den Genehmigungsvoraussetzungen und Versagungsgründen ausgehen. Andererseits fehlt gesetzlichen Tatbeständen mit ausschließlich materieller, repressiver Wirkung der den

---

293 Wie aktuelleren Entscheidungen des Bundesverfassungsgerichts zu entnehmen ist: BVerfG NVwZ 1993, 666; NJW 1991, 2005 (2007); NJW 1991, 2008 (2010) zust. *Rozek*, NVwZ 1992, 343 (344).

294 Vgl. hierzu auch *Schmidt-Aßmann/Groß*, NVwZ 1993, 617.

295 BVerfGE 2, 266 (279 ff.); 6, 32 (42); 8, 71 (75).

296 BVerfGE 20, 150 (157); 21, 73 (79); 46, 120 (157); 49, 89 (145); 52, 1 (41).

297 BVerfGE 6, 42; 8, 71 (76); 8, 71 (76); 20, 150 (158); 34, 165 (200); 41, 378 (399); 46, 120 (157); 49, 89 (145).

298 BVerfGE 2, 266 (279 ff.); 6, 32 (42); 8, 71 (75).

präventiven Genehmigungsvorbehalten eigene Verbotsüberschuß, der ein grundrechtliches Korrelat notwendig machen könnte.

Daß der Gesetzgeber bei der Formulierung des repressiven Tatbestandes das Bestimmtheitsgebot und das Übermaßverbot zu beachten hat, bedarf keiner Erläuterung und trifft nicht den Kern der Problematik des repressiven Verbotes mit Befreiungsvorbehalt. Verfassungsrechtlich bedeutsam ist vielmehr, daß die "atypischen Sonderfälle", in denen das repressive Verbot im Einzelfall durchbrochen werden kann, vom Gesetzgeber gerade nicht vorhergesehen und tatbestandlich abschließend geregelt werden können. Zu prüfen ist daher, ob alle Konstellationen, unter denen die Aufhebung eines repressiven Verbotes in Betracht kommt, mit dem Gedanken der "Rechtswohltat" erfaßt werden können.

Zu denken ist auch an Sachverhalte, die nur deshalb "atypisch" sind, weil das gesetzliche Verbot aufgrund der konkreten Sachverhaltsgestaltung in Konflikt gerät mit den betroffenen Grundrechten, obwohl das repressive Verbot nach der Intention des Gesetzgebers bereits die Grundrechtssphäre zulässig abgrenzen sollte. In derartigen Konstellationen ließe sich ein Verwaltungsermessen jedenfalls nicht mit den Argumenten einer Rechtswohltat[299] oder einer Entscheidung im grundrechtsneutralen Raum[300] rechtfertigen. Das Ermessen bedarf in diesen Fällen vielmehr einer Überprüfung anhand der konkret betroffenen Grundrechte. Aus diesen Erwägungen könnten sich auch bestimmte Anforderungen an das behördliche Verfahren bis hin zu einem Genehmigungsanspruch ergeben, die das gesetzliche Verbot und dessen administrative Durchbrechung, ähnlich wie bei einem präventiven Verbot, zu einem verfassungsrechtlich untrennbaren Ganzen miteinander verknüpfen.

Im Rahmen dieser Arbeit kann nicht auf den Meinungsstand zu den verfassungsrechtlichen Grenzen des Ermessens insgesamt eingegangen werden. Nachdem bereits die grundsätzliche Zulässigkeit der gesetzlichen Verbote mit Befreiungsvorbehalt kurz erörtert wurde sowie das Erfordernis eines Genehmigungsanspruches bei präventiven Verboten, soll nachfolgend der Meinungsstand zu den Ermessensgrenzen bei repressiven Verboten dargestellt werden.

---

299 So *Ackermann*, DÖV 1964, 721 (722); *Friauf*, JuS 1962, 422 (423); *Müller*, DÖV 1969, 119 (126); *Ossenbühl*, Tendenzen, DÖV 1968, 618 (623 f.).

300 BVerfG DVBl 1969, 199 (200); *Ackermann*, DÖV 1964, 721 (722); *Drews/Wacke/Vogel/Martens*, Gefahrenabwehr, S. 456; *Ortloff*, NVwZ 1988, 320.

II. Die Rechtsprechung des BVerwG zu §§ 35 II, 31 II BBauG

Es waren insbesondere die zentralen Ermessensnormen des Bauplanungsrechts, die insoweit stets im Blickpunkt des wissenschaftlichen Interesses standen. Der Grund hierfür dürfte darin zu sehen sein, daß sich in diesem Rechtsgebiet wie in kaum einem anderen unter dem Begriff der Baufreiheit garantierte Grundrechtspositionen einerseits und das staatliche Bedürfnis nach planerischer Gestaltungsfreiheit und situationsangepaßter Einzelfallentscheidung andererseits überschneiden. Das Baurecht ist daher sowohl gekennzeichnet durch die differenzierte Regelung von Genehmigungsvoraussetzungen und Versagungsgründen als auch durch eine Vielzahl von Ausnahme- und Befreiungstatbeständen, die im konkreten Einzelfall eine sachgerechte Lösung ermöglichen sollen. Die Genehmigungsvoraussetzungen und Versagungsgründe bestimmen innerhalb des baurechtlichen Genehmigungsvorbehaltes die materielle Verbotsgrenze. Befreiungsnormen haben demgegenüber die Aufgabe, diese materielle Verbotsgrenze im einzelnen Fall zu verändern.

1. Die Auslegung als gebundene Entscheidung

Eine grundrechtskonforme Auslegung von Befreiungsnormen des Baurechts wurde in Rechtsprechung und Lehre im zeitlichen Zusammenhang mit der Ermessensdiskussion in den sechziger Jahren erörtert. Auf besondere Resonanz stieß in dieser Zeit eine Entscheidung des Bundesverwaltungsgerichts aus dem Jahre 1964[301], durch welche die Vorschrift des § 35 Abs. 2 BBauG im Wege der verfassungskonformen Auslegung entgegen ihrem Wortlaut[302] dahingehend ausgelegt wurde, daß die Entscheidung über die Zulässigkeit nicht bevorrechtigter Vorhaben, deren Ausführung oder Benutzung öffentliche Belange nicht beeinträchtige, nicht dem Verwaltungsermessen überlassen sei; es bestehe in diesem Fall vielmehr ein Rechtsanspruch auf die Zulassung des Vorhabens[303].

---

301 BVerwGE 18, 247 (250 f.) unter Bezugnahme auf BVerfGE 13, 318 (325); *Bachof*, Rspr.BVerwG, JZ 1966, 439 vermißt jedoch insoweit mit Recht einen inhaltlichen Zusammenhang beider Entscheidungen; vgl. auch die Urteilsanmerkung von *Klein*, DÖV 1964, 658.

302 Gem. § 35 Abs. 2 BBauG/BauGB "können" Vorhaben im Einzelfall zugelassen werden. Auf diese Vorschrift wird auch bei der Erörterung normstruktureller Ermessensfragen näher einzugehen sein.

303 BVerwGE 18, 247 (250); das OVG Lüneburg hatte bereits in einem Urteil vom 6.7.1962 die Frage geprüft, welche Ermessenserwägungen für die Behörde noch möglich seien, wenn das Vorhaben öffentliche Belange nicht beeinträchtige. Der Ausschluß jeglichen Rechtsfolgeermessens wurde im Ergebnis jedoch aus dem Gesichtspunkt einer Ermessensreduzierung auf Null hergeleitet; näher hierzu *Ackermann*, Zur Problematik des Bundesbaugesetzes § 35 Abs. 2, DÖV 1964, 721 (722) m.w.N.; krit. *Jäde*, Außenbereich, UPR 1991, 401 (408); *Dirnberger*, DVBl 1992, 879 (883), die einen Beurteilungsspielraum

In dem entschiedenen Fall hatte die Klägerin eine Baugenehmigung beantragt, um eine ca. 23.000 qm große Außenbereichsfläche in unmittelbarer Nähe einer kleinen Gemeinde mit Wochenendhäusern bebauen zu können. Für das betreffende Gebiet existierte weder ein Bebauungsplan, noch war es im Flächennutzungsplan zur Bebauung vorgesehen. Verpflichtungsklage und Berufung blieben ohne Erfolg. Auf die Revision der Klägerin bestätigte das Bundesverwaltungsgericht zwar dieses Ergebnis, stellte aber entgegen der Auffassung des Berufungsgerichts ausdrücklich fest, daß die Entscheidung der Baugenehmigungsbehörde nicht lediglich auf Ermessensfehler zu überprüfen sei. Seien öffentliche Belange nicht beeinträchtigt und damit der Tatbestand des § 35 Abs. 2 BBauG erfüllt, stehe die Entscheidung über das Vorhaben nicht im Ermessen der Verwaltungsbehörde[304]. Im konkreten Fall allerdings ging das Gericht davon aus, daß die im Flächennutzungsplan konkretisierte Planungsabsicht der Gemeinde als gewichtiger öffentlicher Belang anzusehen sei, der dem Bauvorhaben im Ergebnis entgegenstehe[305].

In gleicher Weise entschied die Rechtsprechung für den ähnlich gelagerten Fall des § 31 Abs. 2 BBauG[306], nach dessen Wortlaut die Baugenehmigungsbehörde unter bestimmten Voraussetzungen Ausnahmen von den Festsetzungen des Bebauungsplanes zulassen konnte[307]. Eine Pflicht zur Genehmigung wurde durch das OVG Münster angenommen, sofern Gründe des allgemeinen Wohls die Befreiung von den Festsetzungen des Bebauungsplanes erforderten. Dies wurde im konkreten Fall für die Errichtung einer technischen Anlage angenommen, durch die die Lärmemmissionen einer bereits rechtmäßig betriebenen Anlage vermindert wurden[308].

---

annehmen.

304 BVerwGE 18, 247 (250).

305 BVerwG, a.a.O., S. 252.

306 OVG Münster NJW 1966, 1833 mit einer Anmerkung von *Gierth*, NJW 1966, 2424; VG Münster DVBl 1967, 298 mit einer zustimmenden Anmerkung von Hoppe sowie einer ablehnenden Anmerkung von *Scheerbarth*. Die letztgenannte Entscheidung wurde durch Urteil des OVG Münster vom 07.09.1967, DVBl 1968, 49 aufgehoben. Mit dieser Entscheidung schloß sich das OVG Münster ausdrücklich der Kritik *Scheerbarth*s an dem Urteil der Vorinstanz an und stellte sich somit auch gegen die zuerst angeführte Entscheidung eines anderen Senates des OVG vom 28.1.1966, NJW 1966, 2424. Der Senat stützte sich dabei auf den Wortlaut der Norm sowie deren Rechtsnatur als echte Ermessensvorschrift, die einer einengenden Auslegung nicht zugänglich sei.

307 Eine gleichgelagerte Entscheidung aus der neueren Rechtsprechung findet sich zu § 48 Abs. 2 BBergG in BVerwG, Urt. v. 4.7.1986, DVBl. 1986, 1273 mit zust. Anm. *Seibert*, DVBl. 1986, 1277 (1278).

308 OVG Münster, NJW 1966, 1833 (1834).

Die Entscheidung ist von besonderer Bedeutung im Hinblick auf eine normstrukturelle Koppelungsproblematik, die an späterer Stelle gesondert behandelt wird.

Die zitierte Entscheidung des Bundesverwaltungsgerichts aus dem Jahre 1964[309] und die ihr nachfolgenden übereinstimmenden Entscheidungen[310] begründeten den Ausschluß jeglichen Ermessens entgegen dem eindeutigen Wortlaut der Norm ohne ausdrücklichen Bezug auf präventive und repressive Verbote ausschließlich mit der Notwendigkeit einer verfassungskonformen Auslegung, warfen überdies aber auch bereits die Frage nach der Einordnung der Ausnahmen und Befreiungen im System der präventiven und repressiven Verbote mit Erlaubnisvorbehalt und den sich hieraus ergebenden Konsequenzen für die Einräumung und Begrenzung des Verwaltungsermessens auf[311]. Die ganze Vielschichtigkeit der Ermessensproblematik bei Befreiungsnormen wird im übrigen dadurch deutlich, daß der Ausschluß des Rechtsfolgeermessens vereinzelt nicht nur auf grundrechtliche Erwägungen, sondern parallel auch ausdrücklich auf normstrukturelle Besonderheiten gestützt wird[312].

2. Die Bestimmung des Eigentumsinhalts durch das Gesetz

Die Notwendigkeit einer verfassungskonformen Auslegung des § 35 BBauG folgt nach Auffassung des Bundesverwaltungsgerichts unmittelbar aus Art. 14 Abs. 1 Satz 2 GG, wonach sich aus den Gesetzen selbst ergeben müsse, welche Einzelbefugnisse und -pflichten den Inbegriff des Eigentums ausmachten[313]. Der Gesetzgeber dürfe sich dieser ihm obliegenden Regelung nicht enthalten und statt dessen der Verwaltung die Bestimmung des Eigentumsinhalts anheimgeben. Bestimme die Verwaltung, ob sie ein die öffentlichen Belange nicht beeinträchtigendes Vorhaben zulassen wolle oder nicht, so werde der Inhalt des Eigentums entgegen Art. 14 Abs. 1 Satz 2 GG nicht durch das Gesetz, sondern von der Verwaltung bestimmt. Für ein Verwaltungermessen sei bei fehlender Beeinträchtigung öffentlicher Belange daher kein Raum[314].

---

309 BVerwGE 18, 247 zu § 35 Abs. 2 BBauG.

310 BVerwGE 25, 161 sowie ohne nähere Begründung folgend auch BGH NJW 1981, 982 = ZfBR 1981, 200; ebenso BGH NJW 1985, 3071.

311 Vgl. *Ossenbühl,* Tendenzen, DÖV 1968, 618 (622 ff.); *Hoppe,* Ausnahmen, DVBl 1969, 340; grundlegend hierzu bereits *Friauf,* JuS 1962, 422.

312 So BVerwGE 18, 247 (251); *Gierth*, NJW 1966, 2424.

313 So BVerwGE 18, 247 (250 f.).

314 BVerwGE 18, 247 (251).

Diese verfassungskonforme Auslegung des § 35 Abs. 2 BBauG hat sich nicht nur in der baurechtlichen Lehre fest verankert[315], sie ist auch im Gesetzgebungsverfahren des neuen BauGB durch die zuständigen Organe für richtig erachtet[316] und von der herrschenden Lehre auf § 35 BauGB übertragen worden[317]. Zu einer Neuformulierung des § 35 Abs. 2 BauGB hat diese Erkenntnis indes nicht geführt[318]. Die Einführung des Baugesetzbuches hat zur Frage der Genehmigung von nicht privilegierten Außenbereichsvorhaben somit inhaltlich keine Veränderungen notwendig gemacht, die an den für § 35 Abs. 2 BBauG ermittelten Grundsätzen in der Lehre Zweifel aufkommen lassen konnten[319]. Wie verfestigt diese Auslegung des § 35 Abs. 2 BauGB in der Lehre ist, zeigt eine Formulierung von *Söfker*[320], mit welcher dieser sich gegen vereinzelte Versuche[321] einer "Umdeutung" des § 35 Abs. 2 BauGB in eine Ermessensvorschrift wendet.

Die Formulierungen der Entscheidungen des Bundesverwaltungsgerichts beginnend mit dem Jahre 1964 ähneln in ihrer Begründung ganz denjenigen einiger früher Entscheidungen des Bundesverfassungsgerichts, mit denen die grundsätzliche Zulässigkeit der Verbote mit Erlaubnisvorbehalt bestätigt wurde. Das Bundesverwaltungsgericht nimmt in seiner Entscheidung vom 29.4.1964[322] ausdrücklich Bezug auf die grundlegende Rechtsprechung des Bundesverfassungsgerichts zur grundsätzlichen Zulässigkeit präventiver Genehmigungsvorbehalte[323]. So hatte das

---

315 Vgl. *Dyong*, in: *Ernst/Zinkhahn/Bielenberg*, BBauG, (Stand Juni 1982) § 35 Rdnr. 68; *Krautzberger*, in: *Battis/Krautzberger/Löhr*, BBauG (1985), § 35 Rdnr. 47; *Taegen*, in: *Schlichter/Stich/Tittel*, BBauG, 3. Aufl. (1979), § 35 Rdnr 17.

316 Vgl. die Nachw. bei *Ortloff*, Ermessen in § 35 Abs. 2 BauGB - Hat das Gesetz doch Recht ?, NVwZ 1988, 320.

317 Vgl. *Bielenberg/Krautzberger/Söfker*, BauGB-Leitfaden, Rdnr. 198; *Dyong*, in: *Ernst/Zinkahn/Bielenberg*, BauGB § 35 Rdnr. 75; *Krautzberger*, in: *Battis/Krautzberger/Löhr*, BauGB, § 35 Rdnr. 47; *Söfker*, ZfBR 1989, 91 (92); *Taegen*, in: *Schlichter/Stich*, BauGB, § 35 Rdnr 37; *Schrödter*, BauGB, § 35 Rdnr. 80 bemerkt allerdings, durch diese Rechtsprechung werde die Grenze zu den privilegierten Vorhaben verwischt. Gegen eine Auslegung als gebundene Entscheidung zuletzt *Dirnberger*, DVBl 1992, 879 (883); *Fislake*, ZfBR 1988, 166 (167ff.); *Jäde*, Außenbereich, UPR 1991, 401 (408); *Ortloff*, NVwZ 1988, 320.

318 Zum Gesetzgebungsverfahren *Ortloff*, NVwZ 1988, 320.

319 *Dyong*, in: *Ernst/Zinkahn/Bielenberg*, BauGB § 35 Rdnr. 75; *Krautzberger*, in: *Battis/Krautzberger/Löhr*, BauGB, § 35 Rdnr. 47; *Söfker*, ZfBR 1989, 91 (92).

320 *Söfker*, ZfBR 1989, 91 (92).

321 *Fislake*, ZfBR 1988, 166 (167ff.); *Ortloff*, NVwZ 1988, 320.

322 BVerwGE 18, 247 (250).

323 BVerfGE 6, 32 (42); 8, 71 (76); 9, 137 (147); 11, 168 (191); 13, 153 (160).

Bundesverfassungsgericht bereits in diesen frühen Entscheidungen u.a. gefordert, der Gesetzgeber müsse die der staatlichen Eingriffsmöglichkeit offenliegende Rechtssphäre des Bürgers selbst abgrenzen und dürfe dies nicht dem Ermessen der Verwaltungsbehörden überlassen[324]. Diese Formulierungen zeigen, daß die Befreiung gem. § 35 Abs. 2 BauGB und das nach deren Wortlaut eingeräumte Ermessen jedenfalls nicht als grundrechtsneutral angesehen wurden.

3. Befreiungsermessen und Übermaßverbot

Der wesenliche verfassungsrechtliche Gesichtspunkt, mit dem in der Lehre das Ergebnis einer verfassungskonformen Auslegung begründet wird, ist der des verfassungsrechtlichen Übermaßverbotes. Die Anwendung dieses Grundsatzes ist auf die Erkenntnis zurückzuführen, daß jede Rechtsnorm als generell abstrakte Regelung zuweilen Sachverhalte erfaßt, bei denen es zur Erreichung des Normzweckes der Rechtsfolgenanordnung der Verbotsnorm nicht bedarf, ein Eingriff in die Rechtssphäre des Bürgers mithin nicht notwendig ist[325]. Dieser Erkenntnis folgend fügt der Gesetzgeber daher dem allgemeinen Verbot gegebenenfalls eine Dispens- oder Befreiungsermächtigung hinzu[326].

Diesem Wesen der Befreiung und des Dispenses folgend wird etwa der dem § 35 Abs. 2 BBauG vergleichbare § 31 Abs. 2 Satz 1, 1. Alt. BBauG als "Ermächtigung zur Korrektur des satzungsmäßigen Übermaßes im Einzelfall" interpretiert[327]. Auch die Vertreter dieser Auffassung kommen so zur Annahme einer gebundenen Erlaubnis. Stehe fest, daß die allgemeine Verbotsnorm im konkreten Fall eine übermäßige Grundrechtsbeschränkung zur Folge habe, sei die Befreiung stets zu erteilen[328]. Den Formulierungen ist oft nur schwer zu entnehmen, ob die Befürworter einer gebundenen Entscheidung den Ausschluß des Rechtsfolgeermessens unmittelbar aus den Grundrechten des Antragstellers bzw. einem subjektiv-öffentlichen Recht herleiten wollen oder ob verfassungsrechtliche Grundsätze generell für bestimmte Normgruppen eine verfassungkonforme Auslegung erforderlich machen sollen.

---

324 So BVerfGE 6, 32 (42); 8, 71 (76).

325 *Drews/Wacke/Vogel/Martens,* Gefahrenabwehr, S. 457; *Erichsen,* Baudispens, DVBl 1967, 269 (270); *Schwabe,* JuS 1973, 133 (138).

326 Hierin liegt nach einer verbreiteten Ansicht das Wesen des Dispenses bzw. der Befreiung , vgl. *Mussgnug,* Dispens, S. 67 ff..

327 So *Erichsen,* Baudispens, DVBl 1967, 269 (300); ebenso *Hoppe,* Ausnahmen, DVBl 1969, 340 (346 f.), der insoweit ausführt, im Grundrechtsbereich könne das Übermaßverbot zu einer gebundenen Entscheidung führen.

328 *Gierth,* BWVwBl 1966, 129; *Erichsen,* Baudispens, DVBl 1967, 269 (275) m.w.N..

Die eine verfassungskonforme Auslegung befürwortenden Stimmen begnügen sich im allgemeinen mit sehr knappen Feststellungen der Notwendigkeit einer verfassungskonformen Auslegung, ohne auf den verfassungsrechtlichen Hintergrund näher einzugehen. So wird einer Entscheidung des Bundesverwaltungsgerichts[329] beispielsweise mit der Begründung zugestimmt, es handele sich tatsächlich um eine verfassungskonforme Auslegung "unter Berücksichtigung des Art. 14 Abs. 1 GG"[330]. Noch weniger Aussagekraft besitzt schließlich die Feststellung, daß sich "unter dem Einfluß des Verfassungsrechts" ein "kann" und "darf" in ein "muß" wandeln könne[331]. Mindestens diese Formulierung läßt sogar die Frage offen, welche verfassungsrechtliche Norm oder welcher Verfassungsverstoß die Verfassungswidrigkeit der geprüften Norm zur Folge haben oder dem betroffenen Bürger ein subjektiv öffentliches Recht auf Erteilung der beantragten Befreiung, Genehmigung, Ausnahme o.ä. vermitteln soll. Letztere Frage wird an anderer Stelle wenigstens explizit aufgeworfen, im Ergebnis jedoch ebenfalls nicht beantwortet[332].

4. Gebundene Entscheidung bei repressiven Verboten ?

a. Verfassungsrechtliche Auslegung als präventives Verbot ?

Berücksichtigt man die Rechtsprechung zu den §§ 31 Abs. 2 u. 35 Abs. 2 BBauG[333], die einen aus dem Gesetzeswortlaut sich eindeutig ergebenden Ermessensspielraum aus grundrechtlichen Erwägungen verneint, obwohl diese Normen den Befreiungen von repressiven Verboten zugerechnet werden, stellt sich die Frage nach dem Charakter dieser Normen oder den entscheidenden Kriterien für eine Abgrenzung zu den präventiven Verboten, da die Ermessensentscheidung bei repressiven Verboten im Sinne einer Rechtswohltat eigentlich keine Grundrechtsrelevanz aufweisen dürfte[334].

In den betreffenden Entscheidungen wird der Blick zunächst auf das gesetzliche Verbot, nicht auf das Verwaltungsermessen, gerichtet. Das repressive Verbot wurde bereits nicht als als zulässige Abgrenzung und Inhaltsbestimmung der Bau-

---

329 BVerwGE 18, 247.

330 *Bachof*, Rspr.BVerwG, JZ 1966, 436 (439); *Sachs*, in: *Stelkens/Bonk/Sachs/Leonhardt*, VwVfG, § 40 Rdnr. 9 spricht von einer Verfassungswidrigkeit des Ermessens, sofern ein "normativer Grundrechtsverstoß" vorliege.

331 So *Redeker/v.Oertzen*, VwGO, § 114 Rdnr. 10.

332 Vgl. *Stern*, Staatsrecht III/1, § 65 VI 4 (S. 617).

333 BVerwGE 18, 247; OVG Münster NJW 1966, 2424.

334 So *Ackermann*, DÖV 1964, 721 (722); *Friauf*, JuS 1962, 422 (423); *Müller*, DÖV 1969, 119 (126); *Ossenbühl*, Tendenzen, DÖV 1968, 618 (623 f.).

freiheit i.S.d. Art. 14 GG angesehen. Die durch das Verbot betroffene Grundrechtssphäre ließ sich nach Auffassung der Gerichte offensichtlich nicht unter den vom Gesetz herangezogenen Gesichtpunkten Innenbereich/Außenbereich/privilegiertes Vorhaben abschließend erfassen und abgrenzen[335], wenn gerade grundrechtliche Erfordernisse die Befreiung notwendig machen sollten.

Offen bleibt bei dieser Argumentation allerdings die Frage, welcher Typ von Verbotsnorm im Lichte grundrechtskonformer Interpretation bei den §§ 31 Abs. 2, 35 Abs. 2 BBauG/BauGB vorliegen soll. Ginge man von einem strengen Dualismus zwischen präventiven und repressiven Verboten aus, bliebe nur die Annahme eines präventiven Verbotes, andernfalls müßte eine Mischform vorliegen. Zur Rechtsnatur der §§ 35 Abs. 2 oder 31 Abs. 2 BBauG/BauGB enthalten die zitierten Entscheidungen sowie die befürwortenden Stimmen in der Literatur keine Aussage. Ungeklärt ist insbesondere, ob diese Vorschriften in der Auslegung, die sie durch Rechtsprechung und Lehre erhalten haben, noch als repressive Normen mit gebundener Entscheidung oder dem Wesen nach weiterhin als Ermessensnormen etwa im Sinne des § 36 VwVfG anzusehen sind.

Der im Wege der grundrechtskonformen Interpretation ermittelte Genehmigungsanspruch wäre insofern mit demjenigen der präventiven Verbote vergleichbar, als er bei objektiver Betrachtung ein zu weit gespanntes, überschießendes Verbot korrigiert. Andererseits kann man nur schwerlich annehmen, das grundsätzliche Verbot von Außenbereichsvorhaben sei zu Kontrollzwecken errichtet worden, denn dann müßte man davon ausgehen, auch Außenbereichsvorhaben seien grundsätzlich erwünscht oder wenigstens neutral und müßten lediglich auf ihre Genehmigungsfähigkeit überprüft werden. Eine derartige Interpretation ließe sich weder mit der eindeutigen Intention des Gesetzgebers zur Vermeidung einer Splittersiedlung, noch mit dem Fehlen jeglicher tatbestandlicher Genehmigungsvoraussetzungen vereinbaren.

Dies macht deutlich, daß mindestens die Konsequenzen einer Unterscheidung zwischen präventiven und repressiven Verboten in Rechtsprechung und Lehre durchaus nicht einheitlich beurteilt werden. Denn einerseits soll der aus verfassungsrechtlichen Gründen bei präventiven Verboten grundsätzlich erforderliche Genehmigungsanspruch in Einzelfällen hinter überwiegende öffentliche Interessen und pragmatische Erwägungen zurücktreten; andererseits sollen verfassungsrechtliche, namentlich grundrechtliche Erfordernisse dazu führen, daß der die repressiven Verbote kennzeichnende Ermessensspielraum der Verwaltung im Einzelfall im Sinne einer gebundenen Entscheidung ausgeschlossen wird. Die zu Inhalt und

---

335 Ob diese Annahme zutrifft, soll an dieser Stelle nicht näher untersucht werden.

Reichweite des Ermessens vertretenen Meinungen sind, trotz teilweise übereinstimmender Ergebnisse, im Lösungsansatz kaum vergleichbar.

b. verbis legis tenaciter inhaerendum ?[336]

In einer Vielzahl von Entscheidungen und Monographien, insbesondere aus den sechziger Jahren, werden die zuvor geschilderten Versuche, dem Ermessen bei Verboten mit Befreiungsvorbehalten verfassungsrechtliche Grenzen zu setzen, im Ansatz abgelehnt. Die bereits zitierten Entscheidungen des Bundesverwaltungsgerichts sowie einiger Untergerichte[337] nebst der zustimmenden Anmerkungen und der positiven Resonanz in der Literatur waren Anlaß für eine wissenschaftliche Gegenoffensive, die von weiten Teilen der Lehre gegen eine aus ihrer Sicht unheilvolle Fort-setzung der Demontage des administrativen Ermessens geführt wurde, der dringend Einhalt zu gebieten sei. Gerade der Ausschluß jeglichen Rechtsfolgeermessens durch eine verfassungskonforme Auslegung wurde dabei als Fortsetzung der im Tatbestand der Norm bereits abgeschlossenen Demontage des Ermessens und damit der Verwaltung angesehen[338].

Vereinzelt wird eine strikt ablehnende Auffassung allein darauf gegründet, die von der Gegenmeinung vorgenommene Restriktion der Befreiungsnormen sei schon wegen deren klaren Wortlautes unzulässig, widerspräche dem eindeutig formulierten Willen des Gesetzgebers und bewege sich somit auf "metajuristischen Wegen"[339].

Im übrigen wird eine dem Wortlaut entsprechende Verteidigung des Rechtsfolgeermessens immer wieder auf die bereits dargestellte Prämisse gestützt, bei einer Entscheidung der Verwaltung über eine Befreiung oder Ausnahme von einem repressiven Verbot handele es sich ausschließlich um eine Vergünstigung, welche die Freiheitssphäre des Bürgers lediglich erweitere und auf welche daher auch kein subjektiv öffentliches Recht bestehen könne[340]. Die wiedergegebenen Stellungnahmen gehen von einer qualitativen Unterscheidung zwischen präventiven Verbo-

---

336 So eine Überschrift in einer jüngeren Monographie: *Ortloff*, NVwZ 1988, 320 (321).

337 Z. B. VG Münster, Urt. v. 31.1.1966, DVBl 1967, 298.

338 *Ossenbühl*, Tendenzen, DÖV 1968, 618 (621) spricht insoweit von einer schleichenden Entmachtung der Verwaltung, die sich auf der Rechtsfolgenseite der Norm fortsetze.

339 So *Scheerbarth*, DVBl 1967, 301 (302) in seiner Anm. zu VG Münster DVBl 1967, 298 sowie der zust. Anm. von *Hoppe* zu dieser Entscheidung in DVBl 1967, 300; ebenso *Ortloff*, a.a.O., S. 321.

340 *Ackermann*, DÖV 1964, 721 (722); *Müller*, DÖV 1969, 119 (126); *Ossenbühl*, Tendenzen, DÖV 1968, 618 (623 f.).

ten mit Erlaubnisvorbehalt und repressiven Verboten mit Befreiungsvorbehalt aus und sehen in den jeweils behandelten Befreiungsnormen des Baurechts den schon nach deren Wortlaut bestehenden Ermessensspielraum nicht durch grundrechtliche Bindungen beschränkt.

Eine abschließende Stellungnahme zu diesen Meinungen kann an dieser Stelle nicht abgegeben werden. Die vertretenen Meinungen sind nach der hier vertretenen Auffassung auch in dieser Allgemeinheit nicht gegenüberzustellen. Denn die Kritik bezieht sich ausdrücklich nur auf die bei ganz bestimmten Normen in Rechtsprechung und Literatur vertretenen Ermessensbindungen, so daß eine Übertragung auf sämtliche repressiven Verbote mit Befreiungsvorbehalt nicht möglich ist. Es soll zunächst die Frage geklärt werden, unter welchen Voraussetzungen ganz allgemein Ermessensbindungen bei Befreiungsnormen in Betracht kommen, bevor einzelne Normen untersucht werden.

Es sind somit bei allen Differenzen um eine zutreffende Abgrenzung nach überwiegender Ansicht doch präventive Genehmigungsvorbehalte in Verbindung mit einem Ermessensspielraum denkbar sowie gebundene Entscheidungen bei Befreiungsnormen nach repressiven Verboten, wobei die Ermessensbindung bei letzteren Vorschriften aus grundrechtlichen Erwägungen in Betracht kommen sollen.

§ 2 Normstrukturelle Grenzen des Befreiungsermessens

I. Die Rechtsprechung zu § 35 Abs. 2 BBauG

Die bereits dargestellte Rechtsprechung des Bundesverwaltungsgerichts zur grundrechtskonformen Auslegung des § 35 Abs. 2 BBauG[341] begründet einen Ausschluß jeglichen Verwaltungsermessens nicht nur mit verfassungsrechtlichen Notwendigkeiten; in den Entscheidungsgründen[342] wird dieses Ergebnis auch auf normstrukturelle Besonderheiten des § 35 Abs. 2 BBauG gestützt. Tatbestandsmerkmal des § 35 BBauG und damit Voraussetzung für die Ausübung eines Rechtsfolgeermessens war allein die fehlende Beeinträchtigung öffentlicher Belange. Für ein Rechtsfolgeermessen war bei dieser Vorschrift nach Auffassung des Bundesverwaltungs-

341 BVerfGE 18, 247 (250 f.).

342 BVerwG a.a.O., S. 251: Die normstrukturellen Erwägungen werden dabei nicht im Sinne einer Hilfs- oder Alternativbegründung getrennt von den grundrechtlichen Erwägungen, beide Begründungselemente überlagern sich vielmehr; zustimmend *Gelzer/Birk*, BauplR, S. 534.

gerichts schon deshalb kein Raum, weil die im Tatbestand enthaltenen unbestimmten Rechtsbegriffe bereits alle denkbaren Ermessensgesichtspunkte abdeckten und daher bei Vorliegen der tatbestandlichen Voraussetzungen kein Gesichtpunkt denkbar sei, auf den eine Versagung der Befreiung gestützt werden könne.

Derartige Begründungen für einen Ermessensausschluß bei Befreiungsnormen wurden nicht zufällig in einem Zeitraum erstmalig erörtert[343], in dem sich ein grundlegender Wandel in der allgemeinen Ermessenslehre vollzogen hatte. Nach ganz überwiegender Ansicht konnte nach neuerer Lehre ein Ermessen nur auf der Rechtsfolgenseite der Norm beheimatet sein, während die tatbestandlichen Rechtsbegiffe - von bestimmten Ausnahmekonstellationen abgesehen - grundsätzlich der vollen gerichtlichen Überprüfung unterlagen. Hierdurch kam es zu dem Folgeproblem eines Konfliktes zwischen administrativen Prüfungspflichten auf der Tatbestandsseite und den Entscheidungsspielräumen auf der Rechtsfolgenseite, denn dieselben Gesichtspunkte konnten nicht einerseits vollständiger gerichtlicher Kontrolle unterliegen und andererseits der letztverantwortlichen Entscheidung der Verwaltung.

II. Das Wesen der Koppelungsnormen

1. Eingriffsermächtigungen

Standardbeispiele für Koppelungsnormen sind etwa die Generalklauseln der Gefahrenabwehr, da diese extrem weitgefaßte unbestimmte Rechtsbegriffe im Tatbestand der Norm mit einem ebenso weiten (Entschließungs- und/oder Auswahl-) Ermessen auf der Rechtsfolgenseite verbinden. Soweit es sich um derartige Ermächtigungsgrundlagen zum Erlaß belastender Verwaltungsakte handelt, sind Koppelungsnormen verfassungsrechtlich unproblematisch, da ein Ermessen der Behörde dahingehend, trotz des Vorliegens der tatbestandlichen Voraussetzungen von einer belastenden Maßnahme absehen zu können, den betroffenen Bürger nicht in seinen Rechten verletzen kann[344].

Wenn gleichwohl eine Beschränkung des Rechtsfolgeermessens bei diesen Eingriffsermächtigungen der Gefahrenabwehr angenommen wird[345], kommen hierfür

---

343 Vgl. auch BVerwGE 15, 207 (211); OVG Münster, NJW 1966, 1833 mit zust. Anm. *Gierth*, NJW 1966, 2424.

344 Dabei ist selbstverständlich vorauszusetzen, daß die Ermächtigungsgrundlage verfassungsrechtlichen Anforderungen genügt.

345 *Obermayer*, VwVfG, § 40 Rdnr. 47, der ein Rechtsfolgeermessen in § 28 Abs. 2 Nr. 1 VwVfG für "unsinnig" hält, wenn die tatbestandlichen Voraussetzungen vorliegen. Sofern

grundrechtliche Ermessensgrenzen im Hinblick auf den Adressaten nicht in Betracht, da sich die behaupteten Ermessensbindungen zu Lasten des Bürgers auswirken. Die für eine Ermessensbindung teilweise angeführten "vernünftigen Gründe"[346] dürften in der Sache eine bereits durch den Tatbestand zwingend vorgegebene Ermessensbindung bedeuten. Verfassungsrechtliche Ermessensgrenzen werden zur Begründung nicht herangezogen. Grundrechtliche Ermessensbindungen kommen allenfalls in Form subjektiver Ansprüche Dritter auf ordnungsbehördliches Einschreiten in Betracht.

2. Befreiungsnormen

Auch unter den Befreiungsnormen findet sich eine Vielzahl von Koppelungsvorschriften. Die Verwendung weitgefaßter unbestimmter Rechtsbegriffe zur Erfassung aller denkbaren Sachverhalte in Verbindung mit einem Rechtsfolgeermessen ist für Befreiungsnormen geradezu kennzeichnend.

Im Gegensatz zu den Ermächtigungsgrundlagen der Gefahrenabwehr[347] ist das Rechtsfolgeermessen bei der Durchbrechung gesetzlicher Verbote bereits aus allgemeinen rechtsstaatlichen Gründen nur in Grenzen zulässig. Da die Behörde hier ausschließlich über einen begünstigenden Verwaltungsakt zur Befreiung von einem gesetzlichen Verbot zu entscheiden hat, wirkt sich die Einräumung eines Ermessens bei der Entscheidung grundsätzlich als Belastung des Bürgers aus[348].

Neben diesen allgemeinen rechtsstaatlichen Grundsätzen soll das Rechtsfolgeermessen bei bestimmten Koppelungsnormen im Bereich der Verbote mit Befreiungsvorbehalt auch durch den Tatbestand dieser Normen selbst, genauer: die hierin enthaltenen unbestimmten Rechtsbegriffe, in Frage gestellt werden. Denn soweit diese unbestimmten Rechtsbegriffe mit ihrer oft scheinbar grenzenlosen Reichweite bereits alle nur denkbaren Gesichtspunkte abdecken, die überhaupt für eine Ermessensbetätigung in Betracht kommen, können diese nicht noch einmal bei der Prüfung des Rechtsfolgeermessens herangezogen werden. Schon aus diesem Grunde ist eine Koppelungsproblematik gerade bei Befreiungsnormen Gegenstand zahlreicher Untersuchungen und höchstrichterlicher Entscheidungen.

---

die sofortige Entscheidung wegen "Gefahr im Verzug oder im öffentlichen Interesse notwendig erscheine", bliebe im Ergebnis nur die Abstandnahme von der Anhörung.

346 So *Obermayer*, a.a.O..

347 *Friauf,* JuS 1962, 422 (423) spricht insoweit von der "Erlaubnis mit Verbotsvorbehalt".

348 *Krüger,* Erlaubnisvorbehalt, DÖV 1958, 673; *Friauf,* JuS 1962, 422 (423).

Betrachtet man beispielsweise den Tatbestand des § 35 Abs. 2 BauGB, nach dem Vorhaben zugelassen werden können, sofern "öffentliche Belange nicht beeinträchtigt werden", drängt sich in der Tat die Frage auf, welche Gesichtspunkte die Behörde auf der Rechtsfolgenseite prüfen soll, sofern bereits die tatbestandliche Prüfung ergeben hat, daß öffentliche Belange nicht beeinträchtigt werden.

Deswegen wird verbreitet die Ansicht vertreten, daß bei Koppelungsvorschriften grundsätzlich für ein Rechtsfolgeermessen kein Raum bliebe, sofern die im Tatbestand verankerten unbestimmten Rechtsbegriffe in "kopflastiger Weise"[349] bereits alle denkbaren Gesichtspunkte erfassen, die im Rahmen der Ermessensausübung in Betracht kommen[350]. Dies ist insbesondere für die in ihrer Normstruktur ganz ähnlichen baurechtlichen Vorschriften der §§ 31 Abs. 2 und 35 Abs. 2 BBauG vertreten worden[351]. Auch in vielbeachteten Gerichtsentscheidungen ist ein Rechtsfolgeermessen in diesen Normen entgegen dem klaren Wortlaut verneint worden[352]. Diese Entscheidungen werden oft ausschließlich im Zusammenhang mit grundrechtrechtlichen Erwägungen zitiert[353], obwohl primar auf eine Erörterung der Problematik einer Koppelung unbestimmter Rechtsbegriffe mit einem Rechtsfolgeermessen abgestellt wird[354].

III. Koppelungsnormen und Verbote mit Erlaubnis- oder Befreiungsvorbehalt

Die nach ganz herrschender Lehre bei Koppelungsnormen auftretenden Einschränkungen des Rechtsfolgeermessens werden regelmäßig anhand gesetzlicher Verbote

---

349 So *Gierth*, NJW 1966, 2424 zu OVG Münster, NJW 1966, 1833.

350 Vgl. *Ossenbühl*, in: *Erichsen*, Allg.VerwR, S. 202; *Meyer/Borgs-Maciejewski*, VwVfG, § 40 Rdnr. 22 f.; *v. Mutius*, Jura 1980, 92 (100 f.); krit. *Seewald*, Jura 1980, 175.

351 Nach *Ossenbühl*, in: *Erichsen*, Allg.VerwR, S. 202 stellt sich das Problem ganz allgemein bei der Erteilung eines Dispenses, dessen Tatbestandsvoraussetzungen sich in einer "Vereinbarkeit mit öffentlichen Belangen" oder des "Wohles der Allgemeinheit" erschöpfen; *Erwe*, Befreiungen, S. 156 ff. m.w.N; *Gierth*, NJW 1966, 2424; *Obermayer*, VwVfG, § 40 Rdnr. 47; krit. *Sendler*, Bauvorhaben, BBauBl 1968, 63; *Seewald*, Jura 1980, 175 (181).

352 So BVerwGE 18, 247 für § 35 Abs. 2 BBauG; OVG Münster NJW 1966, 1833 für § 31 Abs. 2 Satz 1, 2. Alt. BBauG.

353 *Meyer/Borgs-Maciejewski*, VwVfG, § 40 Rdnr. 22; *Obermayer*, VwVfG, § 40 Rdnr. 47 (dort FN 22); *Gierth*, NJW 1966, 2424.

354 Gegen die Annahme einer gebundenen Entscheidung bei § 35 Abs. 2 BauGB zuletzt *Dirnberger*, DVBl 1992, 879 (883); *Jäde*, Außenbereich, UPR 1991, 401 (408).

mit Erlaubnis- oder Befreiungsvorbehalt dargestellt[355], sind aber dogmatisch keineswegs auf diese Bereiche beschränkt. Die für Befreiungsnormen kennzeichnende Reichweite des Tatbestandes macht diese jedoch zu besonders gut geeigneten und gern bemühten Beispielen für die Darstellung von Koppelungsproblemen. Befreiungsnormen verdanken ihre Existenz oft dem Umstand, daß der Gesetzgeber sich nicht in der Lage sieht, die Grenze zwischen Verbotenem und Erlaubtem tatbestandlich exakt und abschließend zu bestimmen. Er muß daher auf unbestimmte Rechtsbegriffe zurückgreifen, die so weit gefaßt sind, daß alle von der ratio legis der Befreiungsnorm möglicherweise erfaßten Lebenssachverhalte unter diesen Begriff subsumierbar sind. Wenn der Gesetzgeber der Verwaltung einen Ermessensspielraum zur Befreiung von gesetzlichen Verboten überträgt, ist dieses Ermessen ganz allgemein nicht mit umfangreichen und detallierten Tatbestandsmerkmalen, sondern mit sehr weitgefaßten, unbestimmten Rechtsbegriffen verbunden[356].

Obwohl die Ermessenslehre insgesamt bis zum heutigen Tage Gegenstand lebhaften Interesses und unzähliger wissenschaftlicher Abhandlungen geblieben ist[357], lassen sich nur vereinzelt Untersuchungen aus den letzten Jahrzehnten finden, die sich überhaupt mit der Ermessensproblematik bei Befreiungsnormen auseinandersetzen. Soweit sich einige Abhandlungen mit der Frage möglicher Ermessensschranken befassen, richten sich die Betrachtungen stets auf die konkrete Normstruktur, insbesondere des insoweit immer wieder analysierten § 31 Abs. 2 BBauG[358]. Ein Ausschluß jeglichen Verwaltungsermessens wird im Ergebnis allein aus der Koppelung umfassender unbestimmter Rechtsbegriffe auf der Tatbestandsseite der Norm mit einem daher angeblich sinnentleerten Rechtsfolgeermessen hergeleitet[359].

---

355 Vgl. nur *Fislake*, ZfBR 1988, 166; *Lau*, BauR 1987, 491; *Mahlmann*, S. 270 ff..

356 *Mussgnug*, Dispens, S. 84; dies gilt insbesondere auch für die Ausgestaltung von Genehmigungsverfahren: *Schmitt-Glaeser*, der landkreis 1976, 442 (444).

357 Vgl. insoweit die Literaturübersicht bei *Sachs*, in: *Stelkens/Bonk/Sachs/Leonhardt*, VwVfG, § 40 Vor Rdnr. 1.

358 Vgl. beispielhaft die Titel bei *Ackermann*, Zur Problematik Bundesbaugesetz § 35 Abs. 2, DÖV 1964, 721 (722); *Bruder*, Die Befreiung vom Bebauungsplan als Anwendungsfall des Übermaßverbots - verfassungsrechtliche Gedanken zur Dispenslehre, Diss.Jur. Mannheim 1971; *Erwe*, Befreiungen, Ausnahmen und Befreiungen im öffentlichen Baurecht, Diss.Jur. Bonn 1986, S. 156 ff.; *Fislake*, Das Ermessen in § 35 Abs. 2 BauGB, ZfBR 1988, 166; *Lau*, Das Dispensationsermessen in § 31 Abs. 2 des Baugesetzbuches, BauR 1987, 491; *Ortloff*, Ermessen in § 35 Abs. 2 BauGB - Hat das Gesetz doch recht ?, NVwZ 1988, 320.

359 Dies gilt auch für die zuvor zitierte Arbeit von *Bruder*. Verfassungsrechtliche Bezüge

Die Prüfung dieses Koppelungsproblems wird regelmäßig mit grundrechtlichen Erwägungen verbunden. Das Bundesverwaltungsgericht stützte mit normstrukturellen Erwägungen seine grundrechtskonforme Auslegung des § 35 BBauG. Es wird auch die Auffassung vertreten, bei Koppelungsnormen sei der Ermessensausschluß stets ein Ergebnis grundrechtskonformer Auslegung. Bergen die Normativbedingungen danach die entscheidenden grundrechtlichen Auspekte in sich, sollen sie sich gegen das Ermessen durchsetzen, es gleichsam absorbieren[360].

Auffällig ist auch, daß in der Mehrzahl der Entscheidungen und Abhandlungen zur Koppelungsproblematik nicht nur Befreiungsnormen untersucht werden, sondern auch die bereits erörterten verfassungsrechtlichen Grenzen und Abgrenzungskriterien präventiver und repressiver Verbote in die Prüfung einbezogen werden, so daß sich die Frage nach Überschneidungen und Verbindungen beider Problemkreise stellt. So mißt etwa das Bundesverwaltungsgericht in seiner Entscheidung vom 29.4.1964 zu § 35 Abs. 2 BBauG[361] unter ausdrücklicher Bezugnahme auf die Rechtsprechung des Bundesverfassungsgerichts[362] § 35 Abs. 2 BBauG an dessen Maßstäben zur Abgrenzung der Grundrechtssphäre durch den Gesetzgeber[363]. Auch die Titel[364] und Prüfungsansätze vieler Monographien deuten auf eine grundrechtsorientierte Untersuchung hin. Die ermittelten Ergebnisse werden dann jedoch ausschließlich auf normstrukturelle Besonderheiten gestützt[365].

Die bei bestimmten Normen auftretende Kollision zwischen tatbestandlichen Rechtsbegriffen und Rechtsfolgeermessen ist letztlich ein Konflikt zwischen rich-

---

werden insoweit aufgezeigt, als die Koppelungsproblematik im Spannungsfeld von Judikative und Exekutive und die Befreiung im Grenzgebiet zwischen Legislative und Exekutive anzugesiedeln sei.

360 So *Schwabe,* JuS 1973, 133 (139): Die fehlende Beeinträchtigung öffentlicher Belange in § 35 Abs. 2 BBauG als Koppelungselement führt zur Prävalenz des Grundrechts und damit zur Dispensierungspflicht.

361 BVerfGE 18, 247 (250 f.).

362 BVerfGE 6, 32 (42); 8, 71 (76); 9, 137 (147); 11, 168 (191); 13, 153 (160).

363 Wobei diese Rechtsprechung des Bundesverfassungsgerichts die Zulässigkeit präventiver Genehmigungsvorbehalte betraf.

364 So *Bruder* (FN 358) und *Erichsen,* Baudispens und Übermaßverbot, DVBl 1967, 269.

365 Vgl. beispielhaft: *Bruder,* Befreiung, S. 45 ff.: *Bruder* behandelt Ermessensschranken auch unter dem Gesichtspunkt eines möglichen Verstoßes gegen das Prinzip der Gewaltenteilung. Im Ergebnis wird ein solcher Verstoß am Beispiel des § 31 Abs. 2 BBauG angenommen, da das nach dem Wortlaut dieser Norm eingeräumte Rechtsfolgeermessen aufgrund der tatbestandlichen Konsumtion aller denkbaren Ermessensgesichtspunkte nicht mehr hinreichend gesetzlich determiniert sei (S. 47).

terlicher Tatbestandskontrolle und admininistrativem Rechtsfolgeermessen und berührt die Grundlagen der Ermessenslehre. Diese normstrukturellen Probleme lassen sich nur im Zusammenhang mit der Entwicklung in der allgemeinen Ermessenslehre darstellen und untersuchen.

IV. Koppelungsnormen und allgemeine Ermessenslehre

1. Die Verdrängung des Tatbestandsermessens

Die dogmatischen Grundlagen der Koppelungsproblematik sowie der neueren Strömungen in der Lehre sind ohne Berücksichtigung der Entwicklung der Ermessenslehre insgesamt nicht nachzuvollziehen[366]. Die in den 60er Jahren besonders lebhaft geführte Diskussion um die verfassungsmäßigen Grenzen des Ermessens[367] richtete sich ganz wesentlich auch auf die bereits zuvor von *Ule*[368], *Bachof*[369], *Jesch*[370] und *Reuß*[371] begründete Lehre vom Beurteilungsspielraum[372] und damit auf die Frage des zulässigen Standortes des Ermessens im Tatbestand oder auf der Rechtsfolgenseite der Norm.

Nach der zuvor von der ganz herrschenden Meinung in Deutschland vertretenen Auffassung konnte das Ermessen sowohl auf der Rechtsfolgenseite, als volitives Ermessen, als auch im Tatbestand der Norm, als kognitives[373] Ermessen in den sog. Ermessensbegriffen auftreten. Im Tatbestand der Norm standen sich somit Ermessensbegriffe und unbestimmte Rechtsbegriffe gegenüber, die sich insoweit ähnelten, als es sich um weitgefaßte, auslegungsbedürftige Begriffe handelte, die

---

366 Vgl. zur Entwicklung der Ermessenslehre die übersichtlichen Darstellungen bei *Bullinger,* JZ 1984, 1001, sowie die krit. Darst. von *Ossenbühl,* Tendenzen, DÖV 1968, 619 (619) - auf eine dezidierte Darstellung des Meinungsstandes wird im übrigen verzichtet.

367 Die von bedeutenden Stimmen in der Literatur mit der Befürchtung kritisiert wurden, das Ermessen insgesamt sei auf dem Weg, im rechtsstaatlichen Giftschrank zu verschwinden, so *Ossenbühl,* Tendenzen, DÖV 1968, 618; hierzu auch *Menger/Erichsen,* Höchstr.Rspr 1967, VerwArch 58 (1967), 282; umfangreiche Nachweise zum damaligen Meinungsstand bei *Rupp,* Grundfragen, S. 177 ff., der die herrschende Ermessenslehre als "Trümmerfeld nicht zusammengefügter Ungereimtheiten" bezeichnete.

368 *Ule,* Gedächtnisschrift für *Jellinek,* S. 309 ff. unter dem Begriff der Vertretbarkeitslehre.

369 *Bachof,* Beurteilungsspielraum, JZ 1955, 97.

370 *Jesch,* AöR 82 (1957), 163.

371 *Reuß,* Ermessen, DVBl 1953, 585 (649 ff.); *ders.*, Rechtsstaat, DVBl 1959, 533.

372 Vgl. zum damaligen Meinungsstand *Ehmke,* Ermessen, S. 12 ff. mit umfangreichen Nachweisen.

373 Zu diesen Begriffen vgl. *Ehmke,* a.a.O. S. 23 ff..

die Aufgabe der Verwaltung nicht auf bloße Subsumtion unter einen eindeutigen Tatbestand beschränkten.

Der Unterschied zwischen beiden Arten von Tatbestandsbegriffen wurde darin gesehen, daß bei den unbestimmten Rechtsbegriffen jeweils nur eine einzige Entscheidung als rechtmäßig anzusehen war, bei den Ermessensbegriffen nach der wertenden Erkenntnis der Behörde hingegen durchaus verschiedene bzw. entgegengesetzte Entscheidungen vertretbar und rechtmäßig sein konnten. Hieraus ergab sich auch der wesentliche Unterschied beider Begriffsformen im Hinblick auf die verwaltungsgerichtliche Kontrolldichte. Da die unbestimmten Rechtsbegriffe nur eine vertretbare Entscheidung zuließen, unterlagen sie der vollen inhaltlichen Überprüfung durch die Verwaltungsgerichte. Die Ermessensbegriffe mit der ihnen innewohnenden Entscheidungsfreiheit waren hingegen entsprechend § 114 VwGO lediglich beschränkt auf mögliche Fehler im Entscheidungsprozeß überprüfbar.

2. Ermessen und Beurteilungsspielraum

Mit der Ablösung der Ermessensbegriffe durch unbestimmte Rechtsbegriffe mit einem Beurteilungsspielraum[374] wurde nicht nur ein terminologischer Wechsel vollzogen. Während der verräumlichende[375] Ausdruck eines Beurteilungsspielraums zunächst die Vermutung nahelegte, es seien, ebenso wie beim Ermessensbegriff, mehrere rechtmäßige Entscheidungsalternativen denkbar, setzte sich in der Rechtsprechung[376] sehr schnell die Auffassung durch, daß es sich um verwaltungsgerichtlich voll überprüfbare Rechtsbegriffe handele. Konsequenz dieser Rechtsprechung war eine vollständige Verdrängung des Ermessens auf die Rechtsfolgenseite der Norm[377].

Die im Tatbestand aufgeworfene Frage nach der "fachlichen Eignung" oder den "erforderlichen Kenntnissen" sollte danach im Ergebnis nur eine zutreffende Antwort zulassen. Von einem Spielraum im Sinne einer Bandbreite möglicher Entscheidungen konnte danach nicht mehr gesprochen werden[378]. Grundsätzlich unterzog somit die Rechtsprechung die unbestimmten Rechtsbegriffe der unbeschränkten richterlichen Kontrolle.

---

374 BVerwGE 1, 92 (94) rechnete auch den Beurteilungsspielraum noch dem Ermessen zu.

375 So *Ossenbühl*, Tendenzen, DÖV 1968, 618 (620).

376 BVerwGE 21, 184 (186); 24, 60 (63); 35, 69 (72f.); 65, 162 (164 ff.); 88, 35 (38 ff.).

377 *Müller*, DÖV 1969, 119; *Bullinger*, JZ 1984, 1001 (1003 ff.); *Ossenbühl*, Tendenzen, DÖV 1968, 618 (620 ff.), jeweils m.w.N..

378 BVerwGE 16, 116 (129 f.); *Ossenbühl*, Tendenzen, DÖV 1968, 618 (620).

Ausgenommen von diesem Grundsatz unbeschränkter richterlicher Kontrolle wurden lediglich die wenigen Rechtsbegriffe, bei denen die Gerichte sich außerstande sahen, den Prozeß der Entscheidungsfindung nachzuvollziehen, so etwa bei Prüfungsleistungen[379], unvertretbaren persönlichen Beurteilungen[380] oder technischen Beurteilungen im Umweltrecht[381]. Vielbeachtete Entscheidungen des Bundesverwaltungsgerichts zur Indizierung von jugendgefährdenden Schriften sowie des Gemeinsamen Senates der Obersten Gerichtshöfe des Bundes zu § 131 AO[382] wurde zwar vereinzelt[383] als Ausweitung des Anwendungsbereiches der tatbestandlichen Beurteilungsermächtigungen gewertet[384]. In der nachfolgenden Rechtsprechung blieb der Anwendungsbereich der Beurteilungsermächtigungen aber auch weiterhin auf die genannten Fallgruppen beschränkt[385].

In der neueren Rechtsprechung des Bundesverfassungsgerichts[386] zeichnet sich eine noch restriktivere Handhabung ab. Administrative Beurteilungsspielräume werden zwar weiterhin für zulässig erachtet, aber als begründungsbedürftige Ausnahmen angesehen, die mit dem Grundsatz effektiver gerichtlicher Kontrolle i.S.d. Art. 19 Abs. 4 GG nicht in Konflikt geraten dürften[387].

In der Lehre wird demgegenüber ein Beurteilungsspielraum der Verwaltung bei der Anwendung unbestimmter Rechtsbegriffe überwiegend anerkannt. Die Aner-

---

379 Vgl. die Rechtsprechungsübersicht zu Prüfungsentscheidungen bei *v. Mutius/Sperlich*, DÖV 1993, 45 sowie *Seewald*, NVwZ 1992, 609.

380 Vgl. BVerwGE 8, 272; 11, 139; eine Übersicht über die damalige Rechtsprechung findet sich ferner bei *Kellner*, Beurteilungsspielraum, DÖV 1962, 572.

381 BVerwG DVBl 1988, 539: antizipiertes Sachverständigengutachten; vgl. auch BVerwG DVBl 1989, 517 (518).

382 BVerwGE 39, 197; GmS-OGB DVBl 1972, 606.

383 *Bachof*, Tendenzen, JZ 1972, 641 (644 f.); *Ule*, Umweltschutzrecht, DVBl 1973, 756.

384 Vgl. hierzu auch *Ossenbühl*, Beurteilungsermächtigung, DÖV 1972, 401 (403).

385 Zur Bewertung der Entscheidung BVerwGE 39, 197 auch *Kellner*, Erkenntnisse, DÖV 1972, 801.

386 BVerfG NJW 1991, 2005; NJW 1991, 2008; NVwZ 1992, 55; NVwZ 1992, 657; NVwZ 1993, 666.

387 Vgl. hierzu *Geis*, Kontrolle, NVwZ 1992, 25; *Niehues*, NJW 1991, 3001; *Redeker*, Kontrolldichte, NVwZ 1992, 305; *Reidt*, DÖV 1992, 916; *Rozek*, NVwZ 1992, 343; *Schmidt-Aßmann/Groß*, NVwZ 1993, 617; 25; *Seewald*, NVwZ 1992, 609; *Würkner*, NVwZ 1992, 1.

kennung bestimmter Fallgruppen[388] eines derartigen "Beurteilungsspielraums" bedeutet im Ergebnis lediglich, daß der Verwaltung gegenüber der Rechtsprechung bei der Einschätzung des betreffenden Tatbestandsmerkmals die abschließende und verbindliche Entscheidung zukommt, die von den Gerichten, wie bei den Ermessensentscheidungen, nur beschränkt auf mögliche Fehler im Entscheidungsprozeß kontrolliert werden kann. Ein Spielraum im Sinne einer Bandbreite verschiedener rechtmäßiger Entscheidungsalternativen liegt nach allgemeiner Ansicht nicht vor. Daher wird insoweit verbreitet in Abwandlung des Begriffes des Beurteilungsspielraums auch von einem "Beurteilungsprivileg"[389] oder einer "Beurteilungsermächtigung"[390] gesprochen sowie von einer "Einschätzungsprärogative" oder einem "Letztentscheidungsrecht"[391].

Die inhaltliche und terminologische Abgrenzung von Ermessen, unbestimmtem Rechtsbegriff und Beurteilungsermächtigung sowie deren Standort innerhalb der Norm gehören zu den umstrittensten Fragen des deutschen Verwaltungsrechts[392]. Eine vertiefte Auseinandersetzung mit diesem Thema würde die Grenzen dieser Arbeit sprengen. Es sollen daher nachfolgend lediglich die Zusammenhänge zwischen den Entwicklungen und Veränderungen der allgemeinen Ermessenslehre und den Begrenzungen des Rechtsfolgeermessens bei bestimmten Koppelungstatbeständen und einer Viehlzahl von Befreiungsnormen dargestellt werden sowie die in Literatur und Rechtsprechung vertretenen Lösungsansätze zur Erhaltung einer gewissen administrativen Entscheidungsfreiheit. In diesem Zusammenhang wird auch auf die neueren Strömungen der Ermessenslehre und deren Konsequenzen für Koppelungs- und Befreiungsnormen einzugehen sein.

388 Vgl. die Übersicht mit Nachw. bei *Geis*, Päd. Interesse, DÖV 1993, 22 (23); *Kopp*, VwGO, § 42 Rdnr. 53 ff., § 114 Rdnr. 3; *Maurer*, Allg.VerwR, § 7 Rdnr. 35 ff..

389 *Ossenbühl*, Tendenzen, DÖV 1968, 618 (620).

390 BVerwG DÖV 1966, 722; *Kellner*, Beurteilungsspielraum, DÖV 1962, 578 sowie Praxis, NJW 1966, 861.

391 Vgl. *Kopp*, VwVfG, § 40 Rdnrn. 30 ff. mit umfangreichen Nachweisen; zu den Voraussetzungen der Annahme eines Beurteilungsspielraums: *Meyn*, JA 1980, 327 sowie zuletzt *Erbguth*, DVBl 1992, 398 und *Herdegen*, JZ 1991, 747.

392 Vgl. aus der jüngeren Literatur nur beispielhaft *Erichsen*, Unbest. Rechtsbegriffe, DVBl 1985, 22; *Meyn*, JA 1980, 327; *v. Mutius*, Jura 1980, 92; krit.: *Rupp*, Ermessen, FS für Zeidler, S. 456, der insoweit feststellt, es gäbe zu diesem Thema nichts mehr zu sagen, die Literatur höre jedoch nicht auf, sich dieses Themas anzunehmen.

3. Die Koppelungsproblematik als unerwünschtes Phänomen

a. Rechtsfolgeermessen und Tatbestandskontrolle

Die bisherige Darstellung der Problematik der Koppelungsnormen hat bereits gezeigt, daß der Ausschluß eines Rechtsfolgeermessens sich nicht als Ergebnis einer mißglückten Normstruktur und damit einer gesetzgeberischen Ungeschicklichkeit darstellt, sondern aufgrund einer gewandelten Ermessenslehre mittelbar aus der Verfassung, namentlich aus den Prinzipien der Gewaltenteilung sowie der Gesetzmäßigkeit der Verwaltung folgt.

Allgemein kann für Koppelungsvorschriften festgestellt werden, daß sich der angenommene Ausschluß des Rechtsfolgeermessens als überraschende und teilweise unerwünschte Folge der Verdrängung des Ermessens aus dem Tatbestand der Norm darstellt. Verschiedentlich wird unzutreffend von einem "Auftreten" der Koppelungsnormen gesprochen[393], als habe es Normen mit der entsprechenden Struktur nicht ebenso bereits vor Beginn der Diskussion um den Standort des Ermessens innerhalb der Norm gegeben.

Die nachfolgend darzustellende Suche nach Gesichtpunkten und Abwägungskriterien, die noch zum Gegenstand des Rechtsfolgeermessens gemacht werden können sowie die Diskussion um die einheitliche Ermessensnorm erscheinen danach als Versuch der Korrektur eines Ergebnisses, das dem Ermessen in wesentlichen Bereichen der Verwaltungstätigkeit die Existenzberechtigung nehmen würde. Auch wenn diese Ermessensproblematik den Kernbereich der Staats- und Verfassungslehre berührt, ist deren Auswirkung auf bestimmte Befreiungsnormen lediglich als Reflex der allgemeinen Ermessenslehre zu verstehen.

Der chronologischen Entwicklung des Meinungsstandes entsprechend sollen im folgenden die in Rechtsprechung und Literatur vertretenen Versuche der Erhaltung eines Ermessensspielraums der Verwaltung dargestellt werden. Diese älteren Lösungsansätze werden zwar in der jüngeren Vergangenheit durch eine vordringende und den gesamten Bereich des Ermessens umfassende Auffassung überlagert. Da die verschiedenen Korrekturversuche jedoch dogmatisch nicht überholt sind und in der juristischen Standardliteratur nach wie vor im Zusammenhang mit den Koppelungsnormen diskutiert werden, soll erst an späterer Stelle auf neuere Strömungen und hiermit verbundene Lösungsmöglichkeiten eingegangen werden.

---

393 So *Hill*, Verfahrensermessen, NVwZ 1985, 449.

b. Die Suche nach dem "Ermessensrest"

Teilweise wird das als unbillig empfundene Ergebnis einer vollständig gebundenen Entscheidung dadurch in Frage gestellt, daß Ermessensgesichtspunkte ausfindig gemacht werden, die durch die unbestimmten tatbestandlichen Rechtsbegriffe nicht abgedeckt sein sollen. Derartige Gesichtpunkte wären von einer vollständigen richterlichen Kontrolle ausgenommen und ständen somit der Annahme einer vollständigen tatbestandlichen Determination des Rechtsfolgeermessens entgegen. In speziellen Untersuchungen dieser Frage wird die Prüfung derartiger Abwägungsgesichtspunkte folgerichtig auch als "Suche nach dem Ermessensrest" überschrieben[394].

Auf diese Weise werden selbst bei Begriffen wie "öffentliche Belange" in § 31 Abs. 2 BBauG etwa die nachbarlichen Interessen aus der Reichweite des Tatbestandes herausanalysiert und zum Betätigungsfeld für das Rechtsfolgeermessen deklariert[395]. *Fislake*[396] erklärt demgegenüber z.B. den Normzweck des § 35 Abs. 2 BauGB, nach dem das Bauen im Außenbereich grundsätzlich unterbleiben soll, zum tatbestandlich nicht fixierten Ermessensgesichtspunkt, *Lau* die Vermeidung von Folgelasten oder Berufungsfällen[397].

Die für diesen Lösungsansatz bemühten Beispiele und Belege wirken dabei allerdings oft konstruiert. So will *Sendler* etwa einen vom Tatbestand nicht determinierten Belang dann tangiert sehen, wenn ein "bei bestimmten Bevölkerungskreisen ausgesprochen mißliebiger Zeitgenosse" auf dem Befreiungswege eine Baugenehmigung erhalten möchte und die Genehmigungsbehörde wegen dieser "Provokation" Krawalle fürchten muß[398]. "Skandalstimmung" und "Unruhe" sind die Schlagworte, unter denen an anderer Stelle derartige Ermessensgesichtspunkte abgehandelt wurden[399].

---

394 Vgl. *Erwe*, Befreiungen, S. 165.

395 So *Gierth*, Anm. zu OVG Münster NJW 1966, 1833 in NJW 1966, 2424 f.; *Sendler*, Bauvorhaben, BBauBl 1968, 63 (64 f.).

396 ZfBR 1988, 166 (167).

397 BauR 1987, 491 (494).

398 *Sendler*, Bauvorhaben, BBauBl 1968, 63 (64); zu dem von *Sendler* bemühten Beispiel führt *Hoppe*, Ausnahmen, DVBl 1969, 340 (345) aus, daß der "bei bestimmten Bevölkerungskreisen mißliebige Zeitgenosse" bei diesem Verständnis von Verwaltungsermessen von einer rechtsstaatlichen Ermessensausübung nur wenig zu erhoffen haben dürfte.

399 *Dürr*, in: *Brügelmann/Dürr*, BauGB, § 31 Rdnr. 41; ablehnend: *Erwe*, Befreiungen, S. 175; *Söfker*, in: *Ernst/Zinkahn/Bielenberg*, BauGB, § 31 Rdnr. 39: Sachfremd sind alle Erwägungen, die nicht im Bauplanungsrecht begründet sind.

Selbst aus dem Begriff der "öffentlichen Belange" werden Gesichtspunkte ausgeklammert, die ersichtlich aber auch nicht den privaten Belangen zuzurechnen sind[400]. Im übrigen wäre das Rechtsfolgeermessen auf diese einzelnen, vom Tatbestand nicht erfaßten, Gesichtpunkte beschränkt. Die ganze dogmatische Unsicherheit im Umgang mit der Koppelungsproblematik wird auch durch die Formulierung eines Korrekturversuches von *Faber*[401] deutlich, der die Auffassung vertritt, der politische Charakter einer Befreiung stehe oft so im Vordergrund, "daß er selbst neben den weitesten Rechtsbegriffen einen Ermessensrest erzwinge"[402].

c. Die Suche nach der Beurteilungsermächtigung

Eine weitere Lösungsmöglichkeit zur Erhaltung eines wenigstens ermessensähnlichen Entscheidungsfreiraums wird an anderer Stelle darin gesehen, im Tatbestand Rechtsbegriffe mit Beurteilungsspielraum zu entdecken oder ihnen wenigstens einen Beurteilungsspielraum durch Auslegung beizulegen[403]. Die Existenz einer im Tatbestand enthaltenen Beurteilungsermächtigung würde in ihrer inhaltlichen Reichweite die richterliche Kontrolle über den Tatbestand ausschließen und damit ebenso die entsprechende Determination des Rechtsfolgeermessens[404]. Denn die Einschränkung der richterlichen Kontrolle durch die Beurteilungsermächtigung würde insoweit auch die Konsumtion des Rechtsfolgeermessens verhindern[405].

So wird etwa im tatbestandlichen Begriff der "Würdigung" in § 31 Abs. 2 BBauG eine Beurteilungsermächtigung in Bezug auf die Beachtung der justitiablen subjek-

---

400 *Fislake*, ZfBR 1988, 166: Gleichheit und Verhältnismäßigkeit sind bodenrechtlich relevante öffentliche Belange in § 35 II BBauG/BauGB.

401 *Faber*, VerwR, S. 110 ff..

402 A.a.O., S. 112.

403 Vgl. *Erwe*, Befreiungen, S. 158 ff.; *Mahlmann*, S. 275 ff.; von Interesse ist insoweit auch eine neuere Entscheidung des Bundesverwaltungsgerichts in BauR 1987, 70, in der ganz im Gegensatz zu früheren Entscheidungen, wie BVerwGE 56, 71 = BauR 1978, 387, die Erhaltung eines Ermessensspielraums der Behörde bei § 31 Abs. 2 BBauG/BauGB sowohl durch die Annahme eines Beurteilungsspielraums bei einzelnen unbestimmten Rechtsbegiffen, als auch unter dem Gesichtspunkt einer einheitlichen Ermessensnorm gefolgert wird; ablehnend *Lau*, BauR 1987, 491 in einer Erörterung der Entscheidung BVerwG BauR, 1987, 70.

404 Die "verfassungsrechtliche Problematik" soll nach einer Ansicht in der Literatur bei Ermessen und Beurteilungsermächtigung identisch sein, ohne daß dies näher ausgeführt wird: *Cattepoel*, Ermessen und Beurteilungsspielraum, VerwArch 1980, 140; *v. Mutius*, Jura 1987, 92 (97); *Schuppert*, DVBl. 1988, 1191 (1199) m.w.N..

405 A.A. *Nierhaus*, JuS 1978, 596 (600), der offensichtlich auch bei tatbestandlichen Beurteilungsermächtigungen eine Determination des Rechtsfolgeermessens annimmt.

tiven Nachbarrechte gesehen[406], in § 7 AtomG hinsichtlich der technischen Sicherheit[407] oder ganz allgemein bei Prognoseentscheidungen[408]. Die entsprechenden Stimmen stützen sich dabei auch auf die Anfang der 70er Jahre propagierte "Renaissance der administrativen Beurteilungsermächtigung"[409]. Für § 31 Abs. 2 BBauG hat das Bundesverwaltungsgericht[410] die Existenz einer tatbestandlichen Beurteilungsermächtigung allerdings ausdrücklich abgelehnt.

d. Die einheitliche Ermessensnorm

Von besonderer Bedeutung ist in diesem Zusammenhang auch eine zentrale Entscheidung des Gemeinsamen Senates der Obersten Gerichtshöfe des Bundes vom 19.10.1971[411], auf die sich die vorgenannte Auffassung stützt[412]. Im Ergebnis wurde die Erhaltung und Bestätigung eines Ermessensspielraumes in der Entscheidung jedoch aus anderen Überlegungen herleitet.

Die Entscheidung bezog sich auf § 131 Abs. 1 Satz 1 RAO[413]. Nach dieser Vorschrift *konnten* die Finanzbehörden von der Erhebung einer Steuer ganz oder teilweise abzusehen, wenn deren Einziehung im Einzelfall unbillig war.

Der Gemeinsame Senat ging bei seiner Prüfung zunächst davon aus, daß die Vorschrift des § 131 Abs. 1 Satz 1 RAO, von ihrer Entstehungsgeschichte und dem Willen des Gesetzgebers her betrachtet, ersichtlich als Ermessensvorschrift konzipiert sei[414]. Sodann wurden die in der Literatur[415] für steuerrechtliche Vorschriften und zuvor allgemein beschriebenen Konsequenzen der Koppelung des nur aus dem Wort "unbillige Härte" bestehenden Tatbestandes des § 131 Abs. 1 Satz 1 RAO

---

406 So *Erwe*, Befreiungen, S. 165.

407 *Mahlmann*, S. 278.

408 *Tettinger*, DVBl 1982, 421.

409 So der gleichnamige Aufsatz von *Ossenbühl*, Beurteilungsermächtigung, DÖV 1972, 401; vgl. auch *Bachof*, Tendenzen, JZ 1972, 641.

410 BVerwGE 56, 71 = BauR 1978, 387.

411 GmS-OGB 3/70 = DVBl 1972, 604 mit Anm. Redeker.

412 Vgl. *Mahlmann*, S. 276.

413 Die Reichsabgabenordnung wurde durch die am 1.1.1977 in Kraft getretene Abgabenordnung vom 16.3.1976 (BGBl. I S. 613) ersetzt. Eine dem § 131 Abs. 1 S. 1 entsprechende Vorschrift findet sich nun in § 227 Abs. 1 AO vom 16.3.1976; hierzu *Tipke/Kruse*, AO/FGO, § 227 AO Rdnrn. 1 ff..

414 GmS-OGB a.a.O., S. 605.

415 *Tipke/Kruse*, RAO/FGO, § 2 StAG Anm. 2, 26, m.w.N..

mit dessen scheinbarem Rechtsfolgeermessen[416] als zutreffend, aber im Ergebnis nicht tragbar dargestellt. Nach Ansicht des erkennenden Senats folgt die Bestätigung eines Verwaltungsermessens jedoch nicht aus der Anerkennung des Begriffs "unbillig" als Rechtsbegriff mit Beurteilungsspielraum[417].

Vielmehr soll es sich bei § 131 Abs. 1 Satz 1 RAO um eine einheitliche Ermessensvorschrift handeln, bei der Tatbestand und Rechtsfolgeanordnung so eng miteinander verzahnt sind, daß der Begriff "unbillig" im Ergebnis eine ermessensbestimmende Funktion übernehme, nicht jedoch die vollständige richterliche Kontrolle über Tatbestand und Rechtsfolge mit sich bringe[418]. Die Übereinstimmung dieses Ergebnisses mit der Verfassung wird durch den erkennenden Senat dabei ausdrücklich betont. Die Existenzberechtigung eines Verwaltungsermessens werde durch die §§ 114 VwGO, 102 FGO eindeutig belegt. Dieses Ermessen zeige gerade dort seine "großartige Seite, wo nicht logische Subsumtion, sondern das an den Umständen des Einzelfalles orientierte Billigkeitsempfinden ... den Einzug der Einzelfallgerechtigkeit in das zwingende Recht ermöglicht"[419].

In diesem Sinne ist wohl auch eine neuere Entscheidung des Bundesverwaltungsgerichts[420] aus dem Jahr 1986 zu § 31 Abs. 2 BBauG zu verstehen, in welcher ganz im Gegensatz zu früheren Entscheidungen[421] § 31 Abs. 2 BBauG nicht mehr als Koppelungsnorm interpretiert wird, sondern von einer einheitlichen Ermessensnorm die Rede ist[422]. Die Erstreckung der zu § 131 RAO entwickelten Überlegungen auf § 31 Abs. 2 BauGB dürfte im Ergebnis aber schon deshalb problematisch sein, weil es sich bei Verwaltungsakten auf der Grundlage letzterer Vorschrift um Verwaltungsakte mit Doppelwirkung handelt, bei denen die Behörde mögliche Belastungen Dritter in ihre Überlegungen einbeziehen muß[423].

416 § 131 AO: "können ... erlassen werden".

417 Wie *Redeker*, DVBl 1972, 608 f., in seiner Anmerkung zu dieser Entscheidung es für richtiger gehalten hätte.

418 Vgl. GmS-OGB DVBl 1972, 604 (606).

419 GmS-OGB DVBl 1972, 604 (607); *Obermayer*, VwVfG, § 40 Rdnr. 39.

420 Urteil vom 19.9.1986 = BauR 1987, 70.

421 In BVerwGE 56, 71 = BauR 1978, 387 hatte das BVerwG noch ausdrücklich die Anwendbarkeit der Grundsätze über die einheitliche Ermessensvorschrift sowie die Annahme einer Beurteilungsermächtigung verneint.

422 ablehnend: *Lau*, BauR 1987, 491 (494), der im Hinblick auf "Ermessensreste" eine Verlagerung von Tatbestandselementen in den Ermessensbereich für nicht notwendig hält.

423 *Lau*, a.a.O., S. 493; zum nachbarschädlichen Baudispens: *Rüfner*, DVBl 1963, 609.

Die wesenliche Frage für die Bewertung der Entscheidung des Gemeinsamen Senates zur einheitlichen Ermessensnorm ist letztlich die Übertragbarkeit der dort vertretenen Grundsätze auf andere Normen, bei denen in ähnlicher Weise extrem weitgefaßte unbestimmte Rechtsbegriffe mit einem Rechtsfolgeermessen kombiniert werden. Die Entscheidung hätte daher zumindest in der Rechtsprechung den Weg ebnen können für eine gesicherte Beurteilung der Koppelungsvorschriften insgesamt, die durch eben diese Kombination von Ermessen und bestimmten Tatbestandsbegriffen gekennzeichet sind.

Die Bewertung der Entscheidung ist jedoch nach wie vor streitig und hat die Diskussion um die Koppelungsnormen der Lösung letztlich nicht näher gebracht[424]. Dies mag zum einen an den durch den Gemeinsamen Senat selbst immer wieder betonten Besonderheiten des § 131 RAO liegen, die grundsätzliche Zweifel an einer Übertragbarkeit der entwickelten Grundsätze auf andere Normen wecken mußten. Abgesehen von einzelnen Stimmen in der Literatur[425] ist daher ganz überwiegend eine grundsätzliche Bedeutung der Entscheidung für sämtliche Koppelungsnormen abgelehnt worden[426]. Ein weiterer Grund ist sicherlich darin zu sehen, daß eine Übertragung der Grundsätze auf Koppelungsnormen insgesamt ohne eine wie auch immer geartete Differenzierung den Weg von einer Extremposition in eine andere gewiesen hätte: von den Koppelungsnormen als stets gebundenen Entscheidungen zu einheitlichen Ermessensnormen[427].

V. Die neueren Strömungen zur Frage des Tatbestands- und Rechtsfolgeermessens

Die zuvor dargestellten Auffassungen zur Koppelungsproblematik führen für derartig viele und zentrale Normen, insbesondere auch Befreiungen nach repressiven Verboten, zu einer völligen Negation des Rechtsfolgeermessens, daß hierin sicherlich auch ein Grund für eine kritische Reflektion der Entwicklung der allgemeinen Ermessens-lehre zu sehen ist, als deren schwer zu bewältigendes Ergebnis sich u.a. auch die Koppelungsproblematik darstellt. Es zeichnen sich in

---

424 Vgl. hierzu *Bachof*, Tendenzen, JZ 1972, 641; *Erwe*, Befreiungen, S. 177.

425 So *Schmidt*, Unbest. Rechtsbegriff, NJW 1975, 1754.

426 *Bachof*, Tendenzen, JZ 1972, 641; *Sachs*, in: *Stelkens/Bonk/Sachs/Leonhardt*, VwVfG, § 40 Rdnr. 22 m.w.N. auch aus der Rechtsprechung; *Stern*, Staatsrecht II, § 41 III 3 (S. 766) spricht hingegen unter Hinweis auf den Beschluß des Gemeinsamen Senates zu § 131 AO allgemein von Koppelungstatbeständen, die durch eine enge, untrennbare Verzahnung von Tatbestand und Rechtsfolgeermessen gekennzeichnet seien.

427 So bereits *Redeker* in seiner Urteilsanmerkung DVBl 1972, 609; *Erwe, Befreiungen*, S. 177.

der Lehre verschiedene Strömungen ab, die sich nicht nur in der vorstehend geschilderten Weise durch normspezifische Korrekturen, sondern insgesamt kritisch mir den inhaltlichen Abgrenzungen der Begriffe Ermessen, bestimmter/unbestimmter Rechtsbegriff mit oder ohne Beurteilungsspielraum auseinandersetzen[428].

Anliegen dieser grundsätzlichen Kritik ist es nicht etwa nur, in Anknüpfung an die frühere Lehre dem Ermessen wiederum eine Existenzberechtigung im Tatbestand zuzusprechen[429] oder etwa den Anwendungsbereich der Beurteilungsermächtigungen auszuweiten[430]. Ebensowenig wird auch eine schrittweise vollzogene Demontage des administrativen Ermessens beklagt[431]. Es geht vielmehr um den Versuch, den für die Verwaltung unabweisbar notwendigen Freiraum begriffsunabhängig einzugrenzen und zu definieren. Insoweit greift diese Auffassung auch über die für die einheitliche Ermessensnorm herangezogenen Grundsätze hinaus, die lediglich für bestimmte Normen von einer "Verzahnung" bzw. Überschneidung von Tatbestand und Rechtsfolge ausging[432].

Kritische Stimmen an einer streng begrifflich orientierten Methodik zur Erfassung und Bewältigung der Probleme des Ermessens und des Beurteilunsspielraums hatten sich schon früh geregt[433]. *Bachof*[434] wies unabhängig von der von ihm mitbegründeten Lehre, die die Verdrängung des Ermessens aus dem Tatbestand der Norm mit eingeleitet hatte, bereits 1972 im Hinblick auf den Streit um Ermessen und Beurteilungsspielraum auf die Relativität klassifikatorischer Begriffe hin sowie auf die allgemeine Notwendigkeit, die begriffliche Methode zugunsten einer typo-

---

428 Vgl. zuletzt *Herdegen*, JZ 1991, 747; *Erbguth*, DVBl 1992, 399.

429 So aber *Obermayer*, VwVfG, § 40 Rdnrn. 11 ff., der von einer Wesensgleichheit von Tatbestands- und Rechtsfolgeermessen ausgeht; entsprechend auch die Formulierung bei *Bullinger*, JZ 1984, 1001 (1009), der sich jedoch im Ergebnis ebenfalls nicht an die überkommene Terminologie binden will und von funktionsbezogenen Freiräumen spricht.

430 So *Ule*, Rechtsstaat, VerwArch 76 (1985), 1 (15 ff.) mit einer neuerlichen Darstellung seiner Thesen.

431 Vgl. hierzu die krit. Chronologie des Ermessensschwundes im Tatbestand und auf der Rechtsfolgenseite von *Ossenbühl*, Tendenzen, DÖV 1968, 618.

432 Nach *Ossenbühl*, in: *Erichsen*, Allg.VerwR, S. 202 besteht bei Normen mit einer dem § 131 AO entsprechenden Struktur nur entweder die Möglichkeit einer Umdeutung der Norm in eine "Muß-Vorschrift" oder die der Umdeutung der unbestimmten Rechtsbegriffe in Ermessensdirektiven.

433 *Ehmke*, Ermessen, S. 23 ff..

434 *Bachof*, Tendenzen, JZ 1972, 641.

logischen Betrachtungsweise zurücktreten zu lassen[435]. Im Ergebnis wurde jedoch offen gelassen, ob es sich dabei wirklich um eine neue Methodik handeln sollte oder nur um "die fällige Korrektur an einer überzogenen und fälschlich verabsolutierten Begrifflichkeit"[436].

Die Notwendigkeit einer anderen Betrachtungsweise sah *Bachof* nicht vorrangig in einer befürchteten "schleichenden Entmachtung der Verwaltung[437], sondern vielmehr in den durch den Wandel der Ermessenslehre zu Tage geförderten Inkongruenzen und Wertungswidersprüchen. Einen derartigen Wertungswiderspruch erblickte *Bachof* insbesondere darin, daß einerseits verfassungsrechtliche Grenzen grundsätzlich nicht geeignet sein sollten, das Ermessen insgesamt in Frage zu stellen, andererseits dieselben Prinzipien im Falle einer noch so unbestimmten tatbestandlichen Fixierung als unbestimmte Rechtsbegriffe zu einer vollständigen Bindung und Kontrolle der Verwaltung führen sollten[438]. *Bachof* betonte demgegenüber, daß es für Art, Umfang und Intensität der Bindung der Behörde völlig unerheblich sei, ob die entscheidungserheblichen und ermessensbegrenzenden Kriterien im Tatbestand der Norm selbst, in einer anderen Norm oder einem anderen Gesetz, in ungeschriebenen Rechtsgrundsätzen oder schließlich der Verfassung selbst zu finden seien[439].

Auch *Ehmke*[440] äußerte bereits an der damals herrschenden, neueren Lehre einer strikten Abgrenzung von beschränkt nachprüfbarem Rechtsfolgeermessen und voll nachprüfbarem unbestimmtem Rechtsbegriff Kritik, insbesondere an einer das Ermessen kennzeichnenden Wahlfreiheit bei der Rechtsfolgenbestimmung[441]. Diese Wahlfreiheit wird an anderer Stelle[442] anhand des Beispiels des Buridanschen Esels

---

435 A.a.O., S. 641 f. unter Hinweis auf das Zivilrecht; in diesem Sinne auch *Papier*, Verwaltungsverantwortung, FS für *Ule*, 235 (245), der allerdings die Entwicklung einer tragfähigen Typologie für die Beurteilungsermächtigung fordert, ohne hierbei den Begriff des Ermessens in die Überlegungen einzubeziehen.

436 *Bachof*, Tendenzen, JZ 1972, 641 (642).

437 So *Ossenbühl*, Tendenzen, DÖV 1968, 618 (621), der andererseits ebenfalls bemängelt, in "fleißiger Ziselierarbeit" würden die rechtstheoretischen Details des Verwaltungsermessens ausgefeilt und nur selten trete jemand von dem Gedankengebäude zurück, um die "grundgesetzlichen Verstrebungen" zu prüfen (618).

438 *Bachof*, Tendenzen, JZ 1972, 641 (643).

439 *Bachof*, a.a.O..

440 "Ermessen" und "unbestimmter Rechtsbegriff" im Verwaltungsrecht, S. 23 ff..

441 A.a.O., S. 24.

442 *Schmidt-Eichstaedt*, Konkretisierungsauftrag, DVBl 1985, 645 (646).

in Zweifel gezogen, dessen Willensfreiheit darin besteht, seinen vorgegebenen Hunger wahlweise an zwei gleich großen Heuhaufen stillen zu können. Eine vergleichbare "Wahlfreiheit" bei der Rechtsfolgenbestimmung könne es nicht geben.

Eine zunehmend kritische Auffassung zu einer begrifflichen Abgrenzung von Ermessen, unbestimmtem Rechtsbegriff und Beurteilungsermächtigung hat sich in der jüngsten Vergangenheit in der Lehre herausgebildet. Neben der allgemeinen Kritik einer zunehmenden gesetzlichen Regelungs-[443] und gerichtlichen Kontrolldichte[444] und den sich hieraus fortschreitend ergebenden Beschneidungen des administrativen Entscheidungsspielraums wird immer öfter auch die Unterscheidung von Rechtsfolgeermessen, unbestimmtem Rechtsbegriff und Beurteilungsermächtigung in Frage gestellt und der Versuch unternommen, begriffsunabhängig den der Verwaltung zu erhaltenden Gestaltungs- und Entscheidungsspielraum bereichs- oder funktionsspezifisch abzugrenzen und kasuistisch darzustellen[445].

So hat *Starck*[446] auf die Austauschbarkeit von Tatbestands- und Rechtsfolgeseite für die Einräumung eines Entscheidungsspielraums hingewiesen durch das fiktive Beispiel einer Norm zur Regelung einer Impflicht, bei welcher der Freiraum entweder in der Rechtsfolgenanordnung installiert werden könne durch die Formulierung: "Wenn die Volksgesundheit gefährdet ist, können Impfpflichten festgelegt werden" oder tatbestandlich mit der Formulierung: "Wenn die Volksgesundheit gefährdet ist und Schutzimpfungen erfolgversprechend erscheinen, hat die Behörde Impfpflichten festzulegen"[447].

---

443 Zu der befürchteten "Hypertrophie" der Gesetzgebung: *Isensee,* ZRP 1985, 139; vgl. auch Einf. FN 5.

444 Nachw. in der Einf. FN 7,8.

445 Vgl. nur beispielhaft den funktionell-rechtlichen Lösungsansatz von *Schuppert,* DVBl 1988, 1191, *Cattepoel,* VerwArch 71 (1980), 140 sowie *Bullinger,* JZ 1984, 1001 (1007); hierzu auch *Starck,* in: *Götz/Klein/Starck,* Göttinger Symposion, S. 5, der sich dafür ausspricht, den Beurteilungsspielraum wieder dem Ermessen zuzuordnen und verschiedene Ermessenstypen mit jeweils angepaßter verwaltungsgerichtlicher Kontrolldichte herauszuarbeiten.

446 *Starck,* in: *Götz/Klein/Starck,* Göttinger Symposion, S. 190 ff.; vgl. auch die gleichnamigen Berichte von *Aretz,* DÖV 1985, 614 und *Hill,* Öffentl. Verwaltung, DVBl 1985, 998; *Starck*, Verwaltungsermessen, FS für *Sendler,* 167 mit weiteren Belegen; in diesem Sinne auch *Bullinger,* JZ 1984, 1001; zust. *Redeker,* Kontrolldichte, NVwZ 1992, 305 (306).

447 Zustimmend *Schuppert,* DVBl 1988, 1191 (1199), der allerdings auch auf die Entscheidung des Gemeinsamen Senates zu § 131 AO (DVBl 1972, 604) abstellt, deren Lösungsansatz nicht identisch ist; vgl. auch *Ehmke,* Ermessen, S. 28 sowie *Maurer,* Allg.VerwR, § 7 Rdnr. 51 mit Beispielen zur Austauschbarkeit von Tatbestands- und Rechtsfolgesseite.

Die Begriffe Ermessen und unbestimmter Rechtsbegriff würden danach nur Subkategorien eines dogmatisch einheitlichen und verfassungsrechtlich unbedenklichen administrativen Gestaltungsraumes kennzeichnen[448]. An anderer Stelle in der Literatur wird die herrschende Lehre zur Abgrenzung von Ermessen, unbestimmtem Rechtsbegriff und Beurteilungsspielraum lediglich kritisiert[449] oder relativiert[450] bzw. ohne weitere Erläuterung darauf hingewiesen, die verfassungsrechtliche Problematik des Ermessens sei "mit jener der Beurteilungsermächtigung identisch"[451].

Auf diese Lösungsansätze kann hier nicht ausführlich eingegangen werden. An dieser Stelle ist aber festzuhalten, daß der bei Koppelungsnormen angenommenen ermessensbeschränkenden Kollision zwischen den im Tatbestand und der Rechtsfolge bestehenden Freiräumen der Verwaltung nicht nur durch normspezifische Korrekturversuche begegnet wird, sondern die begriffliche Abgrenzung unterschiedlicher Entscheidungsfreiräume der Verwaltung an verschiedener Stelle insgesamt relativiert wird. Damit wäre der Koppelungsproblematik der Boden entzogen. Könnte der der Verwaltung verbleibende Spielraum ausschließlich kasuistisch- oder funktionsbezogen festgestellt werden, könnten Art und und Umfang dieses Spielraums im Ergebnis nur nach Normen und Normgruppen beurteilt werden. Das Ergebnis wäre von der inneren Struktur der Norm jedenfalls nicht beeinflußt, da Norm und Normzweck nur einheitlich bestimmten Regelungsbereichen und Funktionen zugeordnet werden könnten.

Die Frage, wo und in welchen Grenzen ein Entscheidungsfreiraum für die Verwaltung normativ eröffnet sein kann, wird nach der dargestellten Lehre abhängig von der rechtstechnischen Ausgestaltung der betreffenden Materie[452] und begriffsunabhängig ermittelt anhand der konkreten Eingriffsintensität. Ob dabei unter Bezugnahme auf die Rechtsprechung des Bundesverfassungsgerichts[453] diese Eingriffsintensität anhand der konkret betroffenen Grundrechte mit einer "je-desto-Formel"

---

448 *Herdegen*, JZ 1991, 747 (751).

449 *Cattepoel*, VerwArch 71 (1980), 140.

450 *Erichsen*, Unbest. Rechtsbegriffe, DVBl 1985, 22, der in Anknüpfung an die u.a. bereits von *Jesch*, AöR 82 (1957), 163 (177) und *Ehmke*, Ermessen, S. 29, vertretene Relativierung anknüpft.

451 So *v. Mutius*, Jura 1987, 92 (97).

452 Vgl. hierzu auch die kritische Stellungnahme zur konstruktiven Unterscheidung und Grundrechtsrelevanz präventiver und repressiver Verbote bei *Herzog*, in: *Maunz/Dürig/Herzog/Scholz*, GG, Art. 20 VII Rdnr. 77.

453 BVerfGE 42, 143 (148); 42, 163 (168); beide Entscheidungen betreffen Grundrechtsverletzungen durch zivilrechtliche Gerichtsentscheidungen; Nachw. zur weiteren Rspr. des BVerfG bei *Geis*, Kontrolle, NVwZ 1992, 25 (28).

in Beziehung gesetzt wird zur erforderlichen Kontrolldichte[454] oder unter Hinweis auf eine aktuelle Entscheidung[455] stärker auf Art. 19 Abs. 4 GG und spezifische grundrechtliche Wechselwirkungen abzustellen ist[456], kann im Rahmen dieser Arbeit nicht weiter erörtert werden. Entscheidend ist die Erkenntnis, daß die zulässigen Freiräume nach einer neueren Ansicht nicht auf Tatbestand oder Rechtsfolgenseite[457] fixiert werden.

Geht man vom Grundsatz vollständiger gerichtlicher Kontrolle des Verwaltungshandelns aus und sieht in normativ eröffneten Gestaltungsräumen begründungsbedürftige Ausnahmen, sind auch die Voraussetzungen hierfür dem materiellen Recht zu entnehmen[458]. Hierzu können Fallgruppen entwickelt werden[459], deren Inhalt und Abgrenzung bislang nicht abschließend erfaßt sind[460]. Praktische Erwägungen sollen nach Auffassung des Bundesverfassungsgerichts aber allgemein kein Grund für eine Einschränkung des durch Art. 19 Abs. 4 GG gewährleisteten Rechtsschutzes sein[461].

---

454 So *Geis,* Kontrolle, NVwZ 1992, 25 (29); *ders.*, Päd.Interesse, DÖV 1993, 22 (25); *Reidt,* DÖV 1993, 916 (920).

455 BVerfG NVwZ 1993, 666.

456 *Schmidt-Aßmann/Groß,* NVwZ 1993, 617 (618).

457 So ausdrücklich auch *Schmidt-Aßmann/Groß,* NVwZ 1993, 617 (620).

458 *Redeker,* Kontrolldichte, NVwZ 1992, 305 (307).

459 Vgl. ausführlich *Redeker/v.Oertzen,* VwGO, § 114 Rdnr. 14 ff.; zuletzt *Geis,* Päd. Interesse, DÖV 1993, 22 (23).

460 So ist z.B. in BVerfGE 83, 130 (148) = NJW 1991, 1471 zur Indizierung jugendgefährdender Schriften das Argument der Höchstpersönlichkeit und Unvertretbarkeit einer Willensbildung im pluralistisch besetzten Entscheidungsgremium entkräftet worden; hierzu *Geis,* Kontrolle, NVwZ 1992, 25 (28); zur Entwicklung der Rechtsprechung im Prüfungsrecht: *v. Mutius/Sperlich,* DÖV 1993, 45 sowie *Seewald,* NVwZ 1992, 609.

461 Krit. *Redeker,* Kontrolldichte, NVwZ 1992, 305 (306) m.w.N..

3. Kapitel: Befreiungsermessen und Grundrechte

§ 1 Die Grundrechtsbegrenzung durch repressive Verbote

I. Der materielle Unterdrückungswille des Gesetzgebers

Soweit vereinzelt auf die dogmatischen Grundlagen einer Unterscheidung zwischen präventiven und repressiven Verboten eingegangen wird, soll entscheidend die Zielsetzung des Gesetzgebers sein, die gegebenenfalls im Wege der Auslegung zu ermitteln ist[462]. Dazu, wie Gesetze auszulegen sind, hat sich das Bundesverfassungsgericht bereits in einer seiner ersten Entscheidungen geäußert. Im Urteil vom 21.05.1952[463] wird hierzu ausgeführt, daß maßgebend für die Auslegung einer Gesetzesvorschrift der in dieser zum Ausdruck kommende "objektivierte Wille des Gesetzgebers"[464] sei, so wie er sich aus dem Wortlaut der Gesetzesbestimmung und dem Sinnzusammenhang ergebe, in den diese hineingestellt sei[465]. Nicht entscheidend sei hingegen die subjektive Vorstellung der am Gesetzgebungsverfahren beteiligten Organe oder einzelner ihrer Mitglieder über die Bedeutung der Bestimmung. Der Entstehungsgeschichte einer Vorschrift komme für deren Auslegung nur insofern Bedeutung zu, als sie die Richtigkeit einer nach den angegebenen Grundsätzen ermittelten Auslegung bestätige oder Zweifel behebe, die auf dem angegebenen Weg allein nicht ausgeräumt werden können[466].

Diese Auffassung wurde durch das Bundesverfassungsgericht[467] dahingehend verdeutlicht, daß Gegenstand der Auslegung stets nur das Gesetz selbst und der im Gesetz ob-jektivierte Wille des Gesetzgebers sein könne. Um diesen objektivierten Willen des Gesetzgebers erfassen zu können, seien alle klassischen Auslegungsmethoden erlaubt[468].

---

462 So ausdrücklich *Faber*, VerwR, S. 115 f. für die Ermittlung des präventiven oder repressiven Regelungszwecks; ebenso *Drews/Wacke/Vogel/Martens*, Gefahrenabwehr, S. 447.

463 BVerfGE 1, 299 (312); 8, 274 (307); 11, 126 (130); zust. *Schmidt-Bleibtreu/Klein*, GG, Einl. Rdnr. 58

464 Vgl. den so betitelten Beitrag von *Schwalm*, FS für Heinitz, 47 ff..

465 Nach BVerfGE 11, 126 (130) fällt der Wille des Gesetzgebers mit dem Willen des Gesetzes zusammen.

466 BVerfG a.a.O.; krit. *Hesse*, VerfR, Rdnrn. 55 f., der insoweit bemängelt, das überkommene Willensdogma könne allenfalls die wirkliche Sachlage verschleiern, denn wo nichts eindeutiges gewollt sei, könne allenfalls ein vermuteter oder fiktiver Wille ermittelt werden.

467 BVerfGE 11, 126 (129 f.).

468 *Schmidt-Bleibtreu/Klein*, GG, Einl. Rdnr. 58.

II. Unterdrückungs- oder Förderungswille ?

1. Die Ermittlung des objektivierten Willens

Der Wille des Gesetzgebers, bestimmte Aktivitäten unterdrücken oder aber dulden bzw. fördern zu wollen, ist auch unter Anwendung sämtlicher Auslegungsmethoden oft nur schwer feststellbar. Denn nur vereinzelt kommt der Wille des Gesetzgebers expressis verbis zum Ausdruck, wie dies etwa bei § 1 Abs. 1 AtomG der Fall sein soll. Aus dem dort normierten Förderungszweck wird allgemein gefolgert, daß der Gesetzgeber seine Absicht, die friedliche Nutzung der Kernenergie vorantreiben, nicht aber unterdrücken zu wollen, klar zum Ausdruck gebracht habe und es sich daher bei § 7 AtomG zweifellos um ein präventives Verbot mit Erlaubnisvorbehalt handele[469]. Der entsprechende Wille des Gesetzgebers läßt sich bei § 7 AtomG tatsächlich auch anhand der Materialien des Gesetzgebungsverfahrens eindeutig belegen[470].

Ein Förderungs- oder Unterdrückungswille läßt sich im allgemeinen aber weder dem Wortlaut noch dem Regelungszusammenhang einer Norm entnehmen oder etwa den Gesetzgebungsmaterialien und der Entstehungsgeschichte der betreffenden Gesetze. Auch die anerkannten Auslegungsmethoden stoßen schnell an ihre Grenze. Darauf, daß die betreffenden Verbotstatbestände oft in einer Zeit kodifiziert wurden, in der noch kein Bewußtsein für die Problematik der präventiven und repressiven Verbote vermutet werden kann, kommt es nach der bereits zitierten Auffassung des Bundesverfassungsgerichts bei der Auslegung allerdings nicht an[471]. Auch können danach der Wille und die Auffassung der am Gesetzgebungsverfahren beteiligten Personen gerade nicht entscheidend sein[472], ebensowenig wie das Alter der Gesetzgebungsmaterie grundsätzlich der Auslegung eines objektivierten Willens des Gesetzgebers im Hinblick auf einen Unterdrückungs- oder Kontrollwillen nicht entgegensteht.

Notwendig ist es demgegenüber, die gesetzliche Regelung unter den Bedingungen der gegenwärtigen Rechtsordnung zu betrachten. Der objektive Geist des Gesetz-

---

469 Vgl. hierzu *Haedrich*, AtomG § 7 Rdnr. 47 sowie Vorb. vor § 3 Rdnr. 2 m.w.N.; *Mahlmann*, S. 270; vgl. 1. Kap. § 3 I 1.

470 *Veit*, BR-Prot., 198. Sitzung v. 14.11.1958, S. 230.

471 BVerfGE 1, 299 (312); 11, 126 (129 f.).

472 In diesem Sinne könnte aber BVerfG, NVwZ 1993, 666 (669) verstanden werden: Das fehlende Bewußtsein und die fehlende Erörterung eingeschränkter gerichtlicher Überprüfung bei der erstmaligen Formulierung des Art. 7 Abs. 5 GG in der WRV steht danach der Annahme eines Beurteilungsspielraums entgegen.

gebers, verstanden als überindividueller Zeitgeist[473], läßt bei zunehmender zeitlicher Entfernung vom Zeitpunkt der Kodifikation sogar eine Anpassung auch auf geänderte Umstände und Kriterien, bis hin zu einem "Sinneswandel", zu[474]. Ein derartiger Sinneswandel bedarf bedarf keines ausdrücklichen Aktes des Gesetzgebers[475]. Schwer zu beantworten bleibt aber die Frage, anhand welcher objektivierbaren Kriterien der Wille zu ermitteln ist. Die Auslegung eines objektivierten gesetzgeberischen Willens zur Feststellung eines repressiven Charakters von Normen begegnet daher oft großen Schwierigkeiten.

2. Gesetz zur Regelung der Gentechnik

In den ersten Entwürfen des Gesetzes zur Regelung der Gentechnik war beispielsweise noch die Aufnahme eines dem § 1 Abs. 1 AtomG entsprechenden Förderzweckes vorgesehen, aufgrund der breiten politischen Kritik davon jedoch Abstand genommen worden[476]. Gleichwohl soll es sich nach allgemeiner Ansicht bei dem Genehmigungsvorbehalt des § 8 GenTG um ein präventives Verbot mit Erlaubnisvorbehalt handeln, da aus der amtlichen Begründung ein Förderwille eindeutig zu entnehmen sei[477]. Eine zutreffende Einordnung eines gesetzlichen Verbotes als repressiv oder präventiv ließe sich danach eben nicht anhand der objektiven Aussage des Gesetzes, sondern nur anhand der aus den Materialien zur Gesetzgebung zu entnehmenden Intention der am Gesetzgebungsverfahren Beteiligten beurteilen.

Eine derartige Abgrenzung von Gesetzeszwecken läßt sich mit den dargestellten Grundsätzen zur Ermittlung eines objektivierten Willens des Gesetzgebers nicht in Einklang bringen[478]. Danach kann es nur auf die im Gesetz selbst zum Ausdruck kommenden Aussagen ankommen. Wird der Wortlaut einer gesetzlichen Regelung geändert, ändert sich auch die objektive Aussage des Gesetzes und damit die Grundlage für jede Auslegung. Dies gilt insbesondere dann, wenn die Änderung zielgerichtet auf Grundlage eines geänderten politischen Willens vorgenommen wird. Die in den Gesetzgebungsmaterialien zum Ausdruck gebrachte Auffassung der an dem Gesetzgebungsverfahren Beteiligten kann demgegenüber für den objektivierten Willen des Gesetzes nicht entscheidend sein und im übrigen auch nicht

---

473 So *Schwalm*, FS für *Heinitz*, 47 (52).

474 BVerfGE 62, 169 (184); *Zippelius*, Methodenlehre, S. 44; *Schwalm*, a.a.O., 52.

475 So BVerfGE 62, 169 (184).

476 Vgl. *Hirsch/Schmidt-Didczuhn*, GenTG, § 1 Rdnr.7.

477 *Hirsch/Schmidt-Didczuhn*, GenTG, § 8 Rdnrn. 1, 2.

478 Vgl. oben BVerfGE 1, 299 (312); 11, 129 f.; *Schwalm*, FS für Heinitz, 47 ff..

den verfassungsrechtlichen Maßstab für die Beurteilung eines Genehmigungsvorbehaltes vorgeben.

Dieses Beispiel zeigt, in welche Schwierigkeiten eine für jede einzelne Norm durchzuführende Analyse des gesetzgeberischen Förderungs- oder Unterdrückungswillens gerät. Insoweit ist der Kritik an einer Ermittlung des "objektivierten Willens des Gesetzgebers"[479] zuzugeben, daß dort, wo ein Bewußtsein für eine bestimmte Problematik fehlt, insoweit auch nichts eindeutiges gewollt und damit auch nichts objektivierbar, sondern nur Fiktion und Vermutung möglich ist.

3. §§ 2 - 4 a Kriegswaffenkontrollgesetz

Welche Zuordnungsschwierigkeiten bei der Suche nach dem objektivierten Willen des Gesetzgebers entstehen können, zeigt auch der Meinungsstand zur Einordnung der maßgeblichen Tatbestände des Kriegswaffenkontrollgesetzes. Während nämlich die h.M. in den §§ 2 - 4 a KWKG präventive Verbote mit Erlaubnisvorbehalt sieht[480], beruft sich die Mindermeinung[481] für ihre Auffassung, es handele sich um repressive Verbote mit Befreiungsvorbehalt, gerade auf die ausdrückliche Regelung des § 6 Abs. 1 KWKG, nach der ein Anspruch auf Erteilung der Genehmigung ausgeschlossen ist[482]. Dieser deutliche Hinweis auf ein repressives Verbot hindert die h.M. nicht, gerade anhand einer streng wortlautbezogenen Interpretation von einem präventiven Verbot auszugehen[483].

III. Die Abgrenzung des Willens nach Gesetzgebungsmaterien

1. Bereichsspezifischer oder normspezifischer Wille ?

Geht man von einer grundrechtsspezifischen Beurteilung der Reichweite gesetzlicher Verbote aus, stellt sich die Frage, ob stets auch eine normspezifische Betrach-

---

479 *Hesse*, VerfR, Rdnr. 56.

480 BVerwGE 61, 24 (31); *Pottmeyer*, KWKG, S. 65 m.w.N..

481 *Hernekamp*, in: *v. Münch/Kunig*, GG II, Art. 26 Rdnr. 29.

482 § 6 I KWKG: "...auf die Erteilung der Genehmigung besteht kein Anspruch"; *Gusy*, Erlaubnisvorbehalt, JA 1981, 80 (84) sieht in § 6 Abs. 1 KWKG ein typisches Verbot mit Dispensvorbehalt, bei dem ein Ermessen stets zulässig sei und welches sich inhaltlich sowohl vom Verbot mit Erlaubnisvorbehalt, als von einem Verbot mit Befreiungsvorbehalt unterscheide.

483 *Pottmeyer*, KWKG, S. 66 unter Hinweis auf die Formulierung: "...bedarf der Genehmigung".

tung zur Ermittlung der präventiven oder repressiven Zielsetzung notwendig ist oder ob auch ganze Regelungsbereiche als präventive oder repressive Materie qualifiziert werden können. So werden das Baurecht oder das Gewerberecht gemeinhin insgesamt als klassische Bereiche der lediglich präventiven Kontrolle bezeichnet. Tatsächlich kann kein Zweifel daran bestehen, daß die aus den Grundrechten der Art. 12 und 14 GG abgeleiteten Begriffe der Bau- und Gewerbefreiheit klar zu umreißenden Bereichen der gesetzgeberischen Tätigkeit zuzuordnen sind. Auch wird von einer Sonderstellung des Wasserrechts gesprochen, die es ohne Verstoß gegen das Übermaßverbot erlaube, repressive Verbote mit Befreiungsvorbehalt zu installieren[484].

Der Wille des Gesetzgebers, bestimmte Aktivitäten nur in dem unbedingt notwendigen Maße zu kontrollieren oder sogar zu fördern, kann zwar oft ein ganzes Gesetz ebenso prägen wie der Zweck, andere Betätigungen in restriktiver Weise auf ein Mindestmaß zu reduzieren[485]. Auch können auf seiten der Bürger in ganzen Regelungsbereichen dieselben Grundrechte streiten. Zum einen lassen sich aber zahlreiche gesetzliche Regelungsbereiche nicht nach einem Eingriff in bestimmte Grundrechte und daher allenfalls normspezifisch im Hinblick auf die jeweilige Grundrechtsrelevanz der einzelnen Norm beurteilen. Zum anderen ist zu berücksichtigen, daß auch präventive Genehmigungsvorbehalte grundsätzlich einer Ergänzung durch repressive Normen bedürfen, nämlich durch Genehmigungs-voraussetzungen und Versagungsgründe, die oft in einem komplizierten Regelungszusammenhang miteinander und mit dem präventiven Genehmigungsvorbehalt verknüpft sind. Dies läßt sich besonders an den klassischen präventiven Gesetzgebungsmaterien verdeutlichen. Es bestehen daher erhebliche Zweifel daran, ob man dem Gesetzgeber einen Unterdrückungs- oder Förderungswillen wirklich für eine ganze Gesetzgebungsmaterie unterstellen kann.

2. Regelungsbereiche im Baurecht

Für den Bereich des Baurechts wurde bereits eine Abgrenzung präventiver und repressiver Regelungsbereiche innerhalb der Reichweite des Genehmigungsvorbehaltes aufgezeigt. Hier kommt danach den Genehmigungsvoraussetzungen und Versagungsgründen eine materielle Abgrenzungsfunktion zu, indem sie die materielle Verbotsgrenze innerhalb der tatbestandlichen Reichweite des Genehmigungsvorbehalts bestimmen. Anhand dieser materiellen Verbotsgrenze bestimmt sich im ein-

---

484 Benutzungen der Gewässer sollen gem. § 2 WHG überhaupt nur als Sondernutzungen auf Grundlage von befugnis- oder rechtsverleihenden Erlaubnissen oder Bewilligungen zulässig sein. Hierzu *Breuer,* in: *v. Münch-Schmidt-Aßmann,* Bes.VerwR, S. 431 f.; *Löhr,* DVBl 1979, 71.

485 *Jung/Lohse,* JuS 1973, 64 zur restriktiven Intention des Waffengesetzes 1972.

zelnen, für welche Aktivitäten sich der Genehigungsvorbehalt als formelle Hürde oder aber als substantielles Verbot darstellt, das nur mit Hilfe von Befreiungstatbeständen durchbrochen werden kann. Der präventive Charakter des Baurechts insgesamt kommt durch Genehmigungsvorbehalt und -anspruch zum Ausdruck. Gleichwohl wird im Baurecht durchaus intensiv und mit materieller Intention und Wirkung verboten. Der objektivierte Wille des Gesetzgebers manifestiert sich damit auch im Baurecht in jedem Einzeltatbestand. Eine repressive Wirkung kann hier nur norm- und grundrechtsspezifisch ermittelt und überprüft werden.

Es lassen sich aber auch innerhalb des Baurechts keine präventiven oder repressiven Bereiche abgrenzen. So zieht zwar § 35 BauGB eine materielle, repressive Verbotsgrenze zwischen Innenbereich und Außenbereich[486]. Es läßt sich somit im Bereich des Bauplanungsrechts dahingehend argumentieren, der Wille des Gesetzgebers und die Besonderheiten der Gesetzgebungsmaterie ließen sich unter den Gesichtspunkten Innenbereich/Außenbereich differenzieren. Kann sich der Bauwillige allerdings auf einen Privilegierungstatbestand des § 35 Abs. 1 BauGB berufen, kommt er auch für Außenbereichsvorhaben in den Genuß eines Genehmigungsanspruchs. Das privilegierte Außenbereichsvorhaben wird, ganz im Gegensatz zum sonstigen Außenbereichsvorhaben, nur durch den präventiven Genehmigungsvorbehalt erfaßt, nicht jedoch von einer repressiven Norm. Dem nicht privilegierten Außenbereichs-vorhaben steht demgegenüber ein materieller Versagungsgrund entgegen, der nur durch die Befreiung gem. § 35 Abs. 2 BauGB überwunden werden kann.

Es lassen sich somit keine anderen Differenzierungsgesichtspunkte finden, als die durch die Genehmigungsvoraussetzungen und Versagungsgründe normspezifisch zu ermittelnde materielle Verbotsgrenze. Diese Verbotsgrenze bestimmt auch im Baurecht, was materiell unterdrückt werden soll und damit die Zulässigkeit des Vorhabens. Jenseits dieser Verbotsgrenze kann die Genehmigungsfähigkeit eines Vorhabens nur durch Befreiungen hergestellt werden.

3. Regelungsbereiche im Waffenrecht

Auch im Waffenrecht ist die repressive Verbotsgrenze für jede konkrete Betätigung anhand der hierfür einschlägigen Normen zu ermitteln. Selbst wenn man von einer sehr restriktiven Intention des Gesetzgebers im Waffenrecht ausgeht, lassen sich doch im Waffengesetz präventive Genehmigungsvorbehalte ausmachen, für die ähnliches gilt wie im Baurecht.

---

486 Zur Qualifikation des § 35 Abs. 2 BBauG als repressives Verbot: BVerwGE 19, 75 (76); *Ackermann*, DÖV 1964, 721 (722); *Klein*, DÖV 1964, 658; *Menger*, Höchstr.Rspr 1965, VerwArch 56, 88; *Müller*, DÖV 1969, 119 (126); *Fislake*, ZfBR 1988, 166 (168).

Mit dem Waffengesetz kann der Gesetzgeber nämlich kaum die Absicht verfolgt haben, den berechtigten und vernünftigen Einsatz von Waffen zur Jagd oder für den Schießsport unterdrücken zu wollen. Mitnichten handelt es sich bei diesen Bereichen auch um "atypische Sonderfälle". Die Jagd etwa ist mit der menschlichen Geschichte und Kultur seit deren Anbeginn verbunden. Sie ist unabweisbar notwendig und wird u.a. als staatliche Aufgabe wahrgenommen.

Die Aussage, für repressive Gesetzgebungsmaterien etwa seien das Waffenrecht insgesamt[487] oder jedenfalls die Regelungen der §§ 35 ff. WaffG über die Erteilung eines Waffenscheins typisch[488], kann nicht bestätigt werden. So werden im Waffenrecht nach vorherrschender Ansicht die Erlaubnis zum Waffenhandel[489] gem. §§ 7,. 8 WaffG, die Waffenbesitzkarte[490] gem. §§ 28 ff. WaffG und auch der Waffenschein[491] gem. §§ 35, 36 WaffG als Fälle der gebundenen Erlaubnis angesehen.

Um einen wirklich repressiven Willen des Gesetzgebers im Waffenrecht unterstellen zu können, könnte man allenfalls die im WaffG grundsätzlich für "erlaubnisfähig" gehaltenen und gesondert geregelten Bereiche ausklammern und den Unterdrückungswillen auf die sonstigen Bereiche erstrecken[492]. Aber auch in diesen verbleibenden Anwendungsbereichen, z.B. den allgemeinen Regelungen zur Erteilung des Waffenscheins, könnte man dem Gesetzgeber kaum den Willen unterstellen, er wolle das aus zwingenden Gründen notwendige Tragen von Waffen zum Zweck des Selbstschutzes oder bei Bewachungsunternehmen zum Schutz von Geldtransporten wirklich unterdrücken[493]. Gleiches gilt für die in den §§ 37 ff. WaffG geregelten Einzelverbote und Ausnahmetatbestände. Das Verbot des Führens von Waffen bei öffentlichen Veranstaltungen gem. § 39 WaffG erstreckt sich

487 *Wolff/Bachof,* VerwR I, § 48 II a.

488 So *Schwabe,* JuS 1973, 133; *Faber,* VerwR, S. 117 mit der Begründung, im Gegensatz zur Pioniergeschichte der USA sei der deutsche Kulturkreis durch einen jahrhundertelangen Kampf um den Landfrieden gekennzeichnet.

489 *Apel,* WaffenR, § 8 Anm. 2; *Potrykus/Steindorf,* WaffenR, § 8 Anm. 2; *Drews/Wacke/Vogel/Martens,* Gefahrenabwehr, S. 443; a.A. *Hinze,* WaffR, § 8 Anm. 3, allerdings ohne eine Aussage zur Einordnung als präventives oder repressives Verbot.

490 *Apel,* WaffenR, § 30 Anm.1; *Potrykus/Steindorf,* WaffenR, § 30 Anm. 1; *Drews/Wacke/Vogel/Martens,* Gefahrenabwehr, S. 443; einschränkend: *Hinze,* WaffR, § 28 Rdnr. 6.

491 *Apel,* WaffenR, § 35 Anm. 3 für den Anspruch auf Verlängerung; etwas unklar *Potrykus/Steindorf,* WaffenR, § 36 Anm. 1: "kein freies Ermessen, voll überprüfbare unbestimmte Rechtsbegriffe; *Drews/Wacke/Vogel/Martens,* Gefahrenabwehr, S. 443.

492 Auf diese Betrachtungsweise soll an späterer Stelle eingegangen werden

493 Beispiele nach *Schwabe,* JuS 1973, 133 (134).

nach dem Willen des Gesetzgebers sicherlich nicht auf die Bewaffnung von Leibwächtern zum Schutz von Politikern bei Wahlkampfveranstaltungen.

Richtig ist allerdings, daß der Gesetzgeber die tatbestandlichen Voraussetzungen für den Erwerb und das Führen von Waffen bewußt eng gefaßt hat, so daß es sich insgesamt um eine sehr restriktive Gesetzgebung handelt. Insbesondere das Waffengesetz 1972[494] wurde als Instrument zu Erhöhung der inneren Sicherheit verstanden[495]. Diese Restriktionsabsicht kommt in den Tatbeständen des Waffengesetzes zum Ausdruck, ändert aber nichts an dem für päventive Verbote kennzeichnenden Grundsatz, daß nur die nicht genehmigungsfähigen Betätigungen materiell unterdrückt werden sollen, nicht jedoch der tatbestandlich umrissene Bereich des Genehmigungsfähigen, bei dem das gesetzliche Verbot lediglich eine Kontrollfunktion hat.

Der quantitative Ansatz von *Schwabe*[496] geht somit von falschen Voraussetzungen aus. Ein wesensmäßiger Unterschied besteht zwischen dem Baurecht und dem Waffenrecht nicht, wohl aber zwischen präventiven und repressiven Verboten. Im Waffenrecht wird lediglich ein vergleichbar sehr geringer Ausschnitt aus dem Spektrum möglicher Aktivitäten für genehmigungsfähig erklärt. Ein Unterdrückungswille für die Materie *insgesamt* läßt sich hieraus nicht ableiten. Vielmehr trennen die Genehmigungsvoraussetzungen und Versagungsgründe, ebenso wie im Baurecht, im einzelnen genehmigungsfähige von nicht genehmigungsfähiger Betätigung.

Im Waffenrecht allerdings ist auch die Regelungsdichte weitaus geringer als im Baurecht. Auch werden Genehmigungsvoraussetzungen in höherem Maße als im Baurecht unter Verwendung weitgefaßter unbestimmter Rechtsbegriffe abgegrenzt. Bezüglich der genehmigungsfähigen Betätigung bewendet es aber auch im Waffenrecht bei einer Kontrollfunktion. Dieser Bereich ist aufgrund des restriktiven Charakters des Waffenrechtes eng umgrenzt. Das quantitative Regel-/Ausnahmeverhälttnis ändert nichts an der materiellen Abgrenzung und Kontrollfunktion und damit an der verfassungsrechtlichen Einordnung.

4. Regelungsbereiche im Wasserrecht

Ebenso selbstverständlich, wie das gesamte Baurecht sich z.B. stets am Grundsatz der aus Art. 14 GG fließenden Baufreiheit messen lassen soll, wird im gesamten

---

494 Waffengesetz vom 19.9.1972 (BGBl. I, S. 1797).

495 Zur Entstehungsgeschichte des Gesetzes: *Jung/Lohse,* JuS 1973, 64.

496 *Schwabe,* JuS 1973, 133 (134).

Wasserrecht das umfassende staatliche Bewirtschaftungsermessen regelmäßig allen privaten Belangen übergeordnet und auch gegenüber privaten Gewässereigentümern als besondere Schranke des Art. 14 GG verstanden[497]. Die Annahme einer beschränkten Geltungskraft des Art. 14 GG im Wasserrecht kann aber nicht darauf gestützt werden, daß eine bestimmte Regelungsmaterie die Reichweite von Grundrechten bestimmen kann[498]. Zwar kann durch Gesetz die tatsächliche Reichweite des Eigentumsrechts an einem Grundstück abgegrenzt werden. So ist das Grundwasser gem. §§ 2 und 3 Wasserhaushaltsgesetz (WHG) einer vom Grundeigentum losgelösten öffentlich-rechtlichen Benutzungsordnung unterstellt[499].

Bei privatem Eigentum an Gewässergrundstücken müssen sich belastende gesetzliche Regelungen aber in gleicher Weise an Art. 14 GG messen lassen, wie dies bei allen anderen Eigentumspositionen der Fall ist[500]. Soweit im Wasserrecht das Eigentum daher besonderen grundrechtlichen Schranken i.S.d. Art. 14 Abs. 1 S. 2 GG unterworfen werden soll, können diese nur mit besonders gewichtigen öffentlichen Interessen in diesem Regelungsbereich begründet werden, die im einzelnen Fall und in Abwägung mit den betroffenen Grundrechten gesetzliche Schranken und Inhaltsbestimmungen rechtfertigen[501].

Der Schutz der besonders wichtigen Gemeinschaftsgüter Wasserhaushalt, -wirtschaft und -steuerung erfordert und rechtfertigt daher einschneidende repressive Verbote im Wasserrecht[502], die sich in diesem Bereich als besondere Grundrechtsschranke des Art. 14 GG auswirken[503].

---

497 *Achterberg,* Allg.VerwR, Rdnr. 92 sowie dort FN 118; *Breuer,* in: *v. Münch/Schmidt-Aßmann,* Bes.VerwR, S. 506: Die öffentlich-rechtliche Zweckbestimmung und Benutzungsordnung der Gewässer überlagert die privatrechtliche Eigentumsord-nung.

498 So aber offensichtlich *Schulte,* JZ 1984, 297 (300), der den graduellen Unterschied zum Baurecht in der Bestimmung des § 1 a WHG sieht.

499 BVerfG NJW 1982, 745 (747).

500 *Dellian,* DVBl 1969, 303 (305).

501 So wird ein Versagungsermessen für Entscheidungen nach § 6 WHG und ein eindeutiger Ausschluß eines Rechtsanspruches aus dem repressiven, das Eigentum beschränkenden Charakter dieser Norm gefolgert: BayVGH, DVBl 1976, 177 mit zust. Anm. *Riegel,* DVBl 1976, 181.

502 So die ganz h.M.: BVerfGE 58, 300 (346); *Breuer,* in: *v. Münch-Schmidt-Aßmann,* Bes.VerwR, S. 432; *Gieseke/Wiedemann/Czychowski,* WHG, § 2 Rdnr. 3; *Keppeler,* Versagungsermessen, S. 49 m.w.N.; *Sieder/Zeither/Dahme,* WHG, § 2 Rdnr. 2 a f.; *Riegel,* DVBl. 1976, 181.

503 BVerfGE 58, 300 (346); Rechtsanprüche auf Gewässerbenutzung werden unter bestimmten Voraussetzungen angenommen von *Krüger,* Wassergesetzgebung, S. 69.; *Stern,* Die

Auch im Wasserrecht läßt sich daher wie in anderen Rechtsgebieten der repressive Charakter der einschlägigen Verbotsnormen nur aus einer norm- und grundrechtsspezifischen Betrachtung ermitteln, da jede einzelne Verbotsnorm in einem anderen Regelungszusammenhang stehen und andere Grundrechte betreffen kann[504]. Der repressive Charakter des § 6 WHG ergibt sich somit z.B. aus dessen Konstruktion und Wirkung auf die betroffenen Grundrechte. Wasserrechtliche Besonderheiten und die Schutzzwecke des WHG sind daher nicht bedeutsam für die Ermittlung des repressiven Charakters dieser Norm, sondern für die Beurteilung der verfassungsrechtlichen Zulässigkeit eines repressiven Verbotes.

Kritik an den wasserrechtlichen Regelungen äußert aus den vorstehenden Erwägungen *Papier*[505]. *Papier* sieht in § 6 WHG aufgrund der Normstruktur ein repressives Verbot mit Befreiungsvorbehalt, geht im Ergebnis aber von einer übermäßigen Beschränkung des Eigentumes aus, da den wichtigen Zielen des WHG auch konstruktiv durch die Installation präventiver Erlaubnispflichten hätte Rechnung getragen werden können. Bei hinreichend strenger Regelung der Erlaubnispflichten hätte so dem Betroffenen ein Genehmigungsanspruch zugebilligt werden können[506]. Diese Kritik führt somit zu der im Rahmen dieser Arbeit nicht zu klärenden Frage zurück, ob der Gesetzgeber im Wasserrecht bei der Wahl der Gestaltungsform zur Ausübung administrativer Kontrolle das Übermaßverbot beachtet und eine die Grundrechte möglichst schonende Konstruktion gewählt hat[507].

IV. Der Genehmigungsanspruch oder sein Ausschluß als Ausdruck des objektivierten Willens des Gesetzgebers ?

Der Gesetzgeber entscheidet über die Errichtung und die Reichweite gesetzlicher Verbote, insbesondere darüber, ob dem Bürger bei Erfüllung bestimmter Voraussetzungen ein Anspruch auf Aufhebung des Verbotes eingeräumt wird oder nur ein Anspruch auf die fehlerfreie Ausübung des Ermessens der Verwaltungsbehörde. Die grundrechtskonforme Auslegung des § 35 BBauG/BauGB zeigt aber auch die Unbeachtlichkeit des gesetzgeberischen Willens gegenüber grundrechtlichen Not-

---

öffentliche Sache, VVDStRL 21 (1964), 183 (221); *Strickstrock*, S. 236;

504 Im Waffenrecht etwa können die Gewerbefreiheit (§ 7 WaffG), die Freiheit von Wissenschaft und Kunst hinsichtlich der für Sammlungen notwendigen Waffenbesitzkarte (§ 28 WaffG) oder auch Leib und Leben der gefährdeten Person (§ 36 WaffG) betroffen sein.

505 *Papier*, in: *Maunz/Dürig/Herzog/Scholz*, GG, Art. 14 Rdnrn. 436 f..

506 *Papier*, a.a.O., Rdnr. 437; *ders.*, Öffentliche Sachen, S. 122 f..

507 Vgl. hierzu 1. Kap. § 2 I 2.

wendigkeiten[508]. Dies gilt auch für die vom Bundesverfassungsgericht[509] im Wege der verfassungskonformen Auslegung aus grundrechtlichen Erwägungen angenommene partielle Unbeachtlichkeit des Genehmigungsvorbehalts[510].

Naheliegend ist die Vermutung, der Gesetzgeber bringe seine Zielsetzung, entweder nur kontrollieren oder aber materiell verbieten zu wollen, durch die Einräumung von Ermessen oder dem Erfordernis einer gebundenen Entscheidung zum Ausdruck[511]. Keine Aussagekraft dürfte insoweit zunächst ganz allgemein vorkonstitutionellen Regelungen beizumessen sein[512]. Auch bei einigen neueren gesetzlichen Bestimmungen ergeben sich erhebliche Zweifel an einem Rückschluß auf den objektivierten Willen des Gesetzgebers.

1. § 7 AtomG

Das zuvor bereits bemühte Beispiel des § 1 Abs. 1 AtomG zeigt deutlich, daß auch die neuere Gesetzgebung vor dem Hintergrund der bekannten Positionen sowie der Rechtsprechung des Bundesverfassungsgerichts[513] deren grundlegende Erkenntnisse und Prinzipien keineswegs konsequent umgesetzt und einem einhellig für präventiv gehaltenen Verbot wirklich jeweils einen Rechtsanspruch des Antragstellers entgegengesetzt hat[514]. Wäre dies der Fall, ließe sich u.U. wenigstens anhand der Existenz eines Ermessensspielraums oder einer gebundenen Entscheidung ein Rückschluß auf den objektivierten Willen des Gesetzes ziehen[515]. Der Gesetzgeber hat den Ausnahmecharakter dieses Regelungsbereiches vor dem Hintergrund prä-

---

508 Vgl. hierzu *Stern,* Staatsrecht III/1, § 65 VI 4 (S. 617).

509 NVwZ 1992, 52 (53).

510 *Hesse,* VerfR, Rdnr. 570: die äußeren Grenzen der Gestaltungsfreiheit.

511 So ausdrücklich *Mussgnug,* Dispens, S. 88 f..

512 Dies erkennt auch *Mussgnug,* Dispens, S. 90 an und verweist auf eine Entscheidung des OVG Münster, DÖV 1957, 324 zu der Arzneimittelfertigwaren-StopVO v. 11.2.1943 (RGBl. I, S. 99), deren § 1 nach Auffassung des OVG Münster *spätestens* seit 1945 als präventives Verbot mit Erlaubnisvorbehalt anzusehen sei.

513 BVerfGE 6, 32 (42); 8, 71 (76) hatte bereits für den Bereich der Verbote mit Erlaubnisvorbehalt den korrespondierenden Anspruch auf Erteilung der Genehmigung aus rechtsstaatlichen Gründen für notwendig erachtet - vgl. auch 1. Kap. § 2 II 4 d.

514 Zu den Gründen für diese atypische Konstellation s. 1. Kapitel § 3 I 1; die dort wiedergegebene Begründung auf Grundlage "nicht vorhersehbarer Gefahren" dürfte kaum eine Grundlage für die vom Bundesverfassungsgericht in BVerfGE 6, 32 (42); 8, 71 (76) herangezogenen grundrechtlichen Erwägungen sein.

515 Mit der Gefahr, verfassungsrechtliche Weichenstellungen an das Ergebnis gesetzgeberischer Absichten zu binden.

ventiver und repressiver Verbote immerhin gesehen und das Versagungsermessen besonders begründet[516].

2. § 6 Kriegswaffenkontrollgesetz

Der bereits dargestellte Meinungsstand zur Einordnung der Vorschriften des Kriegsgswaffenkontrollgesetzes zeigt, daß ganz offensichtlich auch ein ausdrücklicher Ausschluß eines Genehmigungsanspruchs, wie ihn § 6 Abs. 1 KWKG regelt, nicht dem Charakter eines präventiven Verbotes entgegestehen soll[517]. Der in § 6 Abs. 1 KWKG ausdrücklich ausgeschlossene Anspruch auf die Genehmigung müßte mit der Mindermeinung[518] eindeutig zur Annahme eines repressiven Verbotes mit Befreiungsvorbehalt führen[519].

Im Hinblick auf die Rechtsprechung des Bundesverfassungsgerichts[520] zu § 7 AtomG stellt sich die Frage, aufgrund welcher besonderer Umstände bei den §§ 2 - 4 a KWKG eine weitere Ausnahme von dem in ständiger Rechtsprechung[521] vertretenen Grundsatz zulässig sein soll, nach dem einem nur zu Kontrollzwecken errichteten Verbot ein Genehmigungsanspruch gegenübergestellt werden muß. Hält man im Ergebnis ein Versagungsermessen der zuständigen Behörden, z.B. aus Gründen der außenpolitischen Opportunität, für notwendig, bleibt die Frage, welche Bedeutung die Einschätzung der betreffenden Verbotsnormen als präventiv oder repressiv haben soll.

Beide Beispiele haben im übrigen gemeinsam, daß es sich um neuere Materien handelt, bei denen bereits im Gesetzgebungsverfahren die Ermessensproblematik vor dem Hintergrund einer Abgrenzung zwischen präventiven und repressiven Verboten erörtert wurde. Die allgemein anerkannte Rechtsprechung des Bundesverfassungsgerichts[522] zur Notwendigkeit eines Genehmigungsanspruchs bei präventiven Verboten hätte daher auch bei den §§ 2 ff. KWKG eine vertiefte Auseinanderset-

---

516 Bestätigt durch BVerfGE 49, 89 (146 f.); *Haedrich,* AtomG, § 7 Rdnr. 47.

517 BVerwGE 61, 24 (31); *Pottmeyer,* KWKG, S. 65 m.w.N.; a.A.: *Hernekamp,* in: *v. Münch/Kunig,* GG II, Art. 26 Rdnr. 29.

518 *Hernekamp,* in: *v. Münch/Kunig,* GG II, Art. 26 Rdnr. 29.

519 § 6 I KWKG: "auf die Erteilung der Genehmigung besteht kein Anspruch".

520 BVerfGE 49, 89 (146) "Kalkar".

521 BVerfGE 6, 32 (42); 8, 71 (75); 20, 150 (157); 46, 120 (157); 49, 89 (145); NVwZ 1992, 53.

522 In BVerfGE 6, 32 (42); 8, 71 (76) war bereits für den Bereich der Verbote mit Erlaubnisvorbehalt der korrespondierende Anspruch auf Erteilung der Genehmigung aus rechtsstaatlichen Gründen für notwendig erachtet worden.

zung mit einer Ausnahmekonstellaton notwendig gemacht. Ein Rückschluß auf den objektivierten Willen des Gesetzgebers läßt sich somit aus dem Fehlen eines Genehmigungsanspruchs jedenfalls nicht ziehen.

3. § 13 Abfallgesetz

Vergleichbare Probleme bestehen auch dann, wenn der Gesetzgeber einen zunächst ausdrücklich geregelten Genehmigungsanspruch bei einer gesetzlichen Neufassung nicht mehr fixiert, wie dies bei dem neugefaßten § 13 AbfG[523] gegenüber § 13 Abs. 2 S. 1 AbfG a.F. der Fall ist. Dies muß die Frage aufwerfen, ob mit dieser gesetzgeberischen Maßnahme nicht auch der Charakter der Norm als präventiv oder repressiv betroffen sein muß[524]. Aussagen hierzu finden sich in Rechtsprechung und Lehre nicht[525].

§ 2 Tatbestand und Grundrechtssphäre

I. Die Grundrechtssphäre als Grenzlinie zwischen präventiven und repressiven Verboten

Die Suche nach den dogmatischen Grundlagen einer Unterscheidung zwischen präventiven und repressiven Verboten führt zunächst zu der nüchternen Erkenntnis, daß zur Ermittlung des Verbotstypus kein Unterdrückungs- oder Kontrollwille zu analysieren oder auszulegen ist. Der repressive Charakter eines Verbotes ergibt sich aus der materiellen Wirkung des konkreten Tatbestandes auf die betroffenen Grundrechte. Das "Wesensmerkmal" des präventiven Verbotes ist der Verbotsüberschuß, der grundsätzlich eines verfassungsrechtlichen Korrelates in Gestalt eines Genehmigungsanspruchs bedarf.

Das repressive Verbot läßt sich durch seine materielle Zielsetzung und Wirkung definieren, welche grundsätzlich eine Ermessensbetätigung zuläßt, da sich diese nur zugunsten des Betroffenen auswirken kann. *Krüger* hat daher das repressive Verbot gegenüber dem präventiven als freiheitlichere Lösung bezeichnet, ausgehend von der Prämisse, daß hier das gesetzliche Verbot in seiner Reichweite auf die materielle Abgrenzung der Grundrechte beschränkt und die Gefahrenabwehr im

523 Abfallgesetz v. 27.8.1986, BGBl I, S. 1410.

524 Hierzu *Kloepfer*, Umweltrecht, S. 120.

525 *Breuer*, in: *v. Münch-Schmidt-Aßmann*, Bes.VerwR, S. 431 qualifiziert § 13 AbfG als präventives Verbot.

übrigen den Eingriffsermächtigungen anheim gestellt wird[526]. Nichts gewonnen ist mit diesem Ergebnis für die Antwort auf die Frage, welche verfassungsrechtlichen Ermessensbindungen bei der Befreiung von repressiven oder jedenfalls "nicht präventiven" Verboten gleichwohl vorliegen können und welche Fallgruppen und Funktionen sich hieraus ableiten lassen.

Faber[527] sieht die Funktion der Unterscheidung beider Verbotstypen allein in einer Klärung der Frage, ob dem Bürger ein Anspruch auf die Erlaubnis eingeräumt werden müsse oder nicht, weist jedoch ausdrücklich und zutreffend darauf hin, daß die Qualifizierung des Verbotes als präventiv oder repressiv von den speziellen Bindungen des einschlägigen Grundrechts abhänge[528]. Die Befreiung von einem gesetzlichen Verbot ist in ihrer Funktion und grundrechtlichen Relevanz nur mit Blick auf das Verhältnis der tatbestandlichen Verbotsgrenze und den jeweils betroffenen Grundrechten zu verstehen. Dieses Verhältnis und die Funktion der Befreiung im Spannungsfeld zwischen Verbotstatbestand und Grundrechtssphäre sollen nachfolgend genauer untersucht werden.

II. Die Abgrenzung der Grundrechtssphäre bei präventiven und repressiven Verboten

Die verfassungsrechtlichen Anforderungen an eine Abgrenzung der Grundrechtssphäre durch den Gesetzgeber sind beim präventiven Verbot mit Erlaubnisvorbehalt und beim repressiven Verbot mit Befreiungsvorbehalt notwendigerweise identisch, die Begründungen übertragbar. Auch beim repressiven Verbot ist der Gesetzgeber gehalten, die verbotenen Lebenssachverhalte tatbestandlich exakt und abschließend zu erfassen. Dies entspricht der durch das Bundesverfassungsgericht[529] bei präventiven Verboten aufgrund des Rechtsstaatsprinzips geforderten Abgrenzung der Freiheitssphäre durch die Genehmigungsvoraussetzungen und Versagungsgründe.

Eine durch die Verbotsnorm selbst gewährleistete tatbestandliche Abgrenzung der Grundrechtssphäre ist für sämtliche präventiven Genehmigungsvorbehalte qua definitionem ausgeschlossen. Das präventive Verbot mit Erlaubnisvorbehalt soll gerade auf dem Gedanken beruhen, auch Tätigkeiten durch das Verbot einer Kontrolle unterziehen zu können, die materiell in keiner Weise zu beanstanden sind.

---

526 *Krüger*, Erlaubnisvorbehalt, DÖV 1958, 673 (675).

527 *Faber*, VerwR, S. 112; ebenso *Keppeler*, Versagungsermessen, S. 9.

528 *Faber*, VerwR, a.a.O..

529 BVerfGE 6, 32 (42); 8, 71 (76); 20, 150 (157); 21, 73 (79); 46, 120 (157); 49, 89 (145); 52, 1 (41).

Dies soll gerade Sinn und Zweck des vorbeugenden, kontrollierenden Verbotes sein.

Der Unterschied zum repressiven Verbot besteht somit darin, daß der präventive Genehmigungsvorbehalt selbst keine Bestimmung im Hinblick auf diejenigen Aktivitäten enthält, die materiell verboten sind. Eine materielle Abgrenzung erlaubter und verbotener Aktivitäten, die von einem präventiven Genehmigungsvorbehalt erfaßt werden, kann daher nur von tatbestandlich normierten Genehmigungsvoraussetzungen und Versagungsgründen geleistet werden. Das Bundesverfassungsgericht fordert diese materielle Abgrenzung als Voraussetzung für die Installation präventiver Genehmigungsvorbehalte. Aus den Rechtsvorschriften selbst muß sich ergeben, welche Voraussetzungen für die Erteilung der Genehmigung gegeben sein müssen und aus welchen Gründen die Genehmigung versagt werden darf[530].

Bildlich gesprochen ist das Wesensmerkmal des präventiven Verbotes darin zu sehen, daß hier die tatbestandlich normierte materielle Verbotsgrenze inmitten der Reichweite des Genehmigungsvorbehaltes verläuft und die so tatbestandlich fixierte Grenze der Genehmigungsfähigkeit als repressive Grenzlinie auf die betroffenen Grundrechte wirkt. Soweit eine Betätigung tatbestandlich nur durch den Genehmigungsvorbehalt erfaßt wird, ohne daß ihr auch ein materieller Versagungsgrund entgegensteht, bewegt sie sich im präventiven Bereich, in dem für jegliche Grundrechtsbetätigung ein Genehmigungsanspruch besteht. Es ist dies der Bereich des Verbotsüberschusses, innerhalb dessen lediglich kontrolliert, nicht aber beschränkt werden soll und darf[531]. Jenseits der tatbestandlich gezogenen Grenze der Genehmigungsfähigkeit erstreckt sich auch innerhalb der Reichweite präventiver Genehmigungsvorbehalte eine repressive Zone[532], deren Verlauf allerdings norm-spezifisch zu ermitteln ist.

III. Präventive und repressive Verbote als verfassungsrechtliche Gegenpole

Existenz und Begründung präventiver Verbote mit Erlaubnisvorbehalt sowie repressiver Verbote mit Befreiungsvorbehalt können nicht zweifelhaft sein und bedürfen als mögliche Instrumente staatlicher Regelmentierung und Verhaltenssteuerung keiner Korrekturen. Verfassungsrechtlich besonders bedeutsam und insteressant ist allein die Rechtfertigung des präventiven gesetzlichen Verbotes als eines bewußt

530 BVerfG a.a.O..

531 *Lerche*, Übermaß, S. 186; *Pietzner*, JA 1973, 691 (692).

532 Soweit der Gesetzgeber eine tatbestandliche Abgrenzung vorgenommen hat. Zur Entbehrlichkeit von Genehmigungsvoraussetzungen im Ausnahmefall nachfolgend unter 3. Kap. § 4 IV.

weit gespannten, Kontrollzwecken dienenden Verbotes, das sowohl eines besonderen öffentlichen Interesses zu seiner Errichtung, als auch eines besonderen Korrelates in Form einer abschließenden Differenzierung der Genehmigungsvoraussetzungen und der Einräumung eines Genehmigungsanspruches für den betroffenen Bürger bedarf.

Die überkommene Definition des repressiven Verbotes mit Befreiungsvorbehalt müßte demgegenüber eine verfassungsrechtliche Problematik im Bereich des Verwaltungsermessens ausschließen. Ein gesetzliches Verbot, das sich zur abschließenden, ausnahmslosen Abgrenzung der Grundrechtssphäre des Bürgers als zulässig erweist, kann auf der Ebene der Verwaltungsentscheidung mit eben diesen Grundrechten nicht mehr in Konflikt geraten. Ermessensbindungen oder -grenzen sind allenfalls im Einzelfall, etwa durch eine Selbstbindung, möglich, wie dies selbst auf dem Gebiet der Leistungsverwaltung in Betracht kommen kann.

Die verfassungsrechtliche Problematik liegt bei den repressiven Verboten somit zunächst ausschließlich auf der legislativen Seite. Hier muß der Gesetzgeber bereits trennscharf und abschließend die Zulässigkeit des Verbotes gewährleisten, indem dessen tatbestandliche Reichweite mit den betroffenen Grundrechten abgestimmt wird, damit sich eine administrative Durchbrechung des Verbotes durch eine Befreiung tatsächlich als eine reine "Rechtswohltat" erweisen kann.

IV. Abschließende Bestimmung der Grundrechtssphäre ?

Bereits *Ossenbühl*[533] hat zutreffend darauf hingewiesen, daß die gesamte Problematik der präventiven und repressiven Verbote sich auf die Frage reduzieren läßt, wo die Grenzlinie der verfassungsrechtlich verbürgten Freiheitszone verläuft. Der Verlauf dieser Grenzlinie wird jedoch entgegen der von *Ossenbühl* weiter angestellten Überlegung nicht bei ein und derselben Norm anders beurteilt werden dürfen, nur weil man diese Norm nach dem unterstellten oder durch Auslegung ermittelten objektivierten Willen des Gesetzgebers mit dem Charakter präventiv oder repressiv belegt. Die verfassungsrechtliche Zulässigkeit der Reichweite aller Verbote ist vielmehr anhand ihrer Wirkung auf die betroffenen Grundrechten zu überprüfen.

Dies entspricht den Grundsätzen des Bundesverfassungsgerichts, die nur im Sinne einer unbedingten Pflicht zur gesetzlichen, tatbestandlichen Abgrenzung der Grundrechtssphäre verstanden werden können sowie als Verbot der Eröffnung eines Ermessensspielraums zur Bestimmung dieser Grenze. Repressive Verbotstatbestände und präventive Genehmigungsvorbehalte weisen in ihrer Reichweite und

533 *Ossenbühl*, Tendenzen, DÖV 1968, 618 (623).

Wirkung auf die betroffenen Grundrechte gravierende Unterschiede auf. Die materielle Grenzbestimmung wird bei präventiven und repressiven Verboten gesetzestechnisch unterschiedlich, qualitativ jedoch gleichwertig vorgenommen.

Auch wenn der Gesetzgeber der aus dem Rechtsstaatsprinzip folgenden Pflicht nachkommt, indem er die "staatlicher Eingriffsmöglichkeit offenliegende Rechtssphäre selbst abgrenzt und dies nicht dem Verwaltungsermessen überläßt"[534], bewegen sich Korrekturen dieser materiellen Grenze zugunsten des Betroffenen nicht grundsätzlich in einem grundrechtsneutralen Raum. Dies gilt auch dann, wenn man von einer Verfassungsmäßigkeit der Verbotsgrenze ausgeht. Das Bundesverfassungsgericht[535] hat hierzu ausgeführt:

> *"Dabei bleibt jedoch die Frage offen, ob es ungeachtet der Verfassungsmäßigkeit einer gesetzlichen Regelung beim Gesetzesvollzug in besonderen Fällen, sei es in Einzelfällen oder auch bei Einzelfallgruppen (vgl. § 131 Abs. 2 RAO) zu einem mit der Verfassung nicht vereinbaren Eingriff in verfassungsrechtlich geschützte Güter kommen kann."*

Gerade bei generalisierenden und typisierenden Normen kann die Verfassungsmäßigkeit eines Verbotes auch von der Existenz einer gesetzlichen Grundlage zur Vermeidung unbilliger Härten im Einzelfall abhängen[536].

Somit läßt sich feststellen, daß auch bei verfassungsrechtlich zulässiger Grenzbestimmung des Gesetzgebers durch repressive Normen grundrechtliche Belange des Betroffenen auf der Ebene des Gesetzesvollzugs keineswegs außer Betracht bleiben können. Unter welchen Voraussetzungen Befreiungen aus grundrechtlichen Erwägungen notwendig werden können und welche Konsequenzen sich für ein Befreiungsermessen hieraus ergeben, soll nachfolgend näher untersucht werden.

---

534 BVerfGE 8, 71 (76).

535 BVerfGE 48, 102 (114).

536 BVerfG a.a.O. mit Blick auf die Normen des Steuerrechts und die Möglichkeit des Billigkeitserlasses und unter Bezugnahme auf BVerfGE 14, 76 (104); 16, 147 (177); 18, 186 (191); 21, 54 (71); 24, 112 (119); 27, 375 (385); 32, 78 (86); 38, 61 (92).

§ 3 Funktionen und Fallgruppen des Befreiungsermessens

I. Die Grundlagen einer funktionalen Differenzierung

1. Funktion und Grundrechtsrelevanz

Bei der nachfolgenden Untersuchung unterschiedlicher Befreiungsfunktionen und der sich hieraus ergebenden grundrechtlichen Bindungen und Konsequenzen kann weder eine geschlossene Übersicht über den Meinungsstand hierzu vorgestellt, noch können zu bestimmten Befreiungsfunktionen unterschiedliche Auffassungen gegenübergestellt und bewertet werden. Grundlegende Stellungnahmen zur funktionellen Differenzierung von Befreiungsnormen anhand grundrechtlicher Ermessensbindungen bei repressiven Verboten fehlen[537] und nur ansatzweise werden funktionelle Unterschiede des Ermessens ohne vertieften grundrechtlichen Bezug herausgearbeitet. So wird zwar durchaus die Frage nach den unterschiedlichen Funktionen des Verwaltungsermessens einer Prüfung von verfassungsrechtlichen Ermessensgrenzen vorangestellt[538]. Aus den verschiedenen Funktionen des Ermessens werden aber nur vereinzelt unterschiedlich starke Ermessensbindungen abgeleitet und gegenübergestellt[539].

Ganz überwiegend wird ausschließlich verfassungsrechtlich argumentiert, ohne auf funktionelle Unterschiede zwischen verschiedenen Befreiungstypen einzugehen[540]. Hinzu kommt, daß der weitaus größte Teil der Stellungnahmen sehr normspezifisch auf die §§ 35 Abs. 2 und 31 Abs. 2 BBauG/BauGB ausgerichtet ist[541] und zudem von der Koppelungsproblematik überlagert wird[542]. Bei den für die Verwaltungspraxis ungemein wichtigen Befreiungsnormen, insbesondere des Baurechts, überschneiden sich die schwierigsten Problemfelder der Ermessenslehre, so daß gerade

---

537 *Herzog*, in: *Maunz/Dürig/Herzog/Scholz*, GG, Art. 20 VII Rdnr. 77: Das Problem einer Übertragung der für das Verbot mit Erlaubnisvorbehalt entwickelten Grundsätze auf die Ausnahme- und Dispensermächtigungen ist ungeklärt und harrt eingehender monographischer Untersuchung.

538 *Friauf*, JuS 1962, 422 (426); *Bullinger*, JZ 1984, 1004 (1007 ff.); *Ossenbühl*, Tendenzen, DÖV 1968, 618 (625); *Pietzner*, JA 1973, 691 (764)

539 *Bullinger*, JZ 1984, 1001 (1009) mit einer Gliederung unterschiedlicher Ermessensfunktionen; für das Dispensermessen nimmt *Bullinger* ohne nähere Begründung und ohne weitere Differenzierung eine "weitgehend gebundene" Entscheidung an.

540 *Hoppe*, Ausnahmen, DVBl 1969, 340.

541 *Ackermann*, DÖV 1964, 721 (722); *Erichsen*, Baudispens, DVBl 1967, 269 (270); *Erwe*, Befreiungen, S. 181 ff.; *Hoppe*, Ausnahmen, DVBl 1969, 340; *Müller*, DÖV 1969, 119 (126); *Ossenbühl*, Tendenzen, DÖV 1968, 618 (623 f.).

542 *Erichsen*, Baudispens, DVBl 1967, 269 (270); *Erwe*, Befreiungen, S. 181 ff..

hier die von *Ossenbühl*[543] gestellte Diagnose zutreffen dürfte, es würden in der Ermessenslehre in fleißiger Ziselierarbeit die rechtstheoretischen Details des Verwaltungsermessens herausgearbeitet, jedoch nur selten trete jemand einen Schritt von dem Gedankengebäude zurück, um die grundgesetzlichen Vertrebungen zu prüfen.

Im Rahmen dieser Arbeit kann keine vollständige Typologie von Ermessensfunktionen entwickelt werden. Von Interesse ist aber die Frage, ob sich die bei Befreiungsnormen bereits angedeuteten Funktionen und Regelungszusammenhänge unter verfassungsrechtlichen Gesichtpunkten systematisieren und Kategorien unterschiedlicher Ermessensbindungen zuordnen lassen.

2. Gemeinwohl- und Individualinteresse

Trotz der Unbestimmtheit der im Tatbestand von Befreiungsnormen verwandten Rechtsbegriffe läßt sich eine regelmäßig wiederkehrende Differenzierung des Normzwecks nach der Wahrung von Gemeinwohlinteressen einerseits und der Vermeidung offenbar nicht beabsichtigter individueller Härten andererseits erkennen, die eine funktionale Abgrenzung sowie den Schluß auf eine unterschiedliche Grundrechtsrelevanz nahelegen. Teilweise kommt in Befreiungsnormen expressis verbis deren Funktion zum Ausdruck.

So kann gem. § 8 Abs. 1 GWB der Bundesminister für Wirtschaft eine wettbewerbswidrige und damit grundsätzlich unwirksame Vereinbarung oder Vereinigung erlauben[544], sofern dies "aus überwiegenden Gründen der Gesamtwirtschaft und des Gemeinwohls notwendig ist". Hier sind schon tatbestandlich nur Gemeinwohlbelange Voraussetzung für das Handeln bzw. für die Ausübung des Ermessens. Demgegenüber läßt der Begriff der "unbilligen Härte" des bereits erörterten § 131 RAO[545] nur die Berücksichtigung individueller Positionen des Betroffenen zu. Bei sämtlichen bauordnungsrechtlichen Befreiungen[546] oder den Alternativen der bauplanungsrechtlichen Befreiungen des § 31 Abs. 2 Ziff. 1 und 3 BauGB wird die Vermeidung individueller Härten einerseits sowie die Verwirklichung von Gemeinwohlinteressen andererseits in verschiedenen Tatbestandsalternativen gegenübergestellt. Andere Normen, wie etwa § 35 Abs. 2 BauGB oder § 31 Abs. 2 Ziff. 2

---

543 *Ossenbühl*, Tendenzen, DÖV 1968, 618.

544 Das Gesetz spricht von einer "Erlaubnis", obwohl die Unterbindung wettbewerbswidriger Aktivitäten eindeutig und ausschließlich repressiven Charakter hat.

545 Die Nachfolgevorschrift § 227 Abs.1 der AO 1976 spricht von einer Unbilligkeit "nach Lage des einzelnen Falles".

546 Vgl. nur § 86 Abs. 1 Nrn. 1 und 2 der Niedersächsischen Bauordnung.

BauGB sind nicht ohne weiteres einer dieser Alternativen oder einer bestimmten Funktion zuzuordnen, da ihnen positive Tatbestandsvoraussetzungen zur eindeutigen Ermittlung einer bestimmten Funktion fehlen.

Eine Befreiung zur Verwirklichung von Gemeinwohlinteressen muß bei einer angenommenen Wirksamkeit des gesetzlichen Verbotes anderen Maßstäben unterworfen sein als eine Befreiung, deren Aufgabe und tatbestandliche Voraussetzungen ausschließlich auf eine weitestgehende Grundrechtsschonung gerichtet sind. Demgegenüber werden gemeinhin Zusammenhänge und Differenzierungen zwischen Normzweck, tatbestandlicher Verbotsgrenze und Grundrechtsrelevanz nicht berücksichtigt und so für alle Ausnahme- und Befreiungstatbestände ohne Differenzierung das praktische Erfordernis der Flexibilität und Einzelfallgerechtigkeit als bestimmendes Element angenommen[547]. Ebenso pauschal wird es teilweise für alle Gestaltungsformen von Befreiungen nach repressiven Verboten als mit dem Regelungszweck unvereinbar angesehen, dem Antragsteller einen Rechtsanspruch einzuräumen[548] oder ganz allgemein auf eine Entscheidung im repressiven Bereich abgestellt, in welchem ein Rechtsanspruch ausgeschlossen sei, da die Behörde ausschließlich über eine Vergünstigung entscheide[549].

In einer Vielzahl spezieller Untersuchungen in der Literatur findet sich zwar eine stark verfassungsrechtlich geprägte Terminologie, inhaltlich erfolgt jedoch nur eine Auseinandersetzung mit normstrukturellen Ermessensgrenzen[550]. Ermessensbindungen werden im Ergebnis nur unter dem Gesichtspunkt einer Koppelungsproblematik geprüft und angenommen[551].

---

547 *Dürr*, in: *Brügelmann/Dürr*, BauGB, § 31 Anm. 3: § 31 BauGB trägt dem Grundsatz der Verhältnismäßigkeit und dem Übermaßverbot Rechnung; *Erwe*, Befreiungen, S. 72 ff.; *Löhr*, in: *Battis/Krautzberger/Löhr*, BauGB, § 31 Rdnr. 1; *Schlichter*, in: *Schlichter/Stich*, BauGB, 31 Rdnr. 7; *Schrödter*, BauGB, § 31 Rdnr. 1; unklar *Söfker*, in: *Ernst/Zinkahn/Bielenberg*, BauGB, 31 Rdnr. 10: Ausnahmen und Befreiungen vermitteln dem Vollzug des Bebauungsplanes Flexibilität entweder zur Einzelfallgerechtigkeit oder zur Erleichterung des Bauens .

548 *Mussgnug*, Dispens, S. 93; *Scheerbarth*, DVBl 1967, 301.

549 So *Ackermann*, DÖV 1964, 721 (722); *Drews/Wacke/Vogel/Martens*, Gefahrenabwehr, S. 448 ff. (456); *Müller*, DÖV 1969, 119 (126); *Ossenbühl*, Tendenzen, DÖV 1968, 618 (623 f.).

550 *Bruder*, Befreiung, S. 47; *Erichsen*, Baudispens, DVBl. 1967, 269 (270); *Erwe*, Befreiungen, S. 181 f.; *Lau*, BauR 1987, 491 (494).

551 Einige Autoren kommen bei der Überprüfung der Koppelungsproblematik zu dem Ergebnis, es seien Ermessensgesichtspunkte denkbar, die tatbestandlich nicht determiniert seien, so etwa *Gierth*, NJW 1966, 2424; *Fislake*, ZfBR 1988, 167; *Keppeler*, Versagungsermessen, S. 75; *Sendler*, Bauvorhaben, BBauBl 1968, 63 (64).

Soweit verfassungsrechtliche Ermessensbindungen oder -ausschlüsse bei Befreiungsnormen geprüft werden, wie etwa bei § 35 Abs. 2 BBauG/BauGB[552], legt der Tatbestand aber gerade keine grundrechtsschonende Funktion nahe, sondern stellt allein auf die Wahrung öffentlicher Belange ab. Auch wenn vereinzelt funktionell differenziert wird, soll ein Ausschluß des Verwaltungsermessens für die Befreiung aus Gründen des Gemeinwohls, nicht aber für diejenige zur Vermeidung unbilliger Härten in Betracht kommen[553], obwohl verfassungsrechtliche, namentlich grundrechtliche Ermessensbindungen bei einer Befreiung zur Vermeidung unbilliger Härten näher liegen müßten.

Nachfolgend sollen zunächst die in der Lehre vereinzelt vertretenen funktionalen Differenzierungsansätze dargestellt und näher untersucht werden, um das so gewonnene Instrumentarium sodann auf die wichtigsten Befreiungsnormen anzuwenden.

II. Befreiungsermessen als grundrechtsschonendes Korrektiv

1. Notwendige Abstraktion der Verbotsgrenze

Im Zusammenhang mit Befreiungsnormen ist oft von einer notwendigen Abstraktion, Typisierung und Pauschalierung gesetzlicher Tatbestände die Rede sowie von der Unfähigkeit des Gesetzgebers, sämtliche denkbaren Fallgestaltungen vorherzusehen und tatbestandlich zu regeln[554]. Diese berechtigten Formulierungen müssen grundsätzliche Zweifel wecken an der Aussage, bei repressiven Verboten erweise sich jede Befreiung als Vergünstigung und Rechtswohltat[555]. Auch die repressive Verbotsgrenze kann zunächst nur Erlaubtes und Verbotenes trennen mit dem Anspruch, dies in grundrechtskonformer Weise zu tun. Hinzu kommt, daß selbst von einer trennscharfen Abgrenzung erlaubter und verbotener Betätigung oft

---

552 BVerwGE 18, 247 (250); *Bielenberg/Krautzberger/Söfker,* BauGB-Leitfaden, Rdnr. 198; *Dyong,* in: *Ernst/Zinkahn/Bielenberg,* BauGB § 35 Rdnr. 75; *Krautzberger,* in: *Battis/Krautzberger/Löhr,* BauGB, § 35 Rdnr. 47; *Söfker,* ZfBR 1989, 91 (92); *Taegen,* in: *Schlichter/Stich,* BauGB, § 35 Rdnr 37.

553 So bei der bauordnungsrechtlichen Befreiung, vgl. OVG Münster, NJW 1966, 1833; zust. *Redeker,* DVBl 1972, 609; ablehnend *Grosse-Suchsdorf/Schmaltz/Wiechert,* NBauO, § 86 Rdnr. 20: Bei der Gemeinwohl-Befreiung besteht nicht einmal ein Anspruch auf eine ermessensfehlerfreie Entscheidung.

554 *Erichsen,* Baudispens, DVBl 1967, 269 (270); *Schmidt-Eichstaedt,* Konkretisierungsauftrag, DVBl 1985, 645; *ders.*, Befreiung, DVBl 1989, 1 (2).

555 So *Ackermann,* DÖV 1964, 721 (722); *Drews/Wacke/Vogel/Martens,* Gefahrenabwehr, S. 456; *Friauf,* JuS 1962, 422 (423); *Müller,* DÖV 1969, 119 (126); *Ortloff,* NVwZ 1988, 320; *Ossenbühl,* Tendenzen, DÖV 1968, 618 (623 f.).

nicht die Rede sein kann, weil durch unbestimmte Rechtsbegriffe und deren Ausfüllungsbedürtigkeit nur ein mehr oder weniger weiter Grenzbereich tatbestandlich markiert werden kann[556].

Die Befreiung von einem gesetzlichen Verbot legt nicht stets den Gedanken an eine Rechtswohltat nahe, sondern kann etwa auch in der Funktion dargestellt werden, die vom Gesetzgeber gezogene Grenze der Genehmigungsfähigkeit in einem besonders gelagerten Fall in verfassungskonformer Weise zu korrigieren. Stellt die Verwaltung fest, daß sich die durch die gesetzlichen Genehmigungsvoraussetzungen gezogene Verbotsgrenze nicht mit dem Schutzzweck des Verbotsgesetzes deckt und aus der Sicht der Behörde daher der Tatbestand der Befreiungsnorm erfüllt ist, könnte ein Verwaltungsermessen aus grundrechtlichen Notwendigkeiten ausgeschlossen sein.

2. Die Grundrechtsrelevanz abstrakter Regelungen

Die Prüfung einer Befreiungsnorm kann etwa ergeben, daß es sich bei der betreffenden Tätigkeit nach der wertenden Erkenntnis der Behörde um eine grundrechtlich geschützte Aktivität handelt, der ein gesetzlicher Versagungsgrund nur nach dem Wortlaut, nicht aber nach dem Sinn und Zweck des Verbotsgesetzes entgegensteht, so daß die Zulassung des entsprechenden Vorhabens nach Maßgabe der Rechtsprechung des Bundesverfassungsgerichts[557] nicht dem Verwaltungsermessen überlassen sein dürfte. Der den präventiven Genehmigungsvorbehalten gegenübergestellte Genehmigungsanspruch verlangt die Zulassung von Vorhaben, die materiell nicht zu beanstanden sind[558].

Gleiches müßte für jede Befreiung von einem gesetzlichen Verbot gelten, soweit der Gesetzgeber mit ihr den Zweck verfolgt, im Hinblick auf nicht im einzelnen vorhersehbare und regelbare Fallgestaltungen eine möglicherweise auftretende Divergenz zwischen der tatbestandlichen Reichweite der Verbotsnorm und den betroffenen Grundrechten verfassungkonform zu korrigieren[559]. Das Bundesverfas-

---

556 *Scholler*, DVBl 1968, 409 (412) spricht von einer unechten Selbstbefreiung der Verwaltung bei einer gesetzesberichtigenden Auslegung, Lückenausfüllung oder der Rechtsfortbildung, meint hierbei aber ein Handeln extra legem.

557 BVerfGE 6, 32 (42); 8, 71 (76); 9, 137 (147); 11, 168 (191); 13, 153 (160); 20, 150 (156 f.).

558 BVerfGE 18, 353 ((364); 20, 150 (157); auf diese Entscheidungen weist *Hoppe*, Ausnahmen, DVBl 1969, 340 (343) zutreffend hin.

559 So auch *Erwe*, Befreiungen, S. 182 (dort FN 4) für die Härtebefreiungen, die ohne weitere Begründung als zwingende Vorschriften bezeichnet werden.

sungsgericht[560] hat gerade für die Befreiung von einem repressiven Verbot die Wahrung grundrechtlicher Belange als eigentlichen Regelungszweck bezeichnet. In diese Richtung geht die Argumentation von *Herzog*[561], der einer Übertragung der für präventive Verbote ermittelten Grundsätze auf Dispens- und Ausnahmeermächtigungen zuneigt mit der Begründung, die Bindung an allgemeingültige verfassungsrechtliche Grundsätze könne nicht davon abhängen, daß sich der Gesetzgeber bei nicht von vornherein überschaubaren Fallgestaltungen mehr oder weniger zufällig der Rechtsform des Verbotes mit Erlaubnisvorbehalt oder der ihr sehr verwandten Rechtsform der Dispens- oder Ausnahmeermächtigung bediene.

Diese Formulierungen beschreiben die Funktion der Befreiung als Instrument zur Konfliktlösung bei nicht von vornherein zu überschauenden Fallgestaltungen. Ein derartiger Differenzierungsansatz ist auch bereits dem grundlegenden Aufsatz von *Friauf*[562] zu entnehmen, der die grundsätzliche Unterscheidung zwischen präventiven und repressiven Verboten nicht in Frage stellt, bei bestimmten Anwendungsbereichen repressiver Verbote ein Verwaltungsermessen jedoch für unzulässig hält.

Am Beispiel des Art. 12 GG führt *Friauf* unter Hinweis auf die Rechtsprechung des Bundesverfassungsgerichts[563] aus, daß Eingriffe in die Freiheit der Berufswahl nur zum Schutz eines überragend wichtigen Gemeinschaftsgutes in Betracht kommen. Diese Schranke könne aber nicht nur für den Erlaß des Verbotsgesetzes als solches gelten, sondern für dessen gesamten Anwendungsbereich. Erstrecke das Gesetz sich teilweise auf Fälle, in denen der Schutz eines überragend wichtigen Gemeinschaftsgutes in concreto nicht in Frage stehe, dann sei das Gesetz selbst in diesem Umfang nicht mehr als zulässige Einschränkung der Berufswahl anzusehen. Die Entscheidung darüber, ob das Verbot in diesem konkreten Fall aufgehoben werden solle, dürfe nicht dem Verwaltungsermessen anheimgestellt werden[564].

3. Die Korrektivfunktion der Härtefall-Befreiung

Diese vorstehende Argumentation entspricht einer Korrektivfunktion der Befreiung. Liegt der Zweck der Befreiung darin, eine möglicherweise im konkreten Fall auftretende, jedoch nicht vorhersehbare und tatbestandlich zu regelnde Divergenz

---

560 BVerfGE 38, 348 (368); 54, 54 (61); vgl. hierzu *Sattler*, in: Göttinger Kolloqium, S. 133 ff. (155).

561 *Herzog*, in: *Maunz/Dürig/Herzog/Scholz*, GG, Art. 20 VII Rdnr. 77.

562 *Friauf*, JuS 1962, 422 (426)

563 BVerfGE 7, 377 (408); 9, 39 (51); 11, 30 (42); 11, 168 (183).

564 *Friauf*, JuS 1962, 422 (426).

zwischen der tatbestandlichen Reichweite des Verbotes und den tangierten Grundrechten auszugleichen, dürfte für ein Verwaltungsermessen tatsächlich kein Raum bleiben. Dies gilt nach neuerer Lehre insbesondere auch deshalb, weil ein Verwaltungsermessen nur in Form des Rechtsfolgeermessens anzunehmen ist. *Friauf*[565] geht demgegenüber noch von einer Unterscheidung zwischen kognitivem und volitivem Ermessen aus, die einen tatbestandlich eröffneten Ermessensspielraum bei der Prüfung der Frage zulassen könnte, ob tatsächlich im konkreten Fall eine Anwendung des Gesetzes geboten ist. Das nach heutiger Lehre anzunehmende Rechtsfolgeermessen setzt die Beantwortung dieser Frage demgegenüber voraus, bevor überhaupt eine Ermessensbetätigung auf der Rechtsfolgenseite in Betracht kommt.

Eine vergleichbare funktionale Abgrenzung des Befreiungsermessens als eines grundrechtlichen Korrektivs ist auch von *Ossenbühl*[566] anerkannt worden. Im Ergebnis wird das Dispensermessen zwar insgesamt als grundrechtsneutrale Rechtswohltat bezeichnet[567]. Zum einen wird jedoch auch für repressive Verbote auf die notwendige Überprüfung der Vereinbarkeit des tatbestandlichen Verbotes mit den Grundrechten des Betroffenen hingewiesen. Zum anderen sieht *Ossenbühl* den nervus rerum des Dispenses ebenfalls in der Problemstellung, daß im konkreten Fall der formale Gesetzeswortlaut mit dem normativen Gesetzesgehalt differieren, der Gesetzgeber aber unmöglich alle denkbaren Fälle vorhersehen und tatbestandsmäßig typisieren könne[568].

Eine Korrektivfunktion wird bei *Bullinger* ebenfalls unter dem Begriff des Dispens*ermessens* behandelt, jedoch zunächst ohne eigene Stellungnahme lediglich auf die Neigung der Verwaltungsgerichte zur weitgehenden oder vollständigen Bindung des Ermessens hingewiesen[569], schließlich eine weitgehend gebundene, nachvollziehbare Anpassung des Gesetzes an atypische Situationen angenommen[570]. Eine weitgehende Bindung der Exekutive und (gerichtlich) nachvollziehbare Entscheidungen dürften mit der Annahme eines Versagungsermessens nicht vereinbar sein, so daß auch *Bullinger* hier eine gebundene Entscheidung annehmen müßte[571].

---

565 *Friauf,* a.a.O..

566 *Ossenbühl,* Tendenzen, DÖV 1968, 618 (623 f.).

567 *Ossenbühl,* Tendenzen, DÖV 1968, 618 (625).

568 *Ossenbühl,* Tendenzen, DÖV 1968, 618 (624).

569 *Bullinger,* JZ 1984, 1001 (1007).

570 *Bullinger,* JZ 1984, 1001 (1009).

571 *Bachof,* Tendenzen, JZ 1972, 641 (642) unterscheidet demgegenüber funktional nicht zwischen verschiedenen Befreiungstypen, sondern gliedert das *Ermessen* in die Funktionen der Einzelfallgerechtigkeit bei nicht überschaubaren Fallkonstellationen einerseits

4. Verbotsüberschuß oder Verbotsübermaß im Einzelfall ?

a. Der Unterschied zum präventiven Verbot

Ein funktionales Verständnis von bestimmten Befreiungsnormen als eines grundrechtsschonenden Korrektivs für atypische Fälle führt noch einmal zu der bereits behandelten Frage zurück, worin in dieser Funktion der Unterschied zu den präventiven Verboten zu sehen ist und aus welchen Erwägungen ein Verwaltungsermessen in beiden Gestaltungsformen unzulässig sein könnte. Denn die Reichweite des gesetzlichen Verbotstatbestandes erfaßt hier ebenso wie ein präventiver Verbotsvorbehalt auch nach Auffassung des Gesetzgebers zunächst typische wie atypische Sachverhalte, wobei zur sachgerechten Behandlung der letzteren gerade eine Befreiungs- oder Dispensierungsmöglichkeit hinzugefügt wurde.

Der wesentliche Unterschied zwischen beiden Konstruktionen besteht zunächst darin, daß der Gesetzgeber den präventiven Genehmigungsvorbehalt *bewußt* auch über grundrechtlich geschützte Tätigkeiten spannt und dies zu Kontrollzwecken unter bestimmten Voraussetzungen auch darf, sofern er das Verbot durch einen Genehmigungsanspruch kompensiert. Bei anderen Verbotstatbeständen sieht sich der Gesetzgeber demgegenüber mit den Grenzen tatbestandlicher Differenzierung konfrontiert.

Die Unfähigkeit des Gesetzgebers, alle denkbaren Fallgestaltungen vorherzusehen[572] und zu regeln und die somit notwendige Abstraktion[573] des Regeltatbestandes zeigt sich in weitgefaßten unbestimmten Rechtsbegriffen, die sowohl im Tatbestand von Eingriffsermächtigungen anzutreffen sind, als auch in Befreiungsnormen nach einem materiellen Verbot Anwendung finden. Der Möglichkeit einer Divergenz zwischen Schutzgut und Wortlaut von Normen[574] läßt sich nämlich keineswegs durch eine Erhöhung der Regelungsintensität begegnen - im Gegenteil: *summum ius, summa iniuria*[575]. Helfen kann daher nur eine weitergehende Pauschalie-

---

und die der Zweckmäßigkeit andererseits. Dies entspricht in der ersten Variante einer Korrektivfunktion. *Bachof* stellt das Ermessen in dieser Funktion aber nicht in Frage.

572 *Schmidt-Eichstaedt*, Konkretisierungsauftrag, DVBl 1985, 645; *ders.*, Befreiung, DVBl 1989, 1 (2).

573 *Erichsen*, Baudispens, DVBl 1967, 269 (270).

574 *Hoppe*, Ausnahmen, DVBl 1969, 340 (342).

575 Vgl. hierzu *Bruder*, Befreiung, S. 2; *Selmer*, DÖV 1972, 551 (552).

rung sowie ein entsprechender Konkretisierungs- und Korrekturauftrag an die Verwaltung[576].

b. Die objektive Notwendigkeit pauschalierender Regelungen

Erkennt man an, daß auch für den Gesetzgeber der Grundsatz *ultra posse nemo obligatur* gilt und ein gewisses Maß an Abstraktion und Pauschalierung aus sachlichen Erwägungen unvermeidlich und zulässig ist, stellt sich die Frage, wie die Antinomie von Normenrecht und Individualität[577] im Hinblick auf das Verwaltungsermessen zu lösen ist.

Das Bundesverfassungsgericht[578] hat verfassungsrechtliche Bedenken an der Zulässigkeit gesetzlicher Regelungen im Hinblick auf einzelne Härtefälle zurückgewiesen und die Notwendigkweit praktikabler, auch am Verwaltungsaufwand orientierter Regelungen betont[579]. Diese, der Rechtfertigung präventiver Genehmigungsvorbehalte ähnelnde, Argumentation führt aller-dings zur Notwendigkeit eines verfassungsrechtlichen Ausgleichs, der konkret durch die Installation von Ausnahme- und Befreiungsnormen geleistet wird[580]. Der Befreiung in ihrer Funktion als Korrektiv kommt im Konflikt zwischen gesetzlicher oder satzungsmäßiger Schematisierung und Einzelfallgerechtigkeit eine korrigierende Funktion zu[581].

5. Befreiungsanspruch oder Befreiungsermessen ?

Mit der Anerkennung einer Korrektivfunktion ist die Frage noch nicht beantwortet, ob der verfassungsrechtlich notwendige Ausgleich für die Korrektur abstrakter

---

576 *Schmidt-Eichstaedt,* Befreiung, DVBl 1989, 1 (2).

577 *Selmer,* DÖV 1972, 551 (552).

578 BVerfGE 30, 292 (315 f.).

579 BVerfGE 21, 12 (27); 27, 220 (230); 30, 292 (331 ff.); NJW 69, 2133: Einzelne, atypische Härtefälle haben bei einer grundrechtlichen Prüfung der Zulässigkeit der gesetzlichen Regelung auch dann außer Betracht zu bleiben, wenn in der Person des Beschwerdeführers selbst ein derartiger Fall vorliegt; hierzu *Selmer,* DÖV 1972, 551.

580 BVerfGE 38, 348 (368); 54, 54 (61); *Lerche,* Übermaß, S. 193; *ders.*, Verwaltung, DÖV 1961, 486 (489); *Sattler,* in: Göttinger Kolloqium, S. 133 ff. (155); *Selmer,* DÖV 1972, 551 (555).

581 BVerwGE 40, 268 (271); *Schmidt-Eichstaedt,* Befreiung, DVBl 1989, 1 (2); *Söfker,* in: *Ernst/Zinkahn/Bielenberg,* BauGB, 31 Rdnr. 10: Ausnahmen und Befreiungen vom Bebauungsplanes dienen entweder der Einzelfallgerechtigkeit oder zur Erleichterung des Bauens.

Normen in atypischen Sonderfällen allein durch die Existenz einer Befreiungsnorm gewährleistet ist und die Entscheidung über die Anwendung der Norm mit ihrem oft notwendigerweise inhaltslosen Tatbestand dem Verwaltungsermessen überlassen werden kann oder ob, wie bei den präventiven Verboten, bei dieser Funktion der Befreiung ein Genehmigungsanspruch als verfassungsrechtliches Korrelat erforderlich ist. Ein weitgehender Konkretisierungsauftrag der Verwaltung führt allein nicht zur Anerkennung eines Gestaltungsspielraumes[582].

Die Zulässigkeit einer Ermessensbetätigung könnte der Formulierung der im Zusammenhang mit der Koppelungsproblematik bereits zitierten Entscheidung des Gemeinsamen Senates zu § 131 RAO[583] entnommen werden, in welcher ausgeführt wird, gerade das *Ermessen* zeige seine "großartige Seite... (wo) ... das an den Umständen des Einzelfalles orientierte Billigkeitsempfinden... den Einzug der Einzelfallgerechtigkeit in das zwingende Recht ermöglicht"[584]. Diese Formulierung könnte darauf hindeuten, Befreiungen zur Verwirklichung der Einzelfallgerechtigkeit, und in diesem Sinne ist die zuvor dargestellte Korrektivfunktion der Befreiung durchaus zu verstehen, könnten dem Verwaltungsermessen überlassen werden.

Die Entscheidung des Gemeinsamen Senates dürfte allerdings aufgrund der besonderen systematischen Stellung und Funktion des § 131 in der RAO sowie der durch den Senat selbst besonders betonten Besonderheiten als einheitliche Ermessensnorm vor dem Hintergrund der Koppelungsproblematik nicht ohne weiteres auf andere Befreiungsnormen übertragbar sein. Der Senat hat seinen Überlegungen zur Verzahnung von Tatbestands- und Rechtsfolgenseite im übrigen die Feststellung vorangestellt, die Vorschrift sei nach Entstehungsgeschichte und dem Willen des Gesetzgebers ersichtlich als Ermessensvorschrift konzipiert[585].

An anderer Stelle hat das Bundesverfassungsgericht[586] im übrigen deutlich darauf hingewiesen, daß ein Rechtsanspruch auf die Erteilung der Genehmigung bestehen müsse, "wenn die Schutzzwecke des Verbotes ... nicht nachweisbar beeinträchtigt werden"[587]. Das Abstellen auf die Schutzzwecke des Verbotes, nicht etwa auf des-

---

582 *Beckmann,* Kontrolldichte, DÖV 1986, 505 (510); *Herdegen,* JZ 1991, 747 (749); *Schmidt-Eichstaedt,* Konkretisierungsauftrag, DVBl 1985, 645; *Breuer,* Kontrolle, NVwZ 1988, 104 (106).

583 GmS-OGB DVBl 1972, 606.

584 GmS-OGB, a.a.O., S. 607.

585 GmS-OGB a.a.O., S. 605.

586 BVerfGE 18, 363 (364).

587 BVerfGE, a.a.O., S. 364; ebenso *Hoppe,* Ausnahmen, DVBl 1969, 340 (343); *Dürig,* AöR 81 (1956), 117 (147 f.) führt in ähnlicher Weise aus, die Verwaltung habe eine Grund-

sen Wortlaut, kann aber für die hier behandelten Formen repressiver Verbote sowie für präventive Verbote gleichermaßen nur bedeuten, daß die Vereinbarkeit des Vorhabens mit den Schutzgütern der Genehmigungsvoraussetzungen und Versagungsgründe zu einem Genehmigungsanspruch führen muß.

Eine genauere Betrachtung der Ausführungen vieler Verfechter eines grundsätzlich unbeschränkten Ermessens bei allen repressiven Verboten legt erhebliche Zweifel an der These der Rechtswohltat nahe in denjenigen Funktionen einer Befreiung, die auf die Korrektur der gesetzlichen Verbotsgrenze aus grundrechtlichen Erwägungen im Einzelfall gerichtet sind. Hierauf weist *Hoppe*[588] zutreffend hin, indem er z.B. *Müller*[589] mit seiner Zusammenfassung der Entscheidung des Bundesverfassungsgerichts zum Sammlungsgesetz[590] wie folgt zitiert:

"Dient das Verbot lediglich im öffentlichen Interesse der Klärung, ob schutzwürdige Belange des Allgemeinwohls der Grundrechtsverwirklichung entgegenstehen, so rechtfertigen die öffentlichen Belange keine über diese Prüfung hinausgehende Einschränkung der Grundrechtsausübung, d.h. keinen weiteren Ausschluß von der grundrechtlich gewährleisteten Betätigungsmöglichkeit, wenn sich eine Beeinträchtigung der öffentlichen Interessen durch das beabsichtigte Verhalten nicht feststellen läßt. Damit erweist sich jede andere Entscheidung als die für den Fall der Gemeinwohlgemäßheit vorbehaltene Erteilung der Erlaubnis als ein nicht gerechtfertigter Eingriff in das jeweilige Grundrecht. Das bedeutet aber nichts anderes, als das für einen Ermessensspielraum aus materiellen Gründen kein Raum mehr bleibt"[591].

Auch wenn die Formulierungen des Bundesverfassungsgerichts sowie daran angelehnt die *Müllers* auf die Funktion des Verbotes als präventives Kontrollinstrument ausgerichtet sind, kann nichts anderes gelten, wenn diese beschriebene Prüfung innerhalb eines Befreiungstatbestandes vorgenommen wird. Denn an der grund-

---

rechtsbetätigung im Dispenswege zu gestatten, wenn im Einzelfalle die Anwendung eines grundrechtsrelevanten Verbotsgesetzes zum Konflikt mit höherrangigen Grundrechten führe (148); krit. *Selmer*, DÖV 1972, 551 (559).

588 *Hoppe*, Ausnahmen, DVBl 1969, 340 (342).

589 *Müller*, DÖV 1969, 119 (125), der im Ergebnis grundrechtliche Ermessensgrenzen ablehnt und wie andere Autoren den Dispens ganz allgemein als Rechtswohltat bezeichnet.

590 BVerfGE 20, 150.

591 *Müller*, DÖV 1969, 119 (125); auch *Erichsen*, Baudispens, DVBl 1967, 269 (275) kommt unter diesen Umständen zur Annahme eines Genehmigungsanspruches, jedoch nachdem zuvor eine Ermessensnegation aus der Koppelungsproblematik abgeleitet und eine verfassungsrechtliche Argumentation erst sodann zur Bewältigung der Entscheidungsalternativen Untätigkeit/Dispensation herangezogen wurde.

rechtlichen Relevanz der Entscheidung ändert sich nicht etwa deshalb etwas, weil die Vereinbarkeit des Vorhabens mit den Schutzgütern des Verbotes nicht bereits auf der Ebene des Wortlautes der Norm, sondern vielmehr erst anhand einer unmittelbaren Abwägung mit den Schutzgütern des Verbotsgesetzes sowie der Genehmigungsvoraussetzungen festgestellt wird.

Der tatbestandliche Begriff der "unbilligen Härte" etwa hat ja auch keineswegs einen positiven Inhalt dahingehend, der Antragsteller müsse ein außergewöhliches Lebensschicksal darlegen, um in den Genuß einer Befreiung zu kommen. Eine Härte liegt vielmehr bereits dann vor, wenn aufgrund der konkret beabsichtigten Betätigung die Verbotsanordnung nicht notwendig erscheint und der Antragsteller allein deswegen in nicht erforderlicher Weise, mithin übermäßig, beschränkt wird oder, wie das Bundesverfassungsgericht ausführt, "die Schutzzwecke des Verbots ... nicht nachweisbar beeinträchtigt werden"[592].

Ossenbühl[593] hat daher zutreffend für den Dispens zur Vermeidung unbilliger Härten gefragt, ob nicht wenigstens in dieser Funktion ein Verwaltungsermessen ausgeschaltet und durch eine kontrollfähige Rechtsposition des betroffenen Bürgers ersetzt werden müsse. Kraft des verfassungsrechtlichen Übermaßverbotes sei ein Gesetz in seinem Befehlsgehalt insoweit zurückgedrängt, als im konkret-individuellen Falle der Gesetzteszweck wegen besonderer Umstände nicht erreicht oder verfehlt werde[594].

Entgegen *Hoppe*[595] wird man aus den dargestellten grundrechtlichen Ermessensbindungen bei bestimmten Befreiungstatbeständen aber nicht allgemein folgern können, die Unterscheidung zwischen präventiven und repressiven Verboten werde in der Sache weitgehend fallengelassen. Eine derartig verallgemeinernde Betrachtungsweise wird den qualitativen Unterschieden zwischen beiden Verbotstypen sowie den unterschiedlichen Funktionen des Befreiungsermessens nicht gerecht, wie im folgenden darzulegen ist.

III. Die Befreiung als Rechtswohltat im öffentlichen Interesse

Der Gesetzgeber kann repressiven Verboten ohne weiteres eine Befreiungsmöglichkeit hinzufügen, um hierdurch den Gesetzeszweck besser zu verwirklichen oder an-

---

592 BVerfGE 18, 353 (364).

593 *Ossenbühl*, Tendenzen, DÖV 1968, 618 (624).

594 *Ossenbühl*, Tendenzen, DÖV 1968, 618 (624, dort FN 54a).

595 *Hoppe*, Ausnahmen, DVBl 1969, 340 (342) unter Berufung auf das VG Hannover, DVBl 1969, 217.

deren Gemeinwohlbelangen besser Rechnung tragen zu können. Der wesentliche Unterschied zur Korrektivfunktion besteht darin, daß nicht die grundrechtlichen Belange des Betroffenen die Befreiung erfordern, sondern diese aus übergeordneten Erwägungen des öffentlichen Interesses in Betracht kommt[596]. Der Bürger soll sich in diesen Fällen auch nicht auf öffenliche Belange berufen können[597]. Die verfassungsrechtliche Bedeutung einer Unterscheidung danach, ob grundrechtliche Belange des Betroffenen oder übergeordnete öffentliche Belange eine Befreiung erfordern oder ermöglichen, liegt auf der Hand. Gleichwohl werden regelmäßig beide Funktionen unter dem Begriff des Dispenses zusammengefaßt und Differenzierungen nicht vorgenommen.

Bullinger[598] unterscheidet das Dispensermessen funktional in zwei Kategorien, die den hier zuvor beschriebenen Funktionen des Korrektivs sowie der Gemeinwohlbefreiung entsprechen. Die erstere Fallgruppe dient danach der Vermeidung eines dem Gesetzeszweck zuwiderlaufenden Ergebnisses, das durch eine buchstabengetreue Anwendung entstehen würde und durch einen Akt "anpassender Rechtserkenntnis" vermieden wird[599]. Die zweite Fallgruppe entspricht ebenfalls der hier vertretenen Abgrenzung und wird als Freiraum zur Rechtsgestaltung aus übergeordneten öffentlichen Erwägungen verstanden. Als Beispiel dient die Zulassung wettbewerbswidriger Kartelle aus überwiegenden Gründen der Gesamtwirtschaft[600] durch ministerielles Dispensermessen[601].

In ganz ähnlicher Weise sieht *Friauf*[602] einen Ermessensspielraum bei repressiven Verboten dann als unproblematisch an, wenn von diesem Verbot nicht wegen einer Kollision mit den Grundrechten des Betroffenen, sondern mit anderen schutzwürdigen Interessen abgewichen werden soll. Hier sind namentlich die öffentlichen Bedürfnisse zu nennen, die etwa Ausnahmen vom Nachtbackverbot oder den Laden-

596 Zu dieser Funktion *Bullinger,* JZ 1984, 1001 (1007); *Ossenbühl,* Tendenzen, DÖV 1968, 618 (624).

597 *Ossenbühl,* Tendenzen, DÖV 1968, 618 (624) mit der Begründung, der Antragsteller könne sich nicht als Anwalt des Gemeinwohls betätigen (dort FN 54a).

598 *Bullinger,* JZ 1984, 1001 (1007).

599 *Bullinger,* JZ 1984, 1001 (1007), der allerdings als Beispiel aus der Rechtsprechung die Entscheidung BVerwGE 18, 247 (250) zu § 35 BauGB anführt; für diese Norm gelten nach der hier vertretenen Ansicht Besonderheiten.

600 Gem. § 8 Abs. 1 i.V.m. § 70 Abs. 5 Satz 2 GWB.

601 *Bullinger,* JZ 1984, 1001 (1007).

602 *Friauf,* JuS 1962, 422 (426).

schlußbestimmungen ermöglichen. *Pietzner*[603] folgt dieser Ansicht und hält ein administratives Dispens- oder Befreiungsermessen nur dort für möglich, wo anderen Gemeinschaftsgütern, die im einzelnen Fall mit dem Schutzgut des Verbotsgesetzes in Konflikt geraten könnten, Vorrang verschafft werden solle. Die Funktion des Gestaltungsermessens ist auch nach *Bullinger* eindeutig als echter Freiraum der Verwaltung ausgestaltet[604].

Ossenbühl gliedert das Dispensermessen in drei Funktionen. Neben der Dispensation zugunsten des Betroffenen sowie aus öffentlichem Interesse wird eine Kombination beider Zwecke angenommen. Das Dispensermessen bei einer Korrektivfunktion zugunsten des Betroffenen und zur Vermeidung von Härtefällen wird ausdrücklich in Frage gestellt, insoweit aber auch von einem nicht genügend durchforschten Problemaspekt und kritischen Problem gesprochen[605]. Bezüglich der Befreiungen im öffentlichen Interesse werden gegenüber einem Verwaltungsermessen keine Bedenken geäußert. *Gusy*[606], der eine Unterscheidung zwischen präventiven und repressiven Verboten ablehnt, folgt *Ossenbühl* insoweit und erkennt ebenfalls ein ungebundenes Ermessen an, sofern ein gesetzliches Verbot ausschließlich aufgrund öffentlicher Belange durchbrochen wird. Diese Gestaltung wird allerdings unter dem Begriff des Dispensvorbehaltes aus den präventiven und repressiven Verboten inhaltlich und terminologisch ausgeklammert[607].

Die zuvor dargestellten Ermessensspielräume der Verwaltung rechtfertigen sich aus öffentlichen Belangen und bewegen sich tatsächlich im grundrechtsneutralen Raum. Sie entsprechen dem herkömmlichen Verständnis des repressiven Verbotes mit Befreiungsvorbehalt und halten der für diese Verbote schon immer angenommenen Prämisse stand, daß der Gesetzgeber die betreffende Tätigkeit auch ausnahmslos habe verbieten können, statt dessen aber aus öffentlichen Interessen einen Befreiungsvorbehalt zugefügt habe.

---

603 *Pietzner*, JA 1973, 691 (764).

604 *Bullinger*, JZ 1984, 1001 (1008).

605 Nach *Ossenbühl*, Tendenzen, DÖV 1968, 618 (624) kann die Möglichkeit "unerträglicher Verbotswirkungen" einen tatbestandslosen Dispensvorbehalt erfordern.

606 *Gusy*, Erlaubnisvorbehalt, JA 1981, 80 (81).

607 *Gusy*, a.a.O., S. 83.

§ 4 Beispiele funktionaler Abgrenzungen

I. Repressive Normen des Baurechts

1. Eingeschachtelte repressive Verbote

Von besonderem Interesse für eine funktionale Differenzierung sind die gleichsam in präventive Regelungen eingeschachtelten[608] repressiven Verbote des Bauordnungs- und Bauplanungsrechts. Anhand des bauordnungsrechtlichen Dispenses sowie des § 35 BauGB wurde bereits die Frage geprüft, mit welcher Rechtfertigung die zur Durchführung des Vorhabens nötigen Ausnahmen, Befreiungen etc. in das Ermessen der Genehmigungsbehörde gestellt sein sollen, obwohl dem Bauwilligen nach allgemeiner Ansicht ein bauordnungsrechtlich ausdrücklich geregelter An-spruch auf die begehrte Baugenehmigung zusteht. Insoweit konnte festgestellt werden, daß auch innerhalb der Reichweite präventiver Genehmigungsvorbehalte durchaus repressive Normen und Enklaven existieren können[609]. Dies ist in denjenigen Bereichen möglich, die durch die Genehmigungsvoraussetzungen und Versagungsgründe von der Genehmigungsfähigkeit grundsätzlich ausgeschlossen sind. Von besonderem Interesse sind diejenigen Normen, an denen sich der Meinungsstand zur Abgrenzung präventiver und repressiver Verbote sowie zur grundrechtskonformen Auslegung repressiver Verbote fast ausschließlich entwickelt hat. Es sind dies die als repressiv eingestuften Vorschriften des Bauordnungs- und Bauplanungsrechts.

Um Befreiungen von repressiven Verboten handelt es sich bei den bauordnungsrechtlichen Befreiungen oder den Vorschriften der §§ 35 Abs. 2, 31 Abs. 2 BBauG/BauGB nach den zuvor dargestellten Grundsätzen zur Abgrenzung präventiver und repressiver Verbote, weil im Baurecht ganz allgemein von einer materiellen Bestimmung der Grundrechtssphäre durch Genehmigungsvoraussetzungen und Versagungsgründe durch die betreffenden Normen auszugehen ist. Vorschriften wie etwa § 35 BauGB fällt die Aufgabe zu, innerhalb eines präventiven Genehmigungsvorbehaltes als tatbestandliche Abgrenzung genehmigungsfähiger und nicht genehmigungsfähiger Betätigung zu dienen, indem z.B. nicht privilegierte Außenbereichsvorhaben grundsätzlich mit materieller Wirkung untersagt werden. Die Frage, ob die jeweiligen Befreiungen in das Ermessen der Verwaltungsbehörde gestellt werden können, hängt davon ab, ob die Funktion der Befreiung jeweils auf die Vermeidung individueller Härten oder die Verwirklichung von Gemeinwohlinteressen gerichtet ist.

---

608 *Schwabe*, JuS 1973, 133 (135).

609 S.u. 1. Kap. § 3 I 5.

2. Die Befreiung vom Bebauungsplan gem. § 31 Abs. 2 BauGB

a. Bauplanungsrechtliche Befreiung und Ausnahme

Überprüft werden soll zunächst das Ermessen bei der Befreiung von den Festsetzungen des Bebauungsplanes gem. § 31 Abs. 2 BauGB. Bezüglich der verschiedenen Alternativen des Abs. 2 wird im Hinblick auf normstrukturelle oder verfassungsrechtliche Ermessensgrenzen nur selten differenziert. Hinsichtlich der Ausnahme in § 31 Abs. 1 BauGB wird gegenüber den Befreiungstatbeständen des § 31 Abs. 2 BauGB regelmäßig keine erwähnenswerte Ermessensproblematik angenommen. Die Ausnahme wird gemeinhin als eine vom Bebauungsplan gedeckte plankonforme Entscheidung angesehen, die Befreiung als Abweichung von diesem Plan[610]. Mit der Erteilung einer Ausnahme werde lediglich etwas verwirklicht, woran der Plangeber bereits gedacht habe und was er demzufolge im Plan in eingegrenztem Umfang bereits vorgesehen habe[611]. Überprüft werden nachfolgend daher beispielhaft nur die Befreiungstatbestände des § 31 Abs. 2 BauGB.

b. Der Meinungsstand zum Befreiungsermessen in § 31 Abs. 2 BBauG/BauGB ohne tatbestandliche Differenzierung

In zahlreichen Untersuchungen werden Funktionen und Ermessensbindungen für § 31 Abs. 2 BBauG/BauGB ohne tatbestandliche Differenzierung zwischen den einzelnen Alternativen behandelt. Anders als bei § 35 BauGB/BBauG geht die ganz h.M.[612] bei der Befreiung gem. § 31 Abs. 2 BauGB ohne Differenzierung der einzelnen Tatbestandsalternativen von einer Ermessensentscheidung aus. Die Festsetzungen des Bebauungsplanes werden nämlich gemeinhin als zulässige Inhaltsbestimmung und Schranke des Eigentumsrechts aus Art. 14 GG verstanden[613], so daß

610 *Schrödter,* BauGB, § 31 Rdnr. 3; vgl. aber *Schlichter,* in: *Schlichter/Stich,* BauGB, § 31 Rdnr. 7, die für Ausnahme und Befreiung denselben Normzweck annehmen.

611 *Schmidt-Eichstaedt,* Befreiung, DVBl 1989, 1, der im übrigen eine Ausnahme als Abweichung von nicht zwingenden Festsetzungen, eine Befreiung von zwingenden Festsetzungen annimmt. Nicht zwingend sei eine Festsetzung des Planes, wenn eine Ausnahme möglich sei; krit. zu diesem Versuch einer inhaltlichen Abgrenzung: *Schlichter,* in: *Schlichter/Stich,* BauGB, § 31 Rdnr. 7; *Söfker,* in: *Ernst/Zinkahn/Bielenberg,* BauGB, § 31 Rdnr. 11.

612 BVerwGE 56, 71 (76); *Dürr,* in: *Brügelmann/Dürr,* BauGB, § 31 Anm. 33; *Gelzer/Birk,* BauplR, Rdnr. 957; *Schlichter,* in: *Schlichter/Stich,* BauGB, § 31 Rdnr. 40; *Schrödter,* BauGB, § 31 Rdnr. 3 d; *Söfker,* in: *Ernst/Zinkahn/Bielenberg,* BauGB, § 31 Rdnr. 39.

613 BVerfGE 3, 407 (424).

jede Betätigung außerhalb dieser Festsetzungen nach dem überkommenen Verständnis des repressiven Verbotes grundsätzlich unerwünscht und materiell verboten sei[614].

In ähnlicher Weise wie bei der bauordnungsrechtlichen Befreiung nimmt daher auch bei der bauplanungsrechtlichen Befreiung des § 31 Abs. 2 BauGB die herrschende Meinung ein repressives Verbot mit zulässigem Befreiungsermessen an, da eine Bauausführung begehrt wird, die von den Festlegungen des Planungsträgers abweicht, so daß nur in atypischen Fällen trotz fehlender Plankonformität und Vorliegen eines Versagungsgrundes nach Prüfung im Einzelfall und behördlicher Ermessensbetätigung der "gesetzwidrige" bzw. der "den positiven oder negativen Grundaussagen des Planungsgebers widersprechende Zustand" hingenommen werden könne.

Wie bei der Darstellung einer Korrektivfunktion der Befreiung erläutert wurde, ist hieraus aber nicht ohne weiteres auf die Zulässigkeit einer Ermessensbetätigung zu schließen. Entscheidend für die Beurteilung verfassungsrechtlicher Ermessensgrenzen bei der Entscheidung über die Befreiung von den Festsetzungen des Bebauungsplanes ist die Funktion der jeweiligen Befreiungsvorschrift. Gegen ein Verständnis der bauplanungsrechtlichen Befreiung als Rechtswohltat spricht deren Aufgabe als Instrument zur Bewältigung von Konflikten, die der Plangeber nicht absehen und planerisch lösen konnte[615], was eine Korrektivfunktion nahelegt.

Die Installation einer Befreiungsnorm hat eine verfassungsrechtliche Aufgabe in Bezug auf die gesetzliche Grenze der Grundrechtsbetätigung immer dort, wo eine Gesamtbetrachtung von Verbotsvorschrift und Befreiungsnorm ergibt, daß Zweck der Regelung insgesamt die Möglichkeit einer Korrektur im Hinblick auf eine denkbare Divergenz von Tatbestand (Festsetzung des Bebauungsplanes) und Regelungszweck ist und damit ein Anwendungsfall des Übermaßverbotes. In einer derartigen Korrektivfunktion wäre ein Befreiungsermessen nach der hier vertretenen Ansicht ausgeschlossen.

---

614 *Dürr*, in: *Brügelmann/Dürr*, BauGB, § 31 Anm. 33 bezeichnet § 31 Abs. 2 BauGB ausdrücklich als ein repressives Verbot.

615 *Ernst/Hoppe*, Rdnrn. 302 ff.; *Hoppe*, Befreiungstatbestände, DVBl 1983, 1077 (1081): Voraussehbare und vermeidbare Konflikte muß der Plangeber selbst regeln und darf diese nicht einem späteren Konfliktinstrumentarium überlassen, sonst droht eine Nichtigkeit des gesamten Planes.

Die h.M., die ohne Differenzierung[616] bei allen Tatbestandsalternativen des § 31 Abs. 2 BauGB von der Zulässigkeit einer Ermessensbetätigung ausgeht, bedient sich häufig einer verfassungsrechtlich geprägten Terminologie [617], die auf eine Korrektivfunktion in dem zuvor dargestellten Sinne hindeutet, ohne daß aus grundrechtliche Erwägungen der Rückschluß auf Ermessensbindungen bei § 31 Abs. 2 BauGB insgesamt oder bei einzelnen Befreiungsalternativen gezogen wird. Im zeitlichen Zusammenhang mit der Entscheidung des Bundesverwaltungsgerichts[618] zu § 35 Abs. 2 BBauG richteten demgegenüber auch die bereits zitierten Entscheidungen des OVG Münster[619] sowie des VG Münster[620] das Interesse auf spezifische Ermessensgrenzen bei § 31 Abs. 2 BBauG[621]. Sowohl in diesen Entscheidungen selbst, wie auch bei den befürwortenden Stimmen in der Literatur[622] wird die Annahme eines vollständigen Ermessensausschlusses aber allein aus der Koppelungsproblematik hergeleitet.

Der Argumentationsansatz ist in den Abhandlungen ganz überwiegend noch verfassungsrechtlich geprägt. Unter dem verfassungsrechtlichen Aspekt des Übermaßverbotes[623] werden oft zunächst Überlegungen angestellt, die in dieser Arbeit zuvor zur Bestimmung der Korrektivfunktion und der sich hieraus ergebenden Grenzen des Befreiungsermessens herangezogen wurden. Die von *Hoppe* in Anlehnung an

616 Oder sogar bis über die Ausnahme gem. § 31 Abs. 1 BauGB erstreckt wird: *Schlichter*, in: *Schlichter/Stich*, BauGB, § 31 Rdnr. 7.

617 *Bruder*, Befreiung, S. 39; *Finkelnburg/Ortloff*, Öffentl.BauR,, S. 310; *Schlichter*, in: *Schlichter/Stich*, BauGB, § 31 Rdnr. 7.

618 BVerwG v. 29.4.64, E 18, 247.

619 OVG Münster NJW 1966, 1833.

620 VG Münster DVBl 1967, 298.

621 Vgl. hierzu die Ausführungen unter FN 306.

622 Vgl die zust. Anmerkungen von *Gierth*, NJW 1966, 2424 zu OVG Münster NJW 1966, 1833 sowie *Hoppe*, DVBl 1967, 300 zu VG Münster DVBl 1967, 298; ebenso *Bruder*, Befreiung, S. 47; *Erichsen*, Baudispens, DVBl. 1967, 269 (270); *Erwe*, Befreiungen, S. 181 f.; *Hoppe*, Ausnahmen, DVBl 1969, 340; *Lau*, BauR 1987, 491 (494).

623 So schon die Titel bei *Bruder*, Die Befreiung vom Bebauungsplan als Anwendungsfall des Übermaßverbotes und *Erichsen*, Baudispens und Übermaßverbot, DVBl 1967, 269, führt insoweit aus, die grundsätzlich abstrakte Dispensationsnorm erfasse auf Grund ihrer Abstraktion zuweilen auch Sachverhalte, bei denen es zur Erreichung ihres Zweckes nicht der von ihr vorgesehenen Eingriffe in die Rechtssphäre des einzelnen bedürfe.

die Formulierung des VG Münster angenommene Funktion des § 31 Abs. 2 BBauG liegt so z.B. in der Rückführung des Regeltatbestandes auf das erforderliche Maß[624].

Auch *Bruder* führt zum Normzweck des § 31 Abs. 2 BBauG ohne weitere Differenzierung zwischen den verschiedenen Alternativen aus, die Baufreiheit könne durch die Festsetzungen des Bebauungsplanes möglicherweise "übermäßig" beschränkt sein. Weil der Gesetzgeber dies wisse, lindere er das Verbot einer abweichenden Bebauung durch die Möglichkeit einer Befreiung[625]. In ähnlicher Weise wird an anderer Stelle[626] auf die notwendige Abstraktion des Bebauungsplanes verwiesen und der Zweck des § 31 Abs. 2 BauGB ohne weitere Differenzierung in der Notwendigkeit gesehen, atypischen Sachverhalten gerecht zu werden[627]. Fast alle Autoren, die im Ergebnis einen Ausschluß des Verwaltungsermessens vertreten, leiten in der weiteren Folge der Argumentation zu einer ausschließlich normstrukturellen Prüfung über, deren verfassungsrechtliche Komponente allerdings besonders betont wird.

Einen Verstoß gegen das Prinzip der Gewaltenteilung sieht *Bruder*[628] in der Einräumung eines Ermessens bei allen Tatbeständen des § 31 Abs. 2 BBauG, da die Einräumung von Ermessen nur im Hinblick auf die Berücksichtigung von Belangen zulässig sei, die nicht bereits tatbestandlich determiniert seien. *Bruder* prüft zunächst einen Verstoß gegen das Gewaltenteilungsprinzip im Hinblick auf die Rechtsnatur der Befreiung als Akt der Rechtssetzung oder Rechtsanwendung. Entgegen *Mussgnug*[629] sieht *Bruder* in der Befreiung durch die Verwaltung einen Akt der Rechtsanwendung im formellen und materiellen Sinn und damit keinen Verstoß gegen das Gewaltenteilungsprinzip[630]. Ein Verstoß ist aber aber nach Auffassung von *Bruder* in der Einräumung eines Ermessens in § 31 Abs. 2 BBauG zu sehen. Dieses Ermessen sei nicht in rechtsstaatlicher Weise determiniert, da alle denkbaren Wertabwägungen durch die im Tatbestand enthaltenen unbestimmten Rechtsbegriffe abgedeckt seien. Die Behörde habe daher ein völlig freies Ermessen

---

624 *Hoppe,* Ausnahmen, DVBl 1969, 340 (346).

625 *Bruder,* Befreiung, S. 39.

626 *Finkelnburg/Ortloff,* Öffentl.BauR, S. 311.

627 Ähnlich *Schlichter,* in: *Schlichter/Stich,* BauGB, § 31 Rdnr. 7, der den Zweck der Befreiung nach Abs. 2 und der Ausnahme nach Abs. 1 in der Vermeidung unbilliger Ergebnisse aufgrund der Pauschalisierung und Typisierung des Bebauungsplanes sieht.

628 *Bruder,* Befreiung, S. 41 ff..

629 *Mussgnug,* Dispens, S. 123 f..

630 *Bruder,* Befreiung, S. 45.

und könne ohne jede Kontrolle über die Anwendung oder Nichtanwendung von § 31 Abs. 2 BBauG entscheiden. Dies spreche jeder rechtsstaatlichen Verwaltung Hohn[631].

Ebenfalls ausschließlich auf die Koppelungsproblematik stellt *Sendler*[632] ab, der allerdings eine vollständige Determinierung des Rechtsfolgeermessens durch Ermittlung und Berücksichtigung von Belangen vermeidet, die keinen baurechlichen Bezug aufweisen und hinsichtlich dieser Gesichtspunkte die Möglichkeit einer Ermessensbetätigung annimmt[633].

Andere Autoren[634] differenzieren zwar zwischen den Alternativen des § 31 Abs. 2 BauGB im Hinblick auf unterschiedliche Ermessensbindungen, ein Befreiungsermessen wird jedoch nur für die Alternative des § 31 Abs. 2 Ziff.. 1 BauGB (Wohl der Allgemeinheit) bezweifelt. Im Ergebnis wird aber für die Ausnahme gem. Abs. 1 sowie für sämtliche Alternativen des Abs. 2 ein Ermessensspielraum bestätigt unter Hinweis auf den insgesamt repressiven Charakter[635] des § 31 BauGB[636]. Nur das OVG Münster[637] sowie *Redeker*[638] nehmen im Ergebnis eine gebundene Entscheidung ausschließlich bei einer Befreiung aus Gründen des Allgemeinwohls an.

Eine ausschließlich verfassungsrechtliche Argumentation zu einem Ausschluß des Ermessens in § 31 Abs. 2 BBauG (1960) findet sich nur bei *Hoppe*[639], der seine Auffassung allerdings wie andere Autoren über sämtliche Befreiungstatbestände des Bauplanungsrechts ohne funktionale Differenzierung erstreckt. Die Argumentation entspricht weitgehend der hier vertretenen Ansicht zur Korrektivfunktion der Befreiung als Instrument der Grundrechtsschonung.

---

631 *Bruder*, Befreiung, S. 47.

632 *Sendler*, Bauvorhaben, BBauBl 1968, 63 (64).

633 Vgl. zur Auffassung *Sendlers* auch die Ausführungen zur Koppelungsproblematik unter 2. Kap. § 2 IV 3 b.

634 *Schrödter*, BauGB, § 31 Rdnr. 25.

635 *Dürr*, in: *Brügelmann/Dürr*, BauGB, § 31 Anm. 33; *Schrödter*, BauGB, § 31 Rdnr. 3 d.

636 *Schrödter*, a.a.O., vertritt unter Hinweis auf die Bestätigung des Ermessensspielraums bei § 31 BBauG in BVerwGE 56, 71 die Auffassung, es liege ein sich im Rahmen der Sozialbindung bewegendes und damit zulässiges repressives Verbot vor.

637 OVG Münster NJW 1966, 1833.

638 *Redeker*, DVBl 1972, 608 (Anm. GmS-OGB).

639 *Hoppe*, Ausnahmen, DVBl 1969, 340.

Hoppe[640] wendet sich ganz allgemein gegen die herrschende Lehre von der fehlenden Grundrechtsrelevanz des Dispenses und definiert die Dispensation als Aktualisierung des Übermaßverbotes, dessen Funktion im Ausgleich einer Divergenz von Tatbestand und Schutzgut baurechtlicher Normen liege[641]. Unter Bezugnahme auf die Rechtsprechung des Bundesverfassungsgerichts zum Genehmigungsanspruch bei präventiven Genehmigungsvorbehalten[642] leitet *Hoppe*[643] aus dem Gebot der maximalen Aktualisierung der Grundrechte die Verpflichtung zur Dispensation ab, soweit die Schutzzwecke des Verbotes nicht nachweisbar beeinträchtigt werden[644].

c. Die "Härtefall"-Befreiung[645] vom Bebauungsplan gem. § 31 Abs 2 Ziff. 3 BauGB

Nachfolgend werden diejenigen Auffassungen dargestellt, die eine funktionale und grundrechtliche Differenzierung zwischen den einzelnen Tatbestandsalternativen des § 31 Abs. 2 BauGB erkennen lassen.

aa) Der Meinungsstand zur Funktion des § 31 Abs. 2 Ziff. 3 BauGB

Bei den seltenen Differenzierungen zwischen den Alternativen des § 31 Abs. 2 BauGB wird gerade als Voraussetzung für die Härtefall-Befreiung ein besonderer Eingriff in die Rechte des Betroffenen sowie ein besonderes, über die allgemeinen Wirkungen des Bebauungsplanes hinausgehendes Opfer angenommen[646]. So nimmt auch *Erwe*[647] als Voraussetzung für einen Befreiungsanspruch an, die betref-

---

640 *Hoppe*, Ausnahmen, DVBl 1969, 340 (346).

641 *Hoppe*, Ausnahmen, DVBl 1969, 340 (346) unter Bezugnahme auf *Erichsen*, Baudispens, DVBl 1967, 270 sowie VG Münster, DVBl 1967, 200; vgl hierzu nachfolgend auch die Ausführungen bei der Prüfung der bauordnungsrechtlichen Befreiung unter 3. Kap. § 4 III.

642 BVerfGE 18, 353; 20, 150.

643 *Hoppe*, Ausnahmen, DVBl 1969, 340 (343).

644 Vgl. auch *Gelzer/Birk*, BauplR, Rdnr. 959 mit drei Beispielen aus der Rspr. des OVG Münster zu einem Rechtsanspruch bei der Härtefall-Befreiung. Diese Entscheidungen werden allerdings im Ergebnis auf eine Ermessensreduzierung auf Null (wegen veränderter Bautechniken) gestützt .

645 Zu diesem Normzweck: *Schmidt-Eichstaedt*, Befreiung, DVBl 1989, 1 (2); Beispiele für diese Befreiungsalternative des § 31 BauGB bei *Gelzer/Birk*, BauplR, S. 322.

646 *Schlez*, BauGB, § 31 Rdnr. 9 unter Hinweis auf BVerwG DÖV 1975, 572 und BVerwG, DVBl 1975, 895, letzere Entscheidung spricht allerdings lediglich von einem "Sonderfall".

647 *Erwe*, Befreiungen, S. 186.

fende Rechtsnorm müsse mindestens auch die privaten Belange des Begünstigten schützen, was unzweifelhaft bei der Alternative des § 31 Abs. 2 Ziff.. 3 BBauG ("Härtefall")[648] der Fall sei, da hier eine subjektive (grundstücksbezogene) Härte des Begünstigten zur Befreiungsvoraussetzung und Motivation erhoben sei. Eine gebundene Entscheidung leitet *Erwe* aber ebenso wie *Bruder*[649] und *Erichsen*[650] auch bei dieser Alternative der Befreiung nicht unmittelbar aus den Grundrechten des Begünstigten ab, sondern aus der Koppelungsproblematik[651]. Diese verschaffe dem Begünstigten aber nur dann einen Genehmigungsanspruch, wenn die betreffende Norm auch seinen Interessen zu dienen bestimmt sei.

Erichsen[652] stellt zunächst fest, daß nach Erfüllung der Tatbestandsmerkmale des § 31 Abs. 2 S. 1 Ziff. 1 BBauG ("Härtefall") keine ablehnende Entscheidung der Behörde möglich sei, weil die ermessensleitenden Gesichtpunkte in Form von Tatbestandsmerkmalen festgelegt seien und eine Berücksichtigung derartiger Gesichtspunkte auf der Rechtsfolgenseite zu keinem anderen Ergebnis führen könne als auf der Tatbestandsseite. Bei den nunmehr verbleibenden Entscheidungsalternativen Gewährung oder Untätigkeit gebiete es ein verfassungsbezogenes Normverständnis des § 31 Abs. 2 S. 1 Ziff. 1 BBauG als Ermächtigung zur Korrektur satzungsmäßigen Übermaßes, in dieser Vorschrift einen Fall der gebundenen Erlaubnis zu sehen, so daß bei Erfüllung des Tatbestandes die Befreiung regelmäßig zu erteilen sei.

bb) Stellungnahme zur Härtefall-Befreiung gem. § 31 Abs. 2 Ziff. 3 BauGB

Bei der bauplanungsrechtlichen Härtefall-Befreiung ist zunächst zu fragen, ob die Festsetzungen des Bebauungsplanes als abschließende Inhaltsbestimmung und Abgrenzung der Grundrechtssphäre des Bauwilligen verstanden werden können und welche Aufgabe in diesem Zusammenhang der schon vom Gesetzgeber vorgesehenen Möglichkeit einer Befreiung zukommt.

---

648 Die Ausgestaltung der Befreiungstatbestände hat sich seit dem BBauG 1960 mit der Beschleunigungsnovelle 1979 erheblich geändert, indem die Befreiung aus "Härtegründen" gem Ziff. 1 zur Ziff. 3 wurde, die "Gemeinwohlbefreiung" gem. Ziff. 2 zur Ziff. 1 und eine Befreiung aus Gründen des Städtebaus als Ziff 2 eingefügt wurde - vgl. hierzu auch nachfolgend unter e.

649 *Bruder,* Befreiung, S. 133.

650 *Erichsen,* Baudispens, DVBl 1967, 269, der aus der Koppelungsproblematik eine vollständige Determinierung des Ermessens ableitet, einen Genehmigungsanspruch jedoch aus der Notwendigkeit einer Korrektur satzungsmäßigen Übermaßes.

651 *Erwe*, Befreiungen, S. 181 ff..

652 *Erichsen,* Baudispens, DVBl 1967, 269 (274 ff.).

Die vom örtlichen Planungsträger gezogene Grenze des Genehmigungsfähigen und des Unerwünschten kann nur dort gleichzeitig die Grenze der verfassungsmäßigen Rechte der betroffenen Bürger bilden, wo wenigstens der Planungsträger selbst der Auffassung ist, durch die von ihm geregelten Festsetzungen den "Grenzverlauf" von sozialschädlichen und unbedenklichen Vorhaben zutreffend festzulegen.

Dies gilt auch für eine innerhalb eines präventiven Genehmigungsvorbehaltes verlaufende Grenze der Genehmigungsfähigkeit. Die mit dem präventiven Bauver-bot korrespondierenden Genehmigungsvoraussetzungen und Versagungsgründe werden zwar durch den Erlaß eine Bebauungsplanes aus der Ebene gesetzlicher Abstraktion herausgehoben und den örtlichen Verhältnissen angepaßt, können aber auch nach der Auffassung des Planungsträgers die Rechte des Bürgers nicht in allen denkbaren Fallgestaltungen trennscharf und in verfassungskonformer Weise abgrenzen. Denn mit der Anpassung erfolgt auch eine ganz erhebliche Erhöhung der Regelungsintensität bis hin zur Vorgabe von Gestaltungsmerkmalen, so daß auch hier gilt: *summum ius, summa iniuria*. Daher muß auch bei Festsetzungen des Bebauungsplanes die Möglichkeit und Gefahr eines satzungsmäßigen Verbotsübermaßes hingenommen werden, der durch die Verwaltung gegebenenfalls grundrechtskonform durch Befreiungen zu korrigieren ist.

Hoppe[653] argumentiert in vergleichbarer Weise und versteht den baurechtlichen Dispens daher zutreffend als Aktualisierung des Übermaßverbotes, dessen Funktion im Ausgleich einer Divergenz von Tatbestand und Schutzgut baurechtlicher Normen liege[654]. Allerdings erstreckt *Hoppe* dieses Normverständnis über sämtliche Arten baurechtlicher Befreiungen, unabhängig davon, ob diese etwa eine Befreiung im Gemeinwohlinteresse ("Gründe des Wohls der Allgemeinheit") ermöglichen sollen oder die Grundrechte des betroffenen Bürgers ("nicht beabsichtigte Härte") abzielen[655]. Bei der an dieser Stelle zu prüfenden bauplanungsrechtlichen Härtefall-Befreiung ist der Normzweck ausschließlich im Sinne der zweiten Alternative zu verstehen. Ob eine vergleichbare Funktion und verfassungsrechtliche Problematik ebenso in anderen Befreiungsnormen gesehen werden kann, ist an späterer Stelle zu prüfen.

Abzulehnen ist in dieser Funktion der Befreiung die bereits dargestellte Auffassung[656], nach der repressive Verbote gerade dadurch gekennzeichnet seien, daß die

---

653 *Hoppe*, Ausnahmen, DVBl 1969, 340 (346).

654 *Erichsen*, Baudispens, DVBl 1967, 270; *Hoppe*, Ausnahmen, DVBl 1969, 340 (346); VG Münster, DVBl 1967, 200.

655 *Hoppe*, Ausnahmen, DVBl 1969, 340 (346).

656 1. Kap. § 2 III 3.

durch sie erfaßte Betätigung des Bürgers außerhalb der grundrechtlichen Freiheitszone liege und daher auch ausnahmslos habe verboten werden können[657]. Richtig ist sicherlich, daß dort, wo ein ausnahmslos verfügtes Verbot sich als verfassungsrechtlich zulässig erweist, ein gleichwohl zugefügter Ausnahme- oder Befreiungstatbestand die Freiheitszone des Bürgers lediglich erweitern, eine Versagung seinen status negativus hingegen nicht berühren kann[658]. Ein derartiges Verbot könnte man aber lediglich im Anschluß an eine vollständige verfassungsrechtliche Prüfung als zulässig und repressiv bezeichnen.

Nur selten wird jedoch im Einzelfall eine verfassungsrechtliche Prüfung der Frage vorgenommen, ob ein völliges gesetzliches Verbot sich als zulässig erweisen würde[659]. Auch in der neueren Literatur wird vielmehr regelmäßig die verfassungsrechtlich zulässige Begrenzung der Grundrechtssphäre a priori zum Kennzeichen des repressiven Verbotes erklärt[660] und werden Befreiungen und Dispense - insoweit folgerichtig - zu reinen Wohltaten deklariert[661]. Gerade beim bauplanungsrechtlichen Härtefall-Dispens aber zeigt sich, daß das Eigentumsrecht allein aufgrund besonderer örtlicher Verhältnisse durch die ebenso intensiven wie starren Vorgaben des Bebauungsplanes in verfassungsrechtlich unzulässiger Weise eingeschränkt sein kann und eine Korrektur im Wege des Dispenses notwendig wird.

Daher läßt sich die z.B. auch von *Ossenbühl* verwandte, weitverbreitete Definition des repressiven Verbotes nicht auf den bauplanungsrechtlichen Härtefall-Dispens übertragen, nach der ein Dispens nach einem repressiven Verbot ganz allgemein ein an sich außerhalb der verfassungsverbürgten Freiheit liegendes Verhalten zulasse, weil die Sozialschädlichkeit im einzelnen Fall fehle[662]. Ein im Ergebnis sozial un-

---

657 Vgl. *Ossenbühl,* Tendenzen, DÖV 1968, 618 (623 f.); *Ackermann,* DÖV 1964, 721 (722); *Müller,* DÖV 1969, 119 (126); *Bettermann,* BB 1982, 2146 (2148).

658 So ausdrücklich *Ossenbühl,* a.a.O., S. 623.

659 Wie dies etwa bei der bereits zitierten Entscheidung des OVG Lüneburg vom 25.09.1958, OVGE 1969, 476 der Fall ist, die die Grundlage für den Aufsatz von *Friauf,* JuS 1962, 422 bildete.

660 Vgl. nur *Drews/Wacke/Vogel/Martens,* Gefahrenabwehr, S. 444; *Bull,* VerwR, § 1 Rdnr. 36.

661 *Ortloff,* NVwZ 1988, 320; *Keppeler,* Versagungsermessen, S. 11 ff.; *Schrödter,* BauGB, § 31 Anm. 2 bezeichnet Ausnahmen ausdrücklich als Wohltaten, nimmt bei der Darstallung von Dispensen im Sinne des Abs. 2 aber ganz allgemein ein zulässiges Verwaltungsermessen an, da es sich hierbei dem Wesen nach um das Gegenteil eines Verbotes mit Erlaubnisvorbehalt handele.

662 *Ossenbühl,* Tendenzen, DÖV 1968, 618 (624); ebenso *Mussgnug,* Dispens, S. 90; *Maurer,* Allgem.VerwR, § 9 Rdnr. 55; *Bettermann,* BB 1982, 2146 ff.; *Keppeler,* Versagungsermessen, S. 11; krit. bereits *Friauf,* JuS 1962, 422, (425 f.), der darauf hinweist, der

schädliches Verhalten kann auch *vor* der Gewährung einer administrativen Befreiung im Sinne einer Wohltat unmöglich *außerhalb* der verfassungsverbürgten Freiheitszone gelegen haben. Die Verwaltungsbehörde, die ein als objektiv unschädlich erkanntes Verhalten durch die Aufhebung eines Verbotes im Einzelfall zuläßt, kommt also letztlich nur ihrer verfassungsmäßigen Pflicht nach, das Übermaß einer Verbotsnorm in diesem konkreten Fall verfassungskonform zu korrigieren[663].

Ein Verwaltungsermessen muß in dieser Funktion ausgeschlossen sein. Die weitgefaßten, unbestimmten Rechtsbegriffe sollen zwar der Verwaltung die Möglichkeit eröffnen, mit ihrer Entscheidung jeder Fallgestaltung gerecht zu werden. Mit einem derartig weitgehenden Konkretisierungsauftrag[664] ist eine eingeschränkte verwaltungsgerichtliche Kontrolle als Wesensmerkmal des Ermessens[665] jedoch nicht verbunden.

d. Die Befreiung aus Gründen des Wohls der Allgemeinheit gem. § 31 Abs. 2 Ziff. 1 BauGB

aa) Der Meinungsstand zur Funktion der Befreiung gem § 31 Abs. 2 Ziff. 1 BauGB

Die beiden Alternativen des § 31 Abs. 2 Ziffern 1 und 2 sollen nachfolgend differenziert betrachtet werden, obwohl die in den betreffenden Tatbeständen verwandten Begriffe des "Wohls der Allgemeinheit", der "öffentlichen Belange" sowie der "städtebaulichen Gründe" ersichtlich keinen Bezug zu den grundrechtlichen Belangen des Antragstellers aufweisen und sich so in gleicher Weise von der Härtefall-Befreiung des § 31 Abs. 2 Ziff. 3 unterscheiden müßten. Da der Tatbestand des § 31 Abs. 2 Ziff. 2 BauGB jedoch keine positiven Voraussetzungen normiert, sind dessen Funktion und Normzweck nicht ohne weiteres zu ermitteln und bedürfen einer näheren Untersuchung.

Die Frage, welche Belange unter den Begriffen der "öffentlichen Belange" sowie des "Wohls der Allgemeinheit" bei den Alternativen der Ziffern 1 und 2 zu berück-

---

Rechtskreis des Bürgers werde durch die Aufhebung eines repressiven Verbotes in Wahrheit gar nicht erweitert.

663 Auch *Ossenbühl,* Tendenzen, a.a.O. 625, weist bereits auf die Gefahr hin, der Gesetzgeber könne der Verwaltung durch eine "zu weit vorgeschobene Verbotsgrenze" beliebig Raum für administratives Ermessen erschließen.

664 Hierzu *Schmidt-Eichstaedt,* Konkretisierungsauftrag, DVBl 1985, 645.

665 *Bullinger,* JZ 1984, 1001.

sichtigen sind, wird kontrovers diskutiert[666]. Das Bundesverwaltungsgericht[667] sieht das Wohl der Allgemeinheit durch den Bebauungsplan dann tangiert, wenn ohne die Befreiung dem Gemeinwesen ein nicht unerheblicher Nachteil droht oder wesentliche Vorteile ausbleiben[668]. Zur Frage, welche Gesichtspunkte im einzelnen unter diesen Begriffen in die Prüfung einzubeziehen sind, werden alle nur denkbaren Varianten vertreten.

Überwiegend wird unter dem Begriff des "Wohls der Allgemeinheit" jedwedes Gemeinwohlinteresse[669] berücksichtigt, sodann jedoch mit dem Begriff der "öffentlichen Belange" auf bodenrechtliche Aspekte begrenzt[670]. Die Einzelheiten hierzu sind für die weitere Untersuchung nicht von Interesse. Nach ganz überwiegender Ansicht sind die grundrechtlichen Belange des Antragstellers jedenfalls tatbestandlich bei den Befreiungsalternativen aus öffentlichen Gründen nicht zu berücksichtigen. Insbesondere soll es diesem auch verwehrt sein, sich im Verwaltungsverfahren auf Gemeinwohlbelange zu berufen, zu deren Sachwalter er nicht avancieren könne[671]. Danach käme bei der Befreiung im Gemeinwohlinteresse eine Korrektivfunktion sowie eine Ermessensbindung aus grundrechtlichen Erwägungen grundsätzlich nicht in Betracht.

---

666 Nach *Löhr*, in: *Battis/Krautzberger/Löhr*, BauGB, § 31 Rdnr. 38 decken sich inhaltlich die Begriffe der "öffentlichen Belange" und des "Wohls der Allgemeinheit"; hiergegen *Erwe*, Befreiungen, S. 143 sowie *Keppeler*, Versagungsermessen, S. 81, die darauf hinweisen, daß ersterer Begriff lediglich als negatives Merkmal verwandt wird.

667 BVerwG DÖV 1957, 185.

668 Praktische Bedeutung hat diese Alternative der Befreiung damit im wesentlichen für öffentliche Bauvorhaben, da sich Gründe des Wohls der Allgemeinheit im Regelfall in Einschränkungen für den Bürger niederschlagen; vgl. *Schlichter*, in: *Schlichter/Stich*, BauGB, § 31 Rdnr. 20 mit einer Aufzählung ausschließlich öffentlicher Bauvorhaben; *Schmidt-Eichstaedt*, Befreiung, DVBl 1989, 1 (2).

669 Nicht jedoch fiskalische Interessen: *Dürr*, in: *Brügelmann/Dürr*, BauGB, § 31 Anm. 32; *Söfker*, in: *Ernst/Zinkahn/Bielenberg*, BauGB, § 31 Rdnr. 56; *Gelzer/Birk*, BauplR, Rdnr. 773.

670 BVerwGE 56, 71 (78); *Dürr*, in: *Brügelmann/Dürr*, BauGB, § 31 Rdnrn. 32 ff.; *Gelzer/Birk*, BauPlR, Rdnr. 790.

671 So ausdrücklich *Gelzer/Birk*, BauplR, Rdnr. 774; *Menger/Erichsen*, Höchstr.Rspr 1967, VerwArch 58 (1967), 247; *Ossenbühl*, Tendenzen, DÖV 1968, 618 (624), der im übrigen explicit die Frage aufwirft, ob demgegenüber bei einer Befreiung zur Vermeidung von individuellen Härten ein Verwaltungsermessen ausgeschlossen sein muß (dort FN 54a).

Erwe[672], *Hoppe*[673] sowie *Redeker*[674] nehmen für sämtliche Befreiungsmöglichkeiten des § 31 BBauG einen Rechtsanspruch des Bauwilligen an[675], das OVG NW[676] geht von einer gebundenen Entscheidung ausschließlich bei einer Befreiung aus Gründen des Allgemeinwohls aus. Die Auffassungen *Redekers* sowie des OVG NW gründen sich jedoch allein auf die Koppelungsproblematik. Vorrangig ist aber festzustellen, ob für die Befreiung aus Gründen des Gemeinwohls grundrechtliche Ermessensbindungen unter dem Gesichtspunkt des Übermaßverbotes in Betracht kommen können. Die Koppelungsproblematik ist erst dann zu untersuchen, wenn ein Rechtsfolgeermessen nicht bereits aus verfassungsrechtlichen Gründen ausgeschlossen ist.

Anhaltspunkte für eine Berücksichtigung grundrechtlicher Belange bei der Gemeinwohlbefreiung ergeben sich nur aus den Auffassungen von *Erwe* und *Hoppe*. Wie andere Autoren[677] leitet *Erwe* die vollständige Determinierung des Ermessens in § 31 Abs. 2 BBauG zwar auch aus der Koppelungsproblematik ab, prüft sodann aber die Frage, ob sich der Antragsteller auf einen Genehmigungsanspruch berufen kann und berücksichtigt hierfür grundrechtliche Erwägungen[678].

Erwe nimmt an, auch die Befreiungstatbestände aus öffentlichen Gründen gem. § 31 Abs. 2 Ziff. 1 u. 2 BBauG wollten ungeachtet einer Gemeinwohl-Funktion gleichzeitig die Interessen des Dispensbegünstigten schützen. Zur Begründung wird ausgeführt, sämtliche Befreiungsalternativen setzten einen Antrag des Bauwilligen voraus, worin sich bereits ein privates Interesse manifestiere. Auch der Widerstreit zwischen den objektiv-rechtlichen Funktionen des Regelnormzwecks und denen der Befreiung sei schließlich unter dem Blickwinkel des Übermaßverbotes zu betrach-

---

672 *Erwe*, Befreiungen, S. 181 ff..

673 *Hoppe*, Ausnahmen, DVBl 1969, 340.

674 *Redeker*, DVBl 1972, 608.

675 Im Ergebnis wird auch durch das OVG NW, NJW 1966, 1833 ein Befreiungsanspruch bei der Gemeinwohlbefreiung angenommen, aber ausschließlich auf die Koppelungsproblematik gestützt; in ähnlicher Weise geht auch *Schmidt-Eichstaedt*, Konkretisierungsauftrag, DVBl 1985, 645 (647) von einer gebundenen Entscheidung bei der Befreiung aus Gründen des Gemeinwohls aus, leitet dieses Ergebnis jedoch aus einer Funktionslosigkeit des Rechtsfolgeermessens nach einem konkretisierungsbedürftigen, aber doch bestimmbaren und eindeutigen Tatbestand ab. Nach der Prüfung dieses Tatbestandes könne es keine Auswahl unter mehreren rechtmäßigen Entscheidungen geben.

676 OVG NW NJW 1966, 1833.

677 *Erichsen*, Baudispens, DVBl 1967, 269 (270) für die Härtefallbefreiung; *Lau*, BauR 1987, 491 (494).

678 *Erwe*, Befreiungen, S. 185 f..

ten. Durch jede Befreiung, gleich aus welchem Grunde, werde die (belastende) Regelnorm außer Anwendung gesetzt und die Baufreiheit aktualisiert[679].

Eine ausschließlich grundrechtliche Argumentation ohne Exkurs zur Koppelungsproblematik vertritt *Hoppe*[680], dessen Auffassung bereits bei der Prüfung der Korrektivfunktion der Befreiung[681] sowie der Härtefall-Befreiung des § 31 Abs. 2 Ziff. 3 BauGB dargestellt wurde. Ähnlich wie *Erwe* leitet *Hoppe* den Genehmigungsanspruch beim baurechtlichen Dispens aus dem Gebot der maximalen Aktualisierung der Baufreiheit ab, ohne sich mit dem Koppelungsphänomen auseinanderzusetzen. Vielmehr wird für den baurechtlichen Dispens ganz allgemein eine aus dem Grundsatz der maximalen Aktualisierung der Grundrechte abgeleitete Dispensierungspflicht angenommen, wenn sich das Vorhaben nach Prüfung als mit dem Schutzzweck des Verbotes vereinbar erweist.

bb) Stellungnahme zur Funktion der Befreiung gem. § 31 Abs. 2 Ziff. 1 BauGB

Die zuletzt genannten Auffassungen vermögen bei der Gemeinwohl-Befreiung des § 31 Abs. 2 Ziff. 1 BauGB nicht zu überzeugen. Auch wenn die ganz herrschende Meinung eine Differenzierung von Befreiungsfunktionen anhand einer Überprüfung der Wechselwirkung von tatbestandlicher Verbotsgrenze und den betroffenen Grundrechten nicht vornimmt, ist ihr zunächst insoweit zuzustimmen, als sich *grundsätzlich* für eine Betätigung jenseits der tatbestandlichen Verbotsgrenze ein Genehmigungsanspruch nicht ergibt, nur weil dem Verbot ein Befreiungsvorbehalt zugefügt wurde[682]. Dieser Erkenntnis läßt sich nicht mit dem Argument begegnen, jede Lockerung oder Aufhebung gesetzlicher Verbote aktualisiere die betroffenen Grundrechte. Wäre diese Annahme richtig, könnte es keine Befreiungsmöglichkeit, gleich welcher Funktion, ohne Befreiungsanspruch geben. Auch staatliche Leistungen können schließlich Grundrechte aktualisieren, ohne daß sich hieraus stets ein Leistungsanspruch konstruieren ließe.

Eine Ausnahme von diesem Grundsatz kann nur dort gelten, wo der Gesetzgeber eine Befreiungsmöglichkeit mindestens auch im Interesse des Betroffenen vorgesehen hat, um bei einer nicht vorhersehbaren Divergenz zwischen Schutzgut und Worlaut der Verbotsnorm eine weitestgehende Grundrechtsschonung zu gewährleisten. Sofern die Grundrechte des Betroffenen aber in keinem Zusammenhang mit

---

679 *Erwe*, Befreiungen, S. 186.

680 *Hoppe*, Ausnahmen, DVBl 1969, 340.

681 3. Kap. § 3 II 3 und § 4 I 2 c.

682 *Friauf*, JuS 1962, 422 (424); *Kloepfer*, Umweltrecht, S. 120; *Simon*, BayBauO, Art. 72 Rdnr. 23 ff..

der Befreiungsmöglichkeit stehen, kann sich aus ihnen kein subjektiv-öffentliches Recht ergeben.

Richtig ist zwar, daß auch eine Befreiung aus übergeordneten Gemeinwohlinteressen eine Belastung des Betroffenen aufhebt und die Baufreiheit aktualisiert. Dies gilt aber z.B. auch für die Ausweisung von Baugebieten oder sonstige staatliche Maßnahmen, die den betroffenen Bürgern Rechte und Möglichkeiten einräumen, die zuvor im Rahmen der geltenden Rechtsordnung nicht bestanden[683].

Die von *Bruder* [684] angenommene Betrachtung jeder Befreiung aus dem Blickwinkel des verfassungsrechtlichen Übermaßverbotes verkennt, daß die Baufreiheit aus Art. 14 GG erst durch eine zulässige gesetzliche Inhalts- und Schrankenbestimmung dieses Grundrechts[685] sowie insbesondere auch satzungsmäßig durch die Bauleitplanung definiert wird. Das Bundesverfassungsgericht hat schon früh bestätigt, daß die städtebauliche Planung die rechtliche Qualität des Bodens bestimmt[686]. Gesetzliche oder administrative Erweiterungen der Baufreiheit sind nicht unter dem Gesichtspunkt des Übermaßverbotes zu betrachten, sofern diese Erweiterung nicht wenigstens auch der Grundrechtsschonung zu dienen bestimmt ist.

e. Die Funktion der Befreiung aus städtebaulichen Gründen gem. § 31 Abs. 2 Ziff. 2 BauGB

aa) Der Meinungsstand zur Funktion des § 31 Abs. 2 Ziff. 2 BauGB

Ob der Befreiung gem. Ziff. 2 ("städtebauliche Gründe") gegenüber derjenigen gem. Ziff. 1 überhaupt eine eigenständige Bedeutung zukommt, wird ganz überwiegend bezweifelt[687] und insoweit ein Unterfall der Alternative gem. Ziff. 1 ohne eigenständige Bedeutung angenommen[688]. Tatsächlich unterscheidet sich die For-

---

683 Zutreffend *Ackermann*, DÖV 1964, 721: Die Aufstellung eines Bauleitplanes ist keine Frage der Rechtsanwendung, sondern der Gemeindepolitik.

684 *Bruder*, Befreiung, S. 186 sowie S. 81 (dort FN 2).

685 BVerfGE 21, 73 (83); 25, 112 (117).

686 BVerfGE 3, 407 (424).

687 *Bielenberg/Krautzberger/Söfker*, BauGB-Leitfaden, Rdnr. 176 ff.; *Löhr*, in: *Battis/Krautzberger/Löhr*, BauGB, § 31 Rdnr. 32 m.w.N.; *Schlichter*, in: *Schlichter/Stich*, BauGB, § 31 Rdnrn. 28 ff. (30).

688 *Keppeler*, Versagungsermessen, S. 81 erkennt auch bezüglich des Tatbestandsmerkmals der "offenbar nicht beabsichtigten Härte" in Ziff. 3 keine Relevanz für das Ermessen und hält allein die für alle Alternativen des Abs. 2 erforderliche Vereinbarkeit mit öffentlichen Belangen für bedeutsam, da diese im Gegensatz zur Ausnahme gem. Abs. 1 bereits im

mulierung der Regelung in Ziff. 2 insoweit von derjenigen der anderen Alternativen, als positive Voraussetzungen der Befreiung nicht beschrieben werden, sondern lediglich ein negatives Abgrenzungsmerkmal verwandt wird, das in den anderen Alternativen keine Verwendúng findet.

Nach dem BBauG 1960 enthielt § 31 Abs. 2 BBauG nur die beiden Tatbestandsalternativen der "offenbar nicht beabsichtigten Härte" sowie des "Wohls der Allgemeinheit". Erst durch die Beschleunigungsnovelle 1979[689] wurde mit Ziff. 2 eine Befreiungsmöglichkeit eröffnet, wenn "städtebauliche Gründe die Befreiung rechtfertigen und die Grundzüge der Planung nicht berührt werden".

Nach Einfügung dieses Befreiungstatbestandes wurde bereits die Auffassung vertreten, die Rechtfertigung der Befreiung durch städtebauliche Gründe sei nicht als tatbestandliche Voraussetzung zu betrachten, sondern als Grenze, bis zu der eine Befreiung zulässig sei[690]. Dieser Auffassung wurde ausdrücklich entgegengetreten mit der Begründung, § 31 Abs. 2 Nr. 2 BBauG 1979 sei nicht als "voraussetzungsloses Instrument zur Korrektur von Bebauungsplänen" geschaffen worden[691]. Aus dem Wesen der Befreiung folge, daß diese nur im Einzelfall und unter besonderen Voraussetzungen zulässig sei[692]. Die ganz h.M. in Rechtsprechung[693] und Literatur[694] nahm als Voraussetzung der Befreiung aus städtebaulichen Gründen das Vorliegen eines atypischen Sonderfalles an.

Mit der Einführung des neuen Baugesetzbuches wurde in der Folge der Wortlaut der Befreiung gem. § 31 Abs. 2 Nr. 2 BauGB dahingehend geändert, daß die auf dem Dispenswege beantragte Abweichung nur noch "städtbaulich *vertretbar*" sein mußte und Grundzüge der Planung nicht berührt werden durften. Mit dieser Änderung des Wortlautes sollten nach dem Willen des Gesetzgebers die Einengungen der Befreiungsmöglichkeiten beseitigt werden, die durch eine restrikive Rechtsprechung entstanden waren[695]. Das Fehlen positiver Tatbestandsvoraussetzungen und

---

Tatbestand, nicht erst im Ermessensbereich zu berücksichtigen seien.

689 Gesetz zur Beschleunigung von Verfahren und zur Erleichterung von Investitionsvorhaben im Städtebaubereich vom 6.7.1979 - BGBl. I S. 949.

690 *Bielenberg/Dyong*, Novellen zum BBauG, Rdnr. 141 c.

691 *Schmaltz*, BauR 1980, 1 (2).

692 *Schmaltz*, a.a.O., S. 1.

693 BVerwGE 40, 268 (271); 56, 71 (74); NJW 1978, 939; OVG Lüneburg, NJW 1980, 1408.

694 *Löhr*, in: *Battis/Krautzberger/Löhr*, BBauG (1.Aufl. 1985), § 31 Rdnr. 25.

695 BT-Drucks. 10/4630, S. 85; *Dürr/Seiler*, BauR.RhPf, Rdnr. 104; *Schlez*, BauGB, § 31 Rdnr. 6.

die Beschränkung allein auf die städtebauliche *Vertretbarkeit* wurde in der Lehre[696] verstärkt zum Anlaß genommen, in § 31 Abs. 2 Ziff. 2 BauGB nunmehr ein Mittel zu sehen, Alternativkonzeptionen zur Bauleitplanung zu verfolgen[697].

Zu der Frage, ob die Befreiung aus städtebaulichen Gründen auch zur Wahrung grundrechtlicher Belange des Bauwilligen in Betracht kommt, äußert sich nur *Jäde*[698], der eine *auch* grundrechtsschonende Funktion dieser Befreiung aus der Notwendigkeit eines atypischen Sonderfalles folgert. Auch die Neuformulierung der Befreiung nach Nr. 2 sei dadurch gekennzeichnet, daß der Plangeber bei Kenntnis des Einzelfalles die konkret einzustellenden öffentlichen und privaten Belange anders abgewogen hätte[699].

bb) Stellungnahme zur Funktion des § 31 Abs. 2 Ziff. 2 BauGB

Die Tatsache, daß sich der Tatbestand des § 31 Abs. 2 Ziff. 2 BauGB auf negative Abgrenzungskriterien beschränkt, erschwert die Ermittelung des Normzwecks außerordentlich. Daß städtebaulich unvertretbare Lösungen nicht verwirklicht und die Grundzüge der Planung nicht umgestürzt werden dürfen, ist selbstverständlich und sagt nichts darüber aus, unter welchen Voraussetzungen und mit welchem Zweck eine Befreiung in Betracht kommen soll.

Das Fehlen jeder positiv normierten Voraussetzung der Befreiung könnte zu der Annahme verleiten, jedweder sachliche Grund rechtfertige ein Abweichen vom Bebauungsplan, so auch grundrechtliche Belange des Bauwilligen, welche dann lediglich anhand städtebaulicher Aspekte und der Grundzüge der Planung auf ihre Vertretbarkeit überprüft werden müßten. Bei einer derartigen Betrachtungsweise aber wäre unerklärlich, warum sich der Gesetzgeber der Mühe unterzogen haben sollte, verschiedene Alternativen von Befreiungen zu regeln bzw. die seit dem BBauG 1960 bestehenden Tatbestände um eine weitere Alternative zu ergänzen.

---

696 *Krautzberger*, NVwZ 1987, 1; *Lenz*, BauR 1987, 1; *Schmidt-Eichstaedt*, Befreiung, DVBl 1989, 1; ablehnend: *Dürr/Seiler*, BauR.RhPf, Rdnr. 104 und *Peine*, JZ 1987, 322, jeweils unter Hinweis auf die Notwendigkeit eines atypischen Sonderfalls als positive Voraussetzung für die Befreiung.

697 Einschränkend *Löhr*, in: *Battis/Krautzberger/Löhr*, BauGB, § 31 Rdnr. 32: Durch die Neuregelung sollten die Anforderungen an die Atypik herabgesetzt, aber nicht die Struktur der allgemeinen Befreiungstatbestände geändert werden. *Löhr* verweist ferner auf die vorgenannte Auffassung von *Schmidt-Eichstaedt* zum Wegfall der Atypik und bescheinigt diesem beachtliche Gründe.

698 So *Jäde*, Planreife, BauR 1987, 252 (257 f.).

699 *Jäde*, a.a.O., S. 258.

Entscheidend für die hier zu prüfenden verfassungsrechtlichen Ermessensbindungen ist allein die Frage, ob nach dem Normzweck des § 31 Abs. 2 BauGB auch grundrechtliche Belange des Antragstellers Berücksichtigung finden können, etwa weil sich aus einer besonderen Situation des Grundstücks oder des beabsichtigten Vorhabens eine beschränkende Festsetzung des Bebauungsplanes als nicht notwendig und damit übermäßig erweist. Eine derartige Korrektivfunktion entspäche der beschriebenen Ausgangssituation bei der Härtefall-Befreiung gem. § 31 Abs. 2 Ziff. 3 BauGB mit den hieraus sich ergebenden Ermessensbindungen.

Für die Möglichkeit einer derartigen grundrechtsschonenden Funktion spricht nach Ansicht von *Jäde*[700] das durch das Bundesverwaltungsgericht[701] für sämtliche Alternativen geforderte Vorliegen eines atypischen Sonderfalles. Die von *Jäde* in Bezug genommene Rechtsprechung vor 1979 dürfte allerdings für die erst nachfolgend mit der Beschleunigungsnovelle eingeführte Ziffer 2 keine Aussagekraft haben. Im übrigen geht *Jäde* davon aus, es handele sich bei dem in § 31 Abs. 2 BauGB eingeräumten Ermessen in allen Alternativen um Planungsermessen. Auch die Befreiung aus städtebaulichen Gründen eröffne nachträglich - nach formellem Abschluß des Verfahrens - noch einmal planerische Gestaltungsfreiheit[702]. Diese planerische Gestal-tungsfreiheit läßt sich als Normzweck aber kaum mit der von *Jäde* angenommenen grundrechtsschonenden Funktion vereinbaren.

In einer Entscheidung[703] zu § 31 Abs. 2 Nr. 2 BauGB hat das Bundesverwaltungsgericht zwar die Atypik des Sachverhalts als Handlungsvoraussetzung ausdrücklich auf die Befreiung aus Gründen des allgemeinen Wohls erstreckt, zugleich aber auch erklärt, was unter einem atypischen Sonderfall zu verstehen ist. Danach liegt bei einer offenbar nicht beabsichtigten Härte die Atypik im Grundstück selbst oder in seiner Belegenheit, bei der Gemeinwohlbefreiung hingegen darin, daß ein besonderes und bei der planerischen Abwägung noch nicht erkennbares *Gemeininteresse* eine Randkorrektur der planerischen Festsetzungen erfordert[704]. Damit muß sich die Atypik bei einer Gemeinwohlbefreiung keineswegs auf individuelle Belange des Betroffenen beziehen.

Gegen eine Berücksichtigung privater Belange sprechen nicht nur die bereits dargestellten systematischen Erwägungen, sondern auch die Entstehungsgeschichte der

---

700 So *Jäde*, Planreife, BauR 1987, 252 (257 f.) m.w.N..

701 BVerwGE 40, 268 (271); 56, 71 (74); NJW 1978, 939.

702 *Jäde*, a.a.O., S. 258.

703 BVerwGE 56, 71 (74).

704 BVerwGE 56, 71 (74).

Regelung. Bis zur Einfügung der Ziff. 2 im Jahre 1979 war anerkannt, daß privatnützige Befreiungen nur im Rahmen der Härtefallvariante in Betracht kamen[705]. Vor der Einführung des BauGB und der damit verbundenen Umformulierung hatte die Befreiung gem. Ziff. 2 noch vorausgesetzt, daß "städtebauliche Gründe die Abweichung *rechtfertigen.*" Der Begriff der Rechtfertigung ist aber eindeutig als positive Voraussetzung des Handelns anzusehen und funktional im Sinne der Befreiung aus *städtebaulichen Gründen* zu interpretieren.

Mit der Änderung des Wortlautes des § 31 Abs. 2 Ziff. 2 im neuen BauGB sollte nach der zutreffenden Auffassung von *Schmidt-Eichstaedt*[706] der Anwendungsbereich der bauplanungsrechtlichen Befreiung erweitert werden durch eine Überwindung der Forderung nach einem atypischen Sonderfall. Durch die Einfügung der städtebaulichen Variante sollte es danach möglich werden, die Befreiung nicht nur als Instrument zur Vermeidung von individuellen Härten und städtebaulicher Fehlentwicklungen einzusetzen, sondern auch immer dann, wenn das beantragte Vorhaben als städtebaulich "bessere Idee"[707] anzuerkennen sei[708].

Auf die Notwendigkeit eines atypischen Sonderfalles muß im Rahmen der vorliegenden Arbeit nicht näher eingegangen werden. Wie das Bundesverwaltungsgericht[709] klargestellt hat, ist das Vorliegen eines atypischen Sonderfalles nicht im Sinne einer besonderen Grundrechtsrelevanz zu verstehen und soll sowohl bei der Härtefall-Befreiung, als auch bei einer ausschließlich aus Gemeinwohlgründen in Betracht kommenden Befreiung notwendig sein. Zutreffend dürfte es daher sein, bei § 31 Abs. 2 Ziff. 2 BauGB einen besonderen Anlaß[710] zu verlangen, in die Prüfung einer Befreiung eizutreten, inhaltlich sodann das beantragte Vorhaben nur an städtebaulichen Gesichtspunkten sowie den Grundzügen der Planung zu messen.

---

705 *Schmidt-Eichstaedt,* Befreiung, DVBl 1989, 1 (2).

706 *Schmidt-Eichstaedt,* Befreiung, DVBl 1989, 1 (3 ff.) unter Hinweis auf das Schweizer Recht.

707 Unter der Voraussetzung einer "städtbaulich besseren Lösung" hielt auch *Schmaltz,* BauR 1980, 1 (2) bereits eine Befreiung nach § 31 Abs. 2 Nr. 2 BBauG für zulässig.

708 Auch wenn sich hierfür keine konkreten Anhaltspunkte oder Auffassungen finden lassen, liegt auch der Gedanke nahe, der Gesetzgeber habe die positiven Tatbestandsvoraussetzungen in der Formulierung des § 31 Abs. 2 Ziff. 2 BauGB entfernt und durch das Abgrenzungskriterium der städtebaulichen Vertretbarkeit ersetzt, um hierdurch der Koppelungsproblematik zu entgehen und eine eingeschränkte gerichtliche Kontrolle der Entscheidung zu betonen.

709 BVerwGE 56, 71 (74).

710 So *Hoppe,* Befreiungstatbestände, DVBl 1983, 1077 (1080).

Da grundrechtliche Belange des Betroffenen in den Entscheidungsprozeß nicht einzubeziehen sind, ist bei der Befreiung aus städtebaulichen Erwägungen von einer zulässigen Ermessensentscheidung auszugehen, die von den Verwaltungsgerichten nur beschränkt überprüft werden kann[711]. Zutreffend ist daher für diese Variante der Befreiung die Aussage, es werde nachträglich, nach formellem Abschluß des Verfahrens, noch einmal planerische Gestaltungsreiheit eröffnet, um eine punktuelle Plankorrektur zu ermöglichen[712].

II. Die Befreiung gem. § 35 Abs. 2 BauGB

Die Rechtsprechung des Bundesverwaltungsgerichts zu § 35 Abs. 2 BBauG sowie die hierzu vertretenen Ansichten sind bereits dargestellt worden[713], so daß unmittelbar in eine Stellungnahme zur Funktion sowie der Ermessensgrenzen dieser Vorschrift eingetreten werden kann.

1. § 35 BauGB - der Außenbereich als repressive Zone

Eine andere Funktion und grundrechtliche Relevanz als für die Befreiungen des § 31 Abs. 2 BauGB müßte für die bauplanungsrechtliche Vorschrift des § 35 BauGB anzunehmen sein. Die bauplanungsrechtlichen Befreiungen gemäß § 31 Abs. 2 BauGB haben im Gegensatz zu dem allgemein als repressiv eingeschätzten § 35 BauGB keinen materiellen Inhalt dahingehend, selbst die Grenze der Genehmi-gungsfähigkeit zu bestimmen. Es ist vielmehr Aufgabe dieser Befreiungen, diese tatbestandliche Grenze gegebenenfalls zu korrigieren, sei es aus Individual- oder Gemeinwohlinteressen. § 35 BauGB insgesamt dient demgegenüber zur *Bestimmung* der materiellen Verbotsgrenze. Die Befreiungsmöglichkeit gem. § 35 Abs. 2 BauGB ist in ihrer Funktion und Grundrechtsrelevanz daher näher zu untersuchen.

Gemeinsam ist den Befreiungen vom Bebauungsplan und der Befreiung des § 35 Abs. 2 BauGB, daß sie innerhalb eines präventiven Genehmigungsvorbehaltes zur Anwendung kommen und sich so auch bei der Entscheidung der Behörde über die Anwendung des § 35 BauGB und damit die Baugenehmigung präventive wie repressive Elemente überschneiden. Denn § 35 BauGB ist als Vorschrift zur Beurteilung der bauplanungsrechtlichen Zulässigkeit eines Bauvorhabens stets im Zusam-

---

711 So im Ergebnis auch *Krautzberger,* NVwZ 1987, 452; *Lenz,* BauR 1987, 1 (2); *Schmidt-Eichstaedt,* Befreiung, DVBl 1989, 1 (5).

712 *Jäde,* Planreife, BauR 1987, 252 (258), der dies allerdings für sämtliche Befreiungstatbestände des § 31 Abs. 2 BauGB annimmt und von einer Abwägung mit privaten Belangen spricht.

713 2. Kap. § 2 I.

menhang mit dem bauordnungsrechtlichen, das präventive Verbot durchbrechenden, Anspruch auf Erteilung der Genehmigung anzuwenden. Danach könnte es grundsätzlich beim Vorliegen der positiv normierten Genehmigungsvoraussetzungen kein Ermessen der Behörde geben. Andererseits soll § 35 BauGB aber insgesamt repressiv wirken, da dieser Vorschrift der Gedanke zugrunde liege, daß im Außenbereich das Bauen grundsätzlich unterbleiben soll[714].

Somit würde das Bauen im Außenbereich grundsätzlich nicht zum bodenrechtlichen Inhalt des Eigentumsrechts i.S.d. Art. 14 GG gehören mit der Folge, daß Genehmigungsentscheidungen über Außenbereichsvorhaben nach Ermessen getroffen werden könnten, ohne daß die Genehmigungsbehörde anstelle des Gesetzgebers den Inhalt des Eigentumsgrundrechts bestimmte[715].

2. Art. 14 GG im Außenbereich

a. § 35 BauGB als Versagungsgrund

Angesichts der in § 35 Abs. 1 BauGB enumerativ aufgeführten privilegierten Vorhaben ist zunächst festzustellen, daß der Gesetzgeber eine tatbestandliche Ausgrenzung im Sinne eines Versagungsgrundes auf den gesamten Außenbereich erstreckt hat, auch wenn unter den in § 35 Abs. 1 BauGB geregelten tatbestandlichen Voraussetzungen der bodenrechtliche Inhalt des Eigentumsrechts bis in den Außenbereich hinausragen kann.

Um im Außenbereich das allgemeine Bauverbot zu durchbrechen, muß sich der Bauwillige nämlich auf einen Privilegierungstatbestand des § 35 Abs. 1 BauGB berufen können. Ist ihm dies nicht möglich, verbleibt das Außenbereichsvorhaben in der repressiven Zone und wird durch das aus § 35 BauGB insgesamt sich ergebende Bauverbot erfaßt[716]. Die Entscheidung über privilegierte Vorhaben nach

---

714 BVerwGE 19, 75 (76); BVerwG DVBl 1967, 286 (287); *Ackermann*, DÖV 1964, 721 (722); *Klein*, DÖV 1964, 658; *Menger*, Höchstr.Rspr 1965, VerwArch 56 (1965), 88; *Müller*, DÖV 1969, 119 (126); nach den zuvor dargestellten Grundsätzen liegt insoweit ein eingeschachteltes repressives Verbot vor.

715 Das Bauen im Außenbereich hätte der Gesetzgeber daher zulässigerweise auch ausnahmslos verbieten können, so *Klein*, DÖV 1964, 658 (659) und *Fislake*, ZfBR 1988, 166 (167ff.); dies nimmt offensichtlich auch *Bullinger*, JZ 1984, 1001 (1007) an, der § 35 BBauG als echte Dispensvorschrift zur Anpassung des Gesetzes an atypische Fälle bezeichnet, bei dem ein Ermessen "weitgehend gebunden" sei; ebenso *Erichsen*, Baudispens, DVBl 1967, 269 (275), der ebenfalls einen Ermessensausschluß aus einer Korrektivfunktion ableitet.

716 In diesem Sinne *Ortloff*, NVwZ 1988, 320 (321 f.); *Fislake*, ZfBR 1988, 166 (167ff.): Eine Ablehnung von Außenbereichsvorhaben ist keine unzulässige Inhaltsbestimmung des

§ 35 Abs. 1 BauGB unterliegt demgegenüber den Regeln präventiver Genehmigungsvorbehalte, so daß ein gesetzlich normierter Rechtsanspruch auf die Genehmigung bei Vorliegen der tatbestandlichen Voraussetzungen besteht[717].

b. Die Befreiungsmöglichkeit als Grundlage der Genehmigungsfähigkeit

Der repressive Charakter des § 35 BauGB in Bezug auf nicht privilegierte Außenbereichsvorhaben könnte allerdings dadurch in Frage gestellt sein, daß der Gesetzgeber für derartige Vorhaben durch Abs. 2 überhaupt eine Genehmigungsmöglichkeit eröffnet und damit die materielle Verbotsgrenze zur Disposition der Verwaltung gestellt hat. Gerade aus der Existenz einer Ermessensvorschrift zur Genehmigung von Außenbereichsvorhaben könnte nämlich die Schlußfolgerung zu ziehen sein, der Gesetzgeber habe über die privilegierte Vorhaben gem. § 35 Abs. 1 BauGB hinaus das generelle Bauverbot im Außenbereich aufgeweicht[718] und sodann mit der Installation einer Ermessensnorm der Verwaltung in unzulässiger Weise die Bestimmung des Eigentumsinhaltes übertragen.

Im Sinne dieser Argumentation könnte die Entscheidung des Bundesverwaltungsgerichts vom 29.4.1964 zur grundrechtskonformen Auslegung des § 35 Abs. 2 BBauG[719] verstanden werden. Explicit bringt das Bundesverwaltungsgericht diesen Gedanken allerdings nicht zum Ausdruck. In der Literatur wird demgegenüber ausdrücklich[720] die Auffassung vertreten, allein durch die Beifügung eines *Erlaubnisvorbehaltes*[721] gebe der Gesetzgeber zu erkennen, daß die von ihm verfolgten Zwecke ein völliges Verbot nicht rechtfertigten oder zumindest nicht erforderten.

Für eine Interpretation des § 35 Abs. 2 BBauG als tatbestandliche Einbeziehung des Außenbereiches in die grundsätzliche Genehmigungsfähigkeit sprechen in der Entscheidung des Bundesverwaltungsgerichts zunächst die Ausführungen des Gerichts zur Notwendigkeit der *gesetzlichen* Inhalts- und Schrankenbestimmung

---

Eigentums durch die Behörde, sondern nur die Aktualisierung der gesetzgeberischen Entscheidung, den Außenbereich grundsätzlich von der Bebauung freizuhalten.

717 *Körner*, NJW 1965, 518 (519).

718 Zu diesem Gedanken *Ortloff*, NVwZ 1988, 320 (322), der dies im Ergebnis jedoch ablehnt.

719 BVerwGE 18, 247.

720 *Friauf*, JuS 1962, 422 (426); *Hoppe*, Ausnahmen, DVBl 1969, 340 (347).

721 Gemeint ist entgegen dieser Formulierung ersichtlich ein Befreiungsvorbehalt nach einem repressiven Verbot, vgl. *Friauf*, a.a.O., S. 425.

i.S.d. Art. 14 Abs. 1 S. 2 GG sowie zur Unzulässigkeit einer Übertragung dieser Aufgabe auf die Verwaltung im Wege einer Ermessensentscheidung[722].

Diese Formulierungen könnten darauf hindeuten, daß § 35 BBauG nach Auffassung des Gerichts nicht seiner Abgrenzungsfunktion innerhalb eines präventiven Ge-nehmigungsvorbehaltes genügen konnte. Auch die Bezugnahme auf die Rechtsprechung des Bundesverfassungsgerichts zu den verfassungsrechtlichen Anforderungen an Präventivverbote[723] könnte auf eine für präventive Genehmigungsvorbehalte kennzeichnende Gesamtbetrachtung von Verbot und Durchbrechung in § 35 BBauG im Sinne einer grundrechtsadäquaten Wechselbeziehung hindeuten.

Bei genauerer Betrachtung der Entscheidungsgründe äußert das Bundesverwaltungsgericht aber keine Zweifel an der Abgrenzungsfunktion des § 35 BauGB, sondern leitet die Notwendigkeit einer verfassungskonformen Auslegung aus anderen Überlegungen ab, die erst nach einer zusammenfassenden Wiedergabe der Grundsätze der in Bezug genommenen Rechtsprechung des Bundesverfassungsgerichtes zu den präventiven Genehmigungsvorbehalten entwickelt und erläutert werden[724]. Es sind dies ausschließlich normstrukturelle Erwägungen, die sich auf das Verhältnis der tatbestandlichen Reichweite des Begriffs der "öffentlichen Belange" in § 35 Abs. 2 BBauG zum Rechtsfolgeermessen richten[725]. Den bereits beschriebenen Grundsätzen der Koppelungsproblematik[726] folgend wird ein Rechtsfolgeermessen im Ergebnis ausgeschlossen, da der Begriff der öffentlichen Belange "alle irgendwie rechtserheblichen Gesichtpunkte" erfasse einschließlich der Grundsätze einer geordneten städtebaulichen Entwicklung.

Diese normstrukturelle Argumentation überlagert die verfassungsrechtliche Ermessensproblematik der Befreiung von repressiven Verboten und bedurfte im Grunde keines Exkurses zur Kompetenzzuweisung bei der Abgrenzung der Grundrechtssphäre des Art. 14 GG. Denn das Verhältnis tatbestandlicher Rechtsbegriffe zu einem Rechtsfolgeermessen ist nur anhand der tatbestandlich erfaßten Gesichtpunkte einerseits und der allgemeinen Ermessensproblematik von Tatbestands- und Rechtsfolgeermessen andererseits zu beurteilen, ohne daß hierfür grundrechtsspezifische Überlegungen angestellt werden müßten.

---

722 BVerwGE 18, 247 (250).

723 BVerwGE 18, 247 (250) unter Hinweis auf BVerfGE 6, 32 (42); 8, 71 (76); 9, 137 (147); 11, 168 (191); 13, 153 (160).

724 BVerwG a.a.O., 250 letzter Abs./251 erster Abs..

725 *Gelzer/Birk*, BauplR, S. 534.

726 2. Kapitel § 2.

Grundrechtliche Notwendigkeiten könnten für Außenbereichsvorhaben somit nur dann zu einem allgemeinen Anspruch auf die Genehmigung führen, wenn entweder der Gesetzgeber seiner Pflicht zur möglichst genauen Abgrenzung nicht nachgekommen wäre oder aber eine genauere Abgrenzung nicht möglich war und wegen der notwendigen Pauschalierung eine Befreiungsmöglichkeit für Außenbereichsvorhaben zur Vermeidung unbilliger Härten notwendig wurde. § 35 Abs. 2 BauGB hätte in diesem Fall die Funktion eines grundrechtsschonenden Korrektivs.

c. Tatbestand und Grundrechtssphäre bei § 35 BBauG/BauGB

Nach der hier vertretenen Ansicht ging das Bundesverwaltungsgericht in der zitierten Entscheidung von einer unzutreffenden Funktion des § 35 BBauG insgesamt sowie von § 35 Abs. 2 BBauG im besonderen aus.

Die ganz h.M. nahm bereits vor der betreffenden Entscheidung einen repressiven Charakter des § 35 BBauG bezüglich Außenbereichsvorhaben an und sah in § 35 Abs. 1 BBauG/BauGB eine hinreichend genau bestimmte tatbestandliche Grenze der Genehmigungsfähigkeit. Diese Auffassung wurde der Entscheidung des Bundesverwaltungsgerichts in der Lehre sofort entgegengehalten[727]. Auch in nachfolgenden Entscheidungen des Bundesverwaltungsgerichts[728] wurde der Regelungszweck des § 35 BBauG insgesamt in einer grundsätzlichen Unterbindung von Außenbereichsvorhaben gesehen. Auf diesen Regelungszweck und die hiermit verbundenen Konsequenzen ging das Bundesverwaltungsgericht in seiner Enscheidung vom 29.4.1964 an keiner Stelle ein[729]. Wie *Fislake*[730] zutreffend ausführt, ist der Grundsatz, das Bauen im Außenbereich solle grundsätzlich unterbleiben, der eigentliche Grund für die Existenz des § 35 BauGB/BBauG[731].

Wenn aber § 35 BauGB/BBauG die Aufgabe hat, innerhalb eines präventiven Genehmigungsvorbehaltes anhand der Kriterien des Innen- und Außenbereiches sowie der einzeltatbestandlich geregelten privilegierten Vorhaben genehmigungsfähige von nicht genehmigungsfähigen Vorhaben zu unterscheiden, bestimmte er damit

---

727 *Ackermann*, DÖV 1964, 721 (722); *Klein*, DÖV 1964, 658; *Menger*, Höchstr. Rspr 1965, VerwArch 56 (1965), 81 (88); *Müller*, DÖV 1969, 119 (126).

728 BVerwGE 19, 75 (76); 28, 274; DVBl 1967, 286 (287).

729 Gegen einen Genehmigungsanspruch auch *Dirnberger*, DVBl 1992, 879 (883), der allerdings ohne nähere Begründung einen Abwägungsspielraum sowie eine Bandbreite vertretbarer Entscheidungen fordert.

730 *Fislake*, ZfBR 1988, 166 (167).

731 *Ortloff*, NVwZ 1988, 320 (322), der § 35 BauGB insgesamt als gesetzliche Inhaltsbestimmung des Eigentums im Außenbereich ansieht.

auch die Grenze der präventiven und repressiven Zone und damit letztlich die Grundrechtssphäre des Art. 14 GG, so daß grundsätzlich keine Zweifel daran begründet sein konnten, daß sich jenseits der vom Gesetzgeber tatbestandlich und positiv gezogenen Grenze für die Zulässigkeit einer Betätigung die Zone des Unerwünschten erstreckt und damit diejenige des repressiven Verbotes, in welcher sich grundsätzlich kein Anspruch auf Erteilung der Genehmigung entfalten kann[732].

Bedenken gegen eine derartige Abgrenzungsfunktion könnten nur bestehen, wenn man die in dieser Arbeit nicht abschließend zu klärende Frage aufwirft, ob eine Inhaltsbestimmung der aus Art. 14 GG fließenden Baufreiheit tatsächlich anhand einer Differenzierung zwischen Innen- und Außenbereich vorgenommen werden darf[733]. Wäre das Bundesverwaltungsgericht z.B. der Auffassung gewesen, die (repressive) Beschränkung der Baufreiheit im Außenbereich gem. § 35 Abs. 2 BauGB sei insgesamt unzulässig oder der Gesetzgeber sei seiner Pflicht zur differenzierten Ausgestaltung der Genehmigungsvoraussetzungen nicht nachgekommen, hätte der bauordnungsrechtliche (präventive) Genehmigungsvorbehalt gleichwohl nicht[734] für (partiell) unbeachtlich erklärt werden können, sofern er selbst den verfassungsrechtlichen Anforderungen an Verbote mit Erlaubnisvorbehalt genügt.

Könnte man in § 35 BauGB keine verfassungsrechtlich zulässige Konkretisierung und Abgrenzung des Eigentumsinhaltes i.S.d. Art. 14 Abs. 1 S. 2 GG sehen, wäre diese Norm unbeachtlich und könnte dem aus rechtsstaatlichen Gründen dem baurechtlichen Genehmigungsvorbehalt zugefügten Genehmigungsanspruch als bauplanungsrechtlicher Belang nicht entgegenstehen. Ob man § 35 BauGB für eine präventive oder repressive Norm hielte, wäre für diese Überlegungen unerheblich.

Aber weder der betreffenden Entscheidung des Bundesverwaltungsgerichts noch den unmittelbar nachfolgenden Entscheidungen[735] können Bedenken im Hinblick auf Funktion und Rechtmäßigkeit des § 35 BBauG als Fixierung der Genehmigungsvoraussetzungen und Versagungsgründe entnommen werden, wie sie durch das Bundesverfassungsgericht innerhalb präventiver Genehmigungsvorbehalte gefordert werden.

---

732 So *Müller*, DÖV 1969, 119 (126); *Ackermann*, DÖV 1964, 721 (722); *Ortloff*, NVwZ 1988, 320 (322 f.); *Klein*, DÖV 1964, 658 (659) .

733 *Klein*, DÖV 1964, 658 (659): Der Gesetzgeber hätte Außenbereichsvorhaben auch ausnahmslos verbieten können.

734 Wie im Fall des § 19 HambWG: BVerfG NVwZ 1992, 52.

735 BVerwGE 19, 75 (76); DVBl 1967, 286 (287).

3. Das Befreiungsermessen in § 35 Abs. 2 BBauG/BauGB

a. Die planerische Funktion des Ermessens in § 35 Abs. 2 BauGB

Zu beantworten ist bei dieser Interpretation des § 35 BauGB die Frage, mit welcher Funktion der Gesetzgeber ein Ermessen zur Genehmigung von Außenbereichsvorhaben installiert haben sollte.

Folgt man der Auffassung, daß es sich bei jedem im Bauplanungsrecht eingeräumten Ermessen um planerische Gestaltungsfreiheit handelt[736], ist die Frage ohne weiteres zu beantworten. In der jüngeren Vergangenheit bestand vor dem Hintergrund der ganz herrschenden Lehre zur grundrechtskonformen Interpretation des § 35 BauGB in der Lehre wenig Anlaß, die Funktion eines Ermessensspielraumes in dieser Vorschrift näher zu untersuchen.

In jüngster Zeit verstärken sich allerdings die Stimmen, die einen Entscheidungsspielraum der Behörde bei der Entscheidung gem. § 35 Abs. 2 BauGB befürworten, diesen jedoch aus einem tatbestandlich eröffneten Beurteilungsspielraum herleiten[737]. Nur vereinzelt wird ausdrücklich die Auffassung vertreten, § 35 BauGB insgesamt habe eine (ersatz-) planerische Funktion[738].

Die letztgenannte Auffassung ist zutreffend. Für eine grundrechtsschonende Funktion des § 35 Abs. 2 BauGB bestehen keine Anhaltspunkte. § 35 Abs. 2 BauGB eröffnet vielmehr im Einzelfall und im Einvernehmen mit der Gemeinde[739] die Möglichkeit, aus Erwägungen des Gemeinwohls, zu denen auch eine geordnete und zweckmäßige städtebauliche Entwicklung gehört, Vorhaben zuzulassen. Dies kann etwa im Vorgriff auf eine beabsichtigte Planung und Entwicklung oder wegen der Eilbedürftigkeit im Hinblick auf eine bedeutende Gewerbeansiedlung möglich sein. Möglicherweise gibt ein bedeutendes Einzelvorhaben überhaupt erst den Anstoß, Planungen in einer bestimmten Richtung voranzutreiben oder sich für eine von zwei angedachten Planungsvarianten zu entscheiden. Ebenso wie es der Gemeinde möglich ist, aus derartigen Erwägungen den Außenbereich durch die Bauleitplanung einer Nutzung zuzuführen, kann es danach möglich sein, ein bei der Gemeinde eingebrachtes und von ihr mit fundierten Argumenten befürwortetes Einzelvorhaben zu genehmigen. Im Außenbereich steht der bauordnungsrechtliche

---

736 *Jäde*, Planreife, BauR 1987, 252 (257); *Weyreuther*, BauR 1977, 293 (295).

737 *Dirnberger*, DVBl 1992, 879 (883); *Jäde*, Außenbereich, UPR 1991, 401 (408).

738 *Oldiges*, in *Steiner*, Bes.VerwR, S. 563; *Ortloff*, NVwZ 1988, 320 (322).

739 Vgl. § 36 BauGB.

Genehmigungsanspruch des Bauwilligen daher unter einem Planungsvorbehalt[740], der durch die Bauleitplanung oder aber eine Einzelfallentscheidung überwunden werden kann.

§ 35 BauGB hat demnach im Anwendungsbereich eines präventiven Genehmigungsvorbehalts die Funktion der vom Bundesverfassungsgericht geforderten tatbestandlichen Abgrenzung der Genehmigungsvoraussetzungen. Es muß dem Gesetzgeber möglich sein, bei der Errichtung eines präventiven Genehmigungsvorbehaltes bestimmte Tätigkeiten tatbestandlich auszugrenzen und von dem Anspruch auf die Genehmigung auszunehmen. Dabei kommt die Einräumung eines Verwaltungsermessens durchaus in Betracht, wenn der Gesetzgeber einerseits mit der tatbestandlichen Differenzierung zulässigerweise Inhalt und Reichweite der betroffenen Grundrechte bestimmt, andererseits aber der Verwaltung die Befugnis einräumt, nach und aus planerischen Gesichtspunkten Ermessen über die Erweiterung der Freiheitszone des Bürgers im repressiven (Außen-) Bereich zu entscheiden.

b. § 35 BauGB und die Koppelungsproblematik

Indem das Bundesverwaltungsgericht den Normzweck des § 35 BBauG bei seinen Überlegungen nicht berücksichtigt hat, mußte auch die Argumentation zur Koppelungsproblematik in Abs. 2 in die falsche Richtung weisen. Dies übersieht auch *Fislake*[741], der zunächst zutreffend feststellt, die Unterdrückung von Außenbereichsvorhaben sei der "eigentliche Normzweck" des § 35 BauGB/BBauG, den das Bundesverwaltungsgericht nicht berücksichtigt habe. *Fislake* klammert diesen Normzweck dann jedoch aus dem Begriff der "öffentlichen Belange" des Abs. 2 aus und ordnet ihn dem Ermessensbereich zu, um so den Folgen der Koppelungsproblematik zu entgehen.

Dabei wird übersehen, daß im repressiven Bereich auch Koppelungsphänome, soweit man sie anerkennt, dem Antragsteller keinen Anspruch auf die begehrte Genehmigung verschaffen können. Es macht keinen Sinn, im Tatbestands- und im Ermessensbereich nach allen denkbaren Entscheidungsgesichtspunkten zu suchen, wenn der Gesetzgeber zuvor in Abs. 1 derselben Norm ausdrücklich und zulässig das begehrte Vorhaben von der Genehmigungsfähigkeit und damit dem Genehmigungsanspruch ausgenommen hat.

---

740 *Wahl*, DVBl 1982, 51 (56): Die Bauerlaubnis steht am Ende von *zwei* Entscheidungsschritten. Ob eine Gemeinde ein Neubaugebiet im Osten oder im Westen der Stadt ausweist, unterliegt allein ihrer planerischen Entscheidung.

741 *Fislake*, ZfBR 1988, 166 (167).

Für eine Koppelungsproblematik wäre nur dann Raum, wenn man der Befreiung des § 35 Abs. 2 BauGB/BBauG überhaupt einen materiellen Gehalt dahingehend beilegen wollte, selbst die Grenze der Genehmigungsfähigkeit zu bestimmen und als tatbestandliche Abgrenzung hierzu das negative Merkmal der fehlenden Beeinträchtigung öffenlicher Belange ausreichen ließe. Nur eine wirkliche tatbestandliche Aussage des Gesetzgebers zur Genehmigungsfähigkeit wäre in der Lage, aufgrund einer materiellen Wirkung auch zu einer Determinierung des Ermessens zu führen.

Es wäre bei einem derartigen Verständnis des § 35 Abs. 2 BauGB/BBauG aber schon auf den ersten Blick befremdlich, daß sich der Gesetzgeber im Innenbereich der Mühe unterzogen hat, anhand einer Fülle von Normen die Grenze der Genehmigungsfähigkeit möglichst exakt zu bestimmen, ausgerechnet im sensiblen Außenbereich jedoch eine vage Generalklausel als negatives Abgrenzungsmerkmal zur Be-stimmung der Grenze der Genehmigungsfähigkeit genügen lassen sollte, die einem präventiven Genehmigungsanspruch standhalten muß.

Geht man von einer grundsätzlichen Zulässigkeit der Ermessensbetätigung im repressiven Bereich aus, hätte sich der Gesetzgeber auch das negative Tatbestandsmerkmal der fehlenden Beeinträchtigung öffentlicher Belange sparen können, soweit Inhalt und Reichweite der Ermessensausübung hinreichend genau betimmt wären[742]. Hiervon ist im Bereich des Bauplanungsrechts mit seinen detaillierten Vorgaben ohne weiteres auszugehen. Daß Genehmigungen keine öffentlichen Belange beeinträchtigen dürfen, bedurfte daher keiner ausdrücklichen Regelung im Gesetz. Bei einem Fehlen dieses negativen Tatbestandsmerkmals wäre der Koppelungsproblematik auch formell die Grundlage entzogen. Ohne Tatbestand ist keine Konsumtion von Ermessensgesichtspunkten möglich.

Das Bundesverwaltungsgericht geht demgegenüber ersichtlich von einer grundsätzlichen Genehmigungsfähigkeit und -pflicht im Außenbereich aus und mißt diese ausschließlich an dem Begriff der fehlenden Beeinträchtigung öffentlicher Belange im Sinne des einzigen Tatbetandsmerkmals zur Bestimmung der Genehmigungsfähigkeit[743]. Wäre dieses Verständnis der Funktion des § 35 Abs. 2 BauGB/BBauG zutreffend, hätte es eines Rückgriffes auf die Koppelungsproblematik im übrigen auch aus einem anderen Grunde nicht bedurft. Daß ein Bauvorhaben, dem ein materieller Versagungsgrund nicht entgegesteht, genehmigt werden muß, ergibt sich bereits unmittelbar aus dem nur präventiven Genehmigungsvorbehalt und dem hiermit verbundenen bauordnungsrechtlichen Genehmigungsanspruch.

---

742 So auch *Ackermann*, DÖV 1964, 721 (723).

743 BVerwGE 18, 247 (251).

c. Determinierung des Rechtsfolgeermessens durch den bauordnungsrecht lichen Genehmigungsanspruch

Bei der Befreiung von dem Versagungsgrund des § 35 BauGB könnte ein Verwaltungermessen aber deshalb Beschränkungen unterworfen sein, weil es sich um die Entscheidung über ein in einen präventiven Genehmigungsvorbehalt eingeschachteltes repressives Verbot handelt[744] und das Rechtsfolgeermessen bei der Befreiung mit dem Genehmigungsanspruch des Bauwilligen in Konflikt geraten könnte. Die Entscheidung über die Befreiung ist nämlich im Ergebnis eine Entscheidung über die Baugenehmigung[745].

Die so in Betracht kommende Determinierung des Rechtsfolgeermessens ähnelt derjenigen bei bestimmten Koppelungsnormen, beruht aber auf ganz anderen Erwägungen. Bei der Koppelungsproblematik geht es um eine Determinierung des Rechtsfolgeermessens durch den Tatbestand der Befreiungsnorm, während das Ermessen bei eingeschachtelten Befreiungsnormen möglicherweise durch einen sich aus anderen Vorschriften ergebenden Genehmigungsanspruch determiniert sein könnte.

Zu bedenken ist aber, daß über die Befreiung in einem besonderen Verfahrensschritt entschieden wird, der einer Entscheidung über die Baugenehmigung vorausgeht. Dies kommt in einer Vielzahl von Bestimmungen zum Ausdruck, die für die Erteilung von Befreiungen besondere Formvorschriften[746] begründen oder Mitteilungs-[747] und Zustimmungserfordernisse[748], auch wenn die Entscheidung über die Befreiung kein Verwaltungsakt ist[749] und regelmäßig mit der Entscheidung über das Vorhaben verbunden wird[750].

---

744 1. Kap. § 3 I 5.

745 *Keppeler*, Versagungsermessen, S. 72, der hieraus jedoch keine Konsequenzen in Bezug auf das Ermessen zieht.

746 Gem. § 86 Abs. 2 S. 2 NBauO ist anzugeben, von welchen Vorschriften befreit wurde.

747 § 72 NBAuO verlangt auch bei Befreiungen stets die Beteiligung der betroffenen Nachbarn, vgl. *Grosse-Suchsdorf/Schmaltz/Wiechert*, NBauO § 72 Rdnrn. 33 ff..

748 So z.B. die Zustimmung der höheren Verwaltungsbehörde gem. § 31 Abs. 2 BauGB.

749 *Grosse-Suchsdorf/Schmaltz/Wiechert*, NBauO, § 86 Rdnr. 20; entgegen *Bruder*, S. 42 und *Mussgnug*, Dispens, S. 126 kann der Befreiung insbesondere auch keine rechtsetzende Qualität zuerkannt werden.

750 Vgl. §§ 86 Abs. 2 S. 1, 85 Abs. 2 NBauO.

Bei der Entscheidung über die Befreiung überlagern sich daher nicht wirklich zwei Entscheidungsprozesse. Wird die Befreiung erteilt und steht dem Vorhaben sonst kein Versagungsgrund entgegen, kann sich der Bauwillige auf den Genehmigungsanspruch berufen. Fällt die Ermessensentscheidung über die Befreiung negativ aus, steht die zu dispensierende Norm dem Genehmigungs-anspruch nach wie vor als Versagungsgrund entgegen.

d. Ermessensreduzierung auf Null

Auch wenn das Rechtsfolgeermessen in § 35 Abs. 2 BauGB als planerisches Ermessen ganz allgemein mit grundrechtlichen Erfordernissen vereinbar ist, kann sich im einzelnen Fall gleichwohl ein Anspruch des Bauwilligen auf Erteilung der Genehmigung für ein Außenbereichsvorhaben ergeben.

Neben den grundlegenden verfassungsrechtlichen Prinzipien wie etwa der Gewaltenteilung und der Gesetzmäßigkeit der Verwaltung, die allgemein bestimmend sind für die Grenzen den Ermessens, sollen hier nur kurz diejenigen verfassungsrechtlichen Aspekte erwähnt werden, die im einzelnen Fall zu einem Ausschluß des Ermessens führen können. Es sind dies insbesondere das Gleichbehandlungsgebot bzw. das Willkürverbot sowie die Selbstbindung der Verwaltung i.S.d. Art. 3 GG, die Grundsätze der Verhältnismäßigkeit, des Vertrauensschutzes etc.[751]. Ferner kann im einzelnen Fall eine Ermessensreduzierung auf Null vorliegen und so zu dem gleichen Ergebnis führen, wie dies bei bei einer Auslegung von Befreiungsnormen als gebundene Entscheidung der Fall wäre. An verschiedenen Stellen in Rechtsprechung und Literatur[752] werden beide Gesichtspunkte eines Ermessensausschlusses parallel behandelt und zur Absicherung des Ergebnisses herangezogen. Die dogmatischen Grundlagen der Ermessensreduzierung auf Null sind im übrigen keineswegs geklärt[753].

Auch wenn die Ermessensreduzierung auf Null unter denselben tatsächlichen Voraussetzungen zu demselben Ergebnis führen kann, wie dies etwa bei einer verfassungskonformen Auslegung der Fall ist, sei auf einen gewichtigen Unterschied hingewiesen: Bei einer Ermessensreduzierung auf Null bleibt die Norm ihrem Wesen nach eine Ermessensnorm. An diese Eigenschaft werden durchaus wichtige und praxisrelevante Konsequenzen geknüpft. Nur beispielhaft sei hier die für Ermes-

---

751 Vgl. hierzu umfassend *Kopp*, VwVfG, § 40 Rdnrn. 21 ff.; *Sachs*, in: *Stelkens/Bonk/Sachs/Leonhardt*, VwVfG, § 40 Rdnrn 30 ff..

752 OVG Lüneburg, OVGE 1969, 476; *Friauf*, JuS 1962, 422 (423).

753 Vgl. hierzu *Gern*, DVBl 1987, 1194 m.w.N..

sensnormen erleichterte Beifügung von Nebenbestimmungen gem. § 36 VwVfG erwähnt[754].

Die Auflage gem. § 36 VwVfG hat gerade im Baurecht große praktische Bedeutung, indem sie es ermöglicht, in komplizierteren Fallgestaltungen allen tangierten Belangen Rechnung zu tragen. Dies gilt insbesondere auch für die Erteilung einer Befreiung unter Auflagen. Auch wenn man im Ergebnis der Rechtsprechung des Bundesverwaltungsgerichts[755] zum Ausschluß des Ermessens bei § 35 Abs. 2 BBauG folgt, dieses Ergebnis jedoch aus einer Ermessensreduzierung auf Null im Einzelfall herleitet, bleibt die Hinzufügung einer Auflage möglich[756]. Allein die Möglichkeit der Hinzufügung einer Auflage führt so gegebenenfalls zur Wahrung öffentlicher oder nachbarlicher Belange und stellt die Genehmigungsfähigkeit her.

III. Der bauordnungsrechtliche Dispens[757]

Die in den Landesbauordnungen anzutreffende tatbestandliche Differenzierung zwischen der Befreiung zur Vermeidung einer im Einzelfall offenbar nicht beabsichtigten Härte einerseits und der für das Wohl der Allgemeinheit erforderlichen Befreiung andererseits[758] legt eine Übertragung der bei § 31 Abs. 2 BauGB ermittelten Funktionen und Ermessensbindungen nahe. Unterschiede könnten allerdings insoweit bestehen, als die bauordnungsrechtlichen Befreiungen die Möglichkeit zur Durchbrechung gesetzlicher Bestimmungen eines ganzen Regelwerkes eröffnen und die möglichen Funktionen des Ermessens im Bauordnungsrecht mit denen des Bauplanungsrechts nicht ohne weiteres vergleichbar sind. Der Meinungsstand zu funktionellen Unterschieden und Ermessensbindungen bei bauordnungsrechtlichen Befreiungen soll nachfolgend für sämtliche Befreiungsalternativen geschlossen dargestellt werden, da sich ohnehin nur wenig wissenschaftliches Interesse für diese Tatbestände regt und Differenzierungen nur sporadisch vorgenommen werden.

---

754 Vgl. hierzu *Menger*, Koppelungsverbot, VerwArch 64 (1973), 203.

755 BVerwGE 18, 247; 25, 161.

756 So *Bockenförde*, in: *Gädtke/Bockenförde/Temme/Krebs*, LBauONRW, § 68 Rdnr. 20; *Ortloff*, NVwZ 1988, 320 (322).

757 Nach *Grosse-Suchsdorf/Schmaltz/Wiechert*, NBauO, § 86 Rdnr. 1 handelt es sich bei dem Begriff des Dispenses um die früher gebräuchliche Bezeichnung für eine Befreiung.

758 Vgl. nur beispielhaft: § 86 Abs. 1 Ziff. 1 und 2 NBauO, § 68 Abs. 3 lit. a und b LBauONRW; auch hier sei auf in den Jahren 1995 und 1996 anstehenden Änderungen hingewiesen. Bayern hat bereits mit seiner Bauordnung vom 18.4.1994 (GVBl. S. 251) in Art. 77 das neue Institut der Abweichung geschaffen.

1. Der Meinungsstand zum Ermessen bei bauordnungsrechtlichen Befreiungen

Die Darstellungen zur Ermessensproblematik bei bauordnungsrechtlichen Befreiungen sind wenig ergiebig. Regelmäßig wird ein Ermessensspielraum für sämtliche Befreiungstatbestände ohne inhaltliche Differenzierung und nähere Begründung bestätigt[759] und teilweise hierzu auf die Ausführungen zur bauplanungsrechtlichen Befreiung verwiesen[760]. Soweit eine inhaltliche Auseinandersetzung mit der Ermessensproblematik erfolgt, wird auf die für repressive Verbote bekannte Begründung abgestellt, bereits die Regelvorschrift enthalte aufgrund ihrer Schutzzwecke und gemessen an Art. 14 GG eine zulässige Beschränkung der Grundrechte[761].

Auch funktionell wird zwischen den verschiedenen Alternativen der bauordnungsrechtlichen Befreiung nicht unterschieden. Die Aufgabe des baurechtlichen Dispenses wird dabei regelmäßig ganz allgemein im Ausgleich einer Divergenz der Reichweite einer Norm und ihres Schutzgutes gesehen[762]. Diese Formulierung entspricht ganz der für die Korrektivfunktion beschriebenen Funktion der Befreiung[763]. In ähnlicher Weise wird an anderer Stelle auf den notwendigen Ausgleich abstrakt-genereller Gebote und Verbote durch Befreiungen verwiesen[764]. Die Möglichkeit einer vollständigen Ermessensbindung wird nur für die Befreiung im Interesse des Allgemeinwohls für möglich gehalten[765] oder ohne eigene Stellungnahme aufgezeigt[766].

---

759 *Grosse-Suchsdorf/Schmaltz/Wiechert,* NBauO, § 86 Rdnr. 18; *Bockenförde,* in: *Gädtke/Bockenförde/Temme/Krebs,* LBauONRW, § 68 Rdnr. 6.

760 *Dürr/Bremer,* BauRNds, Rdnr. 219, die lediglich auf die Ausführungen zur bauplanungsrechtlichen Befreiung verweisen (dort Rdnrn. 102 ff.); dabei wird ein Ermessen für sämtliche Tatbestände angenommen; ebenso in *Dürr/Seiler,* BauR.RhPf, Rdnrn. 223 bzw. 102 ff..

761 *Bockenförde,* in: *Gädtke/Bockenförde/Temme/Krebs,* LBauONRW, § 68 Rdnr. 6 unter Hinweis auf die Gegenmeinung.

762 *Grosse-Suchsdorf/Schmaltz/Wiechert,* NBauO, § 86 Rdnr. 1.

763 *Bullinger,* JZ 1984, 1001 (1007); *Erichsen,* Baudispens, DVBl 1967, 269 (270); *Erwe,* Befreiungen, S. 182; *Friauf,* JuS 1962, 422 (426); *Hoppe,* Ausnahmen, DVBl 1969, 340 (342); *Ossenbühl,* Tendenzen, DÖV 1968, 618 (624); *Schmidt-Eichstaedt,* Konkretisierungsauftrag, DVBl 1985, 645; *ders.,* Befreiung, DVBl 1989, 1 (2); *Selmer,* DÖV 1972, 551 (552).

764 *Bockenförde,* in: *Gädtke/Bockenförde/Temme/Krebs,* LBauONRW, § 68 Rdnr. 1.

765 *Ernst/Hoppe,* Öff.BauBodR, Rdnr. 916; *Bockenförde,* in: *Gädtke/Bockenförde/Temme/Krebs,* LBauONRW, § 68 Rdnr. 18.

766 *Grosse-Suchsdorf/Schmaltz/Wiechert,* NBauO, § 86 Rdnr. 19 unter Hinweis auf das OVG

Besonderheiten werden schließlich auch nicht für die in Nordrhein-Westfalen im Jahr 1984 eingefügte[767] Variante des § 68 Abs. 3 b 2. Hs. angenommen, nach der eine nicht beabsichtigte Härte auch dann vorliegt, wenn auf andere Weise dem Zweck einer technischen Anforderung nachweislich entsprochen wird[768]. Ein selbständiger Befreiungsanspruch wird hierin nicht gesehen, es werde lediglich der Anwendungsbereich der Härtefall-Befreiung erweitert[769].

2. Stellungnahme

a. Härtefall-Befreiung

Bei einem bauordnungsrechtlichen Härtefall-Dispens ist ein administrativer Entscheidungsfreiraum nicht mit dem überkommenen Instrumentarium zur Abgrenzung präventiver und repressiver Verbote zu begründen; insbesondere entscheidet die Behörde nicht jenseits der Genehmigungsvoraussetzungen ausschließlich über eine Vergünstigung, auf die der Betroffene keinen Anspruch hat. Der Gesetzgeber hat im Bauordnungsrecht dem zu Kontrollzwecken errichteten Genehmigungsvorbehalt einen Rechtsanspruch des Betroffenen auf die Genehmigung gegenübergestellt. Geht man davon aus, daß mit der Vielzahl von bauordnungsrechtlichen Genehmigungsvorschriften der Pflicht zur differenzierten und bestimmten Ausgestaltung der Genehmigungsvoraussetzungen und des -verfahrens im Rahmen der Möglichkeiten genügt ist, stellt sich doch, ebenso wie bei den Festsetzungen des Bebauungsplanes, das Problem, daß der Gesetzgeber unmöglich alle Sachverhalte exakt vorhersehen und "zu Erlaubendes" und "endgültig Verbotenes" tatbestandlich exakt und trennscharf voneinander abgrenzen kann. Es bedurfte daher eines Korrektivs, das der Gesetzgeber wahlweise in allen geeigneten Bauvorschriften einzeln hätte normieren

---

Münster NJW 1966, 1833 und *Redeker*, DVBl 1972, 609 - diese Stimmen betreffen allerdings die bauplanungsrechtliche Gemeinwohlbefreiung; unter Rdnr. 20 wird sodann für die bauordnungsrechtliche Gemeinwohlbefreiung selbst ein Anspruch auf ermessensfehlerfreie Entscheidung abgelehnt, der dem Bauwilligen bei der Härtefall-Befreiung zugestanden wird.

767 Bauordnung für das Land Nordrhein-Westfalen v. 26.6.1984 (GVBl NRW, S. 416).

768 Eine entsprechende Formulierung ist in Niedersachsen nicht in die NBauO 1986 aufgenommen worden, da der Gesetzgeber sie für entbehrlich hielt - LT-Drucks. 10/3480, S. 84; *Dürr/Bremer*, BauR.Nds, Rdnr. 219.

769 *Bockenförde*, in: *Gädtke/Bockenförde/Temme/Krebs*, LBauONRW, § 68 Rdnr. 17: Eine Befreiung soll auch nach dieser Alternative in Betracht kommen, wenn ein Vorhaben nicht dem Wortlaut, wohl aber dem Sinn einer technischen Vorschrift entspreche.

können[770], das er aber zutreffend in einem gesonderten Tatbestand "vor die Klammer gezogen"[771] hat.

Im Sinne einer situationsangepaßten und grundrechtlichen Erfordernissen Rechnung tragenden Einzelfallentscheidung kann nur der Verwaltung durch eine Prüfung vor Ort die Aufgabe zukommen, Sinn und Zweck der anzuwendenden oder zu dispensierenden Norm anhand des konkreten Sachverhaltes zu überprüfen. Um Raum für alle denkbaren Erwägungen zu schaffen, muß der gesetzliche Tatbestand einer Befreiungsnorm zwangsläufig extrem weitgefaßt, ja geradezu inhaltslos sein. Diese extreme Lockerung der Beziehung zwischen Tatbestand und Rechtsfolge ermöglicht es der Verwaltung, die Wechselbeziehung zwischen den anzuwendenden Normen und dem konkreten Sachverhalt zu überprüfen und zu konkretisieren[772].

Stellt die Behörde fest, daß aufgrund der örtlichen Verhältnisse etwa die Einhaltung einer bestimmten Vorschrift nicht erforderlich ist, kann diese Vorschrift der grundrechtlichen Betätigung und dem Genehmigungsanspruch im Ergebnis nicht entgegengehalten werden. Insoweit ermächtigt der Härtefall-Dispens tatsächlich zu einer Korrektur des gesetzlichen Übermaßes im Einzelfall[773].

Ob beispielsweise die aus Art. 14 GG fließende Baufreiheit durch einen gesetzlich fixierten Grenzabstand von 3 Metern zutreffend beschränkt wird, muß auch aus der Sicht des Gesetzgebers bereits dann fraglich sein, wenn ein Nachbargrundstück aufgrund seiner Beschaffenheit nicht bebaubar ist. Es ist daher gerade das Wesen der bauordungsrechtlichen Härtfall-Befreiung, die im Einzelfall möglicherweise auftretende Divergenz zwischen der tatbestandlichen Reichweite der Norm und deren Schutzzweck auszugleichen. Die klassische Befreiungsnorm des Bauordnungsrechts verdankt ihre Existenzberechtigung gerade dem Umstand, daß gesetzliche Tatbestände diese Aufgabe nicht vollständig erfüllen können.

Hoppe[774] warf zwar für das baurechtliche Dispensationsermessen ganz allgemein die Frage auf, ob dieses nicht nach der herrschenden Lehre als administrativ-auto-

---

770 Durch die Formulierung etwa: "... soweit nicht besondere Umstände oder ein öffentliches Interesse ein Abweichen ... erfordern."

771 *Bruder*, Befreiung, S. 6; *Hoppe*, Ausnahmen, DVBl 1969, 341; *Mussgnug*, Dispens, S. 71.

772 *Schmidt-Eichstaedt*, 1985, 645 (647), der im übrigen davon ausgeht, diese Prüfung gehe eben nicht nur auf der Tatbestandsseite oder nur auf der Rechtsfolgenseite vor sich.

773 So *Erichsen*, Baudispens, DVBl 1967, 269 (270,300) zu § 31 Abs. 2 BBauG; *Hoppe*, Ausnahmen, DVBl 1969, 340; *Mussgnug*, Dispens, S. 67 ff..

774 *Hoppe*, Ausnahmen, DVBl 1969, 340 (344).

nome Inhaltsbestimmung der Baufreiheit verstanden werden könne im Gegensatz zur gesetzlich heteronomen Inhaltsbestimmung. Eine Inhaltsbestimmung entspricht nach der hier vertretenen Ansicht aber nicht der Funktion und Wirkung der bauordnungsrechtlichen Härtefall-Dispensation. Bei der Härtefall-Befreiung stellt sich nicht wie bei anderen repressiven Normen die (vorrangige) Frage, ob der Genehmigungsvorbehalt zu weit gespannt wurde oder ob eine gesetzlich fixierte Genehmigungsvoraussetzung oder ein Versagungsgrund nach Inhalt und Reichweite verfassungsrechtlichen Anforderungen genügt. Die bauordnungsrechtliche Befreiung hat keinen materiellen Regelungsgehalt. Es geht vielmehr um die Frage, ob ein konkreter Sachverhalt, der eindeutig nicht mit dem Buchstaben des Gesetzes übereinstimmt, gleichwohl von dessen Sinn und Zweck erfaßt wird. Diese Frage richtet sich (zunächst) an die Verwaltung. Wird die Frage von der Verwaltung bejaht, kommt der Antragsteller in den Genuß des aus rechtsstaatlichen Gründen dem Genehmigungsvorbehalt zugefügten Genehmigungsanspruchs. Wird die Befreiung durch die Verwaltung versagt, muß diese Entscheidung in vollem Umfang gerichtlich überprüfbar sein.

Diese Aufgabe der Verwaltung beim Normvollzug entspricht einer funktions- und leistungsgerechten Abgrenzung der Staatsgewalten, hat aber mit administrativen Ermessens-, Beurteilungs- oder Gestaltungsräumen nichts zu tun. Denn offene Tatbestände und ein weitgehender Konkretisierungsauftrag der Verwaltung bedingen keine eigeschränkte verwaltungsgerichtliche Kontrolldichte[775], sondern entsprechen dem Grundsatz der exekutivischen Erst-Entscheidung und judikativer Zweit-Kontrolle[776]. Die Frage, ob beim baurechtlichen Härtefall-Dispens nach Maßgabe der neueren Lehre eine eingeschränkte Kontrolldichte in Betracht kommt, soll im Rahmen dieser Arbeit nicht geklärt werden. Denkbar wäre dies nur, wenn man der Verwaltung bei der Gewährung von bauordnungsrechtlichen Befreiungen etwa einen planerischen Gestaltungsraum[777] zubilligen wollte. Anhaltspunkte[778] hierfür sind nicht ersichtlich.

Eine grundrechtsschondende Funktion der bauordnungsrechtlichen Befreiung muß somit für diejenige Alternative angenommen werden, nach welcher eine Dispensati-

---

775 *Breuer,* Kontrolle, NVwZ 1988, 104 (106), der im Ergebnis derartige Freiräume ausschließlich auf der Rechstfolgenseite beheimatet sieht.

776 So *Wahl,* NVwZ 1991, 409 (410).

777 Wie *Simon,* BayBauO, Art. 72 Rdnr. 23 ff. unter Hinweis auf die Schaffung neuen, objektiven Baurechts dies offensichtlich annimmt.

778 *Papier,* Bauleitplanung, DVBl 1975, 461 (463) zu derartigen Anhaltspunkten im Bauplanungsrecht.

on zur Abwendung einer offensichtlich nicht beabsichtigten Härte dient[779]. Der tatbestandlich fixierten Zweckbestimmung als Instrument der Grundrechtsschonung folgend ist die "übermäßige" Grundrechtsbeschränkung Voraussetzung des Handelns, ihre verfassungskonforme Korrektur die notwendige Rechtsfolge.

b. Die Befreiung wegen anderweitiger Erfüllung einer technischen Anforderung

Eine Korrektivfunktion und damit eine vollständige verwaltungsgerichtliche Überprüfbarkeit muß auch für die besondere Befreiungsalternative des § 68 Abs. 3 b 2. Hs. LBauONRW und vergleichbare Regelungen angenommen werden, obwohl die tatbestandliche Formulierung nicht auf eine Härte oder sonstige Individualinteressen gerichtet ist. Eine Korrektivfunktion ist aber auch immer dann anzunehmen, wenn keine grundstücksbezogene Besonderheit oder sonstige "Atypik" Voraussetzung der Dispensation ist, sondern die beschränkende Vorschrift aus anderen Gründen nicht angewendet werden muß, die ausschließlich im Interesse des Begünstigten liegen. Dies kann etwa durch neuartige Bautechniken der Fall sein[780] oder durch eine Bauausführung, welche die Einhaltung bestimmter Regeln entbehrlich macht.

Das Übermaßverbot führt auch bei einer fehlenden Notwendigkeit der Anwendung einer grundrechtsbeschränkenden Norm im Einzelfall zur Dispensierungspflicht. Auch in dieser Funktion ist die Befreiung als Instrument weitestgehender Grundrechtsschonung anzusehen. Auch der Rechtsprechung des Bundesverfassungsgerichts[781] ist zu entnehmen, daß ein Rechtsanspruch auf die Erteilung der Genehmigung bestehen muß, "wenn die Schutzzwecke des Verbotes ... nicht nachweisbar beeinträchtigt werden"[782]. Das Abstellen auf die Schutzzwecke des Verbotes, nicht auf dessen Wortlaut ist für jede Korrektivfunktion bestimmend und kann nur bedeuten, daß die Vereinbarkeit des Vorhabens mit den Schutzgütern der Genehmigungsvoraussetzungen und Versagungsgründe zu einem Genehmigungsanspruch führen muß.

---

779 So z.B. § 86 Abs. 1 1. Alt. NBauO.

780 Vgl. die Beispiele bei *Gelzer/Birk*, BauplR, Rdnr. 959; das OVG Münster stützte die Entscheidungen in den von *Gelzer/Birk* zitierten Fällen wegen veränderter Bautechniken allerdings im Ergebnis auf eine Ermessensreduzierung auf Null. Das Gericht subsumierte diese Fälle unter den Härtefall-Tatbestand. § 68 Abs. 3 b 2. Hs LBauONRW wurde erst 1984 eigefügt.

781 BVerfGE 18, 363 (364); ebenso *Hoppe*, Ausnahmen, DVBl 1969, 340 (343); *Dürig*, AöR 81 (1956), 117 (147).

782 BVerfG, a.a.O., S. 364.

In besonders deutlicher Weise hat dieser Gedanke auch im Tatbestand des § 68 Abs. 3 b 2. Hs. LBauONRW seinen Niederschlag gefunden, der einen *Nachweis* der Vereinbarkeit mit den Schutzgütern des Verbotsgestzes verlangt. *Dürig*[783] spricht im Hinblick auf die präventiven Verbote mit Erlaubnisvorbehalt zutreffend von einer zulässigen "Beweislastumkehr". Der Gesetzgeber könne zwar aus Präventivgründen, so im gesamten Baurecht, die Beweislast verlagern, er könne aber nicht den Gegenbeweis für den konkreten verfassungsmäßigen Fall ausschließen[784]. Die Befreiung wegen anderweitiger Erfüllung einer technischen Anforderung entspricht diesen Grundsätzen und ermöglicht dem Bauwilligen den Nachweis einer Entbehrlichkeit und damit des Übermaßes einer beschränkenden gesetzlichen Regelung im konkreten Fall.

c. Die bauordnungsrechtliche Befreing im Gemeinwohlinteresse

Auch im Bereich des Bauordnungsrechts sind bei der Gemeinwohlbefreiung Individualinteressen nicht in den Entscheidungsprozeß einzubeziehen. Es kann daher auf die Ausführungen zur bauplanungsrechtlichen Gemeinwohlbefreiung des § 31 Abs. 2 Ziff. 1 BauGB verwiesen werden[785]. Die Berücksichtigung von Individualinteressen oder grundrechtliche Ermessensbindungen werden, soweit ersichtlich, in Rechtsprechung und Lehre nicht erörtert[786].

Somit kann man bei dieser Funktion einer Befreiung zwar feststellen, daß sich die Schutzzwecke des Verbotsgesetzes anderen, gewichtigen Belangen des Gemeinwohls unterordnen müssen. Die Frage, ob diese Befreiung hierdurch den Charakter des Normwidrigen trage oder deshalb neues, objektives Baurecht im einzelnen Fall schaffe[787], ist für die Ermessensproblematik ebenso ohne Belang wie der Streit

---

783 *Dürig*, AöR 81 (1956), 117 (151).

784 *Dürig*, a.a.O., 151; vgl. zu dem Gedanken der Beweislastumkehr im Genehmigungsverfahren auch *Mahlmann*, S. 283 ff. sowie *Gusy*, Erlaubnisvorbehalt, JA 1981, 80 (84).

785 3. Kap. § 4 I 2 d.

786 Die Argumentation bei *Bockenförde*, in: *Gädtke/Bockenförde/Temme/Krebs*, LBauO NRW, § 68 Rdnr. 18 ist schwer verständlich. Eine Ermessensbindung kann danach nur für die Gemeinwohlbefreiung anerkannt werden. Schon nach dem Gesetzeswortlaut sollen hierbei private Interessen des Bauherrn aber keine Rolle spielen.

787 So *Simon*, BayBauO, Art. 72 Rdnr. 23 ff..

darüber, ob die Dispensation ein Akt der Rechtssetzung[788] oder der Rechtsanwendung[789] sei.

IV. Die straßenrechtliche Sondernutzungserlaubnis

1. Ermessen und präventiver Genehmigungsvorbehalt

Wie bereits zu Beginn der Arbeit dargestellt wurde, steht die Erteilung der straßenrechtlichen Sondernutzungserlaubnis nach ganz h.M. im Ermessen der Behörde[790]. Aber nur gelegentlich findet sich eine Aussage zur Einschätzung dieser Gestaltung als präventiv[791] oder repressiv[792]. Dies führt zu der Frage, ob es sich hier um eine besondere Gestaltungsform von Verbot und Durchbrechung handelt oder möglicherweise um eine Mischform. Mit der Definition und Feststellung der Zulässigkeit präventiver und repressiver Verbote ist noch nicht geklärt, ob das System der gesetzlichen Verbote insgesamt streng dualistisch in diese beiden Bereiche gesetzgeberischer und verwaltender Tätigkeit aufzuteilen ist. Die Feststellung, daß beide Verbotstypen sich in verfassungsrechtlicher Hinsicht "diametral gegenüberstehen" besagt noch nichts darüber, ob zwischen diesen Polen nicht auch Übergangs-, Misch- oder Sonderformen gesetzlicher Verbote existieren können.

Beim Versagungsermessen der straßenrechtlichen Sondernutzungserlaubnis wird vereinzelt eine Zuordnung zu beiden Bereichen durchaus mit vertretbaren Gründen für richtig gehalten, ebenso eine Zurechnung zum Bereich der Leistungsverwaltung[793]. Allein deswegen drängt sich die Frage auf, ob sich nicht hier Elemente beider Verbotstypen verbinden oder überlagern.

---

788 *Mussgnug,* Dispens, S. 126: Der Dispens ist actus contrarius zum actus primus der Rechtssetzung und teilt deshalb seine Rechtsnatur.

789 *Bruder,* Befreiung, S. 41 ff.: Nur die Befreiung durch Einzelfallgesetz ist ein Akt der Gesetzgebung, die Befreiung durch die Verwaltung hingegen ist Rechtsanwendung im formellen und materiellen Sinn; *Stier-Somlo,* Rechtswörterbuch II, S. 70.

790 *Hufen,* DÖV 1983, 353 (356); *Keppeler,* Versagungsermessen, S. 33; *Kodal/Krämer,* Straßenrecht, S. 602; *Löhr,* NVwZ 1983, 20 (21); *Marschall/Kastner,* BFStrG, § 8 Rdnr. 4.2; *Naumeyer,* HessStrG, § 16 Anm. 1 d); *Steinberg,* NJW 1978, 1898 (1902); *Walprecht,* StrGNRW, § 18, Rdnr. 167 f..

791 BVerwGE 56, 63 (68); *Hufen,* DÖV 1983, 353 (356); *Löhr,* NVwZ 1983, 20; *Steinberg,* NJW 1978, 1898; einschränkend *Marschall/Kastner,* BFStrG § 8 Rdnr. 4.2..

792 *Crombach,* DVBl 1977, 277 (278) und *Wolff/Bachof,* VerwR I, § 48 II.

793 So ausdrücklich *Brohm,* Demonstrationsfreiheit, JZ 1985, 501 (507); vgl. die Übersicht über den Meinungsstand in 1. Kap. § 3 I 4 c.

Ausgehend von der Feststellung des Bundesverfassunggerichts, daß im Grundrechtsbereich ein Verwaltungsermessen keineswegs ausgeschlossen ist[794], ist grundsätzlich ein Ermessen bei der Durchbrechung von gesetzlichen Verboten zulässig, die nicht als repressiv zu qualifizieren sind. Voraussetzung ist allerdings, daß der vom Bundesverfassungsgericht[795] geforderte Genehmigungsanspruch als Korrelat für den präventiven Charakter des Verbotes entbehrlich ist. Wenn eine Ermessensbetätigung im Grundrechtsbereich grundsätzlich zulässig ist, wie auch die weitgefaßten polizeilichen Generalklauseln zeigen, kann auch bei gesetzlichen Verboten und administrativen Ausnahmen oder Befreiungen das Fehlen jeglicher Grundrechtsrelevanz jedenfalls nicht zur verfassungsrechtlichen Bedingung für die Einräumung von Ermessen gemacht werden.

2. Die Pflicht zur differenzierten Ausgestaltung des Genehmigungsvorbehaltes.

a. Die äußeren Grenzen des Genehmigungsvorbehaltes

Bereits in den ersten Entscheidungen zur Zulässigkeit präventiver Genehmigungsvorbehalte hat das Bundesverfassungsgericht[796] der Reichweite dieser Gestaltungsform Grenzen gesetzt und eine Rechtfertigung durch legitime öffentliche Interessen verlangt. Ohne der Einordnung der Sondernutzungserlaubnis vorzugreifen, kann zunächst festgestellt werden, daß diese jedenfalls *auch* der Kontrolle der Straßennutzung durch die Vorschaltung eines Verwaltungsverfahrens dient. Dies rechtfertigt grundsätzlich eine größere tatbestandliche Reichweite des Genehmigungsvorbehaltes als bei einem repressiven, die Grundrechte substantiell begrenzenden Verbot. Auch die Notwendigkeit effektiver Kontrolle entbindet den Gesetzgeber allerdings nicht, unter Berücksichtigung des Übermaßverbotes den Genehmigungsvorbehalt tatbestandlich auf das unbedingt notwendige Maß zu reduzieren und den betroffenen Bürger nicht unnötig in die Position des Antragstellers zu verweisen[797]. Denn auch das präventive Verbot beschränkt den Betroffenen und ist nur in verfassungsrechtlichen Grenzen zulässig[798].

---

794 BVerfGE 49, 89 (145); *Bullinger*, JZ 1984, 1001 (1005); *Drews/Wacke/Vogel/ Martens*, Gefahrenabwehr, S. 444.

795 BVerfGE 6, 42; 8, 71 (76); 20, 150 (157 f.); 46, 120 (157); 49, 89 (145).

796 BVerfGE 2, 266 (279 ff.); 6, 32 (42); 8, 71 (75).

797 *Schick*, BayVBl 1967, 341.

798 *Herzog*, in: *Maunz/Dürig/Herzog/Scholz*, GG, Art. 20 VII Rdnr. 77; *Kloepfer*, in: *Achterberg/Püttner*, Bes.VerwR II, S. 604.

Stern[799] fordert daher mit Recht für alle Erlaubnisvorbehalte aus dem Prinzip der Erforderlichkeit und Verhältnismäßigkeit, die verbotene Zone nicht maximal auszudehnen, sondern erst am unerläßlich notwendigen Punkt beginnen zu lassen. Diese Anforderungen gelten aber unabhängig von einer Abgrenzung präventiver und repressiver Verbote für alle Genehmigungsvorbehalte, auch wenn diese Anforderungen regelmäßig im Zusammenhang mit präventiven Verboten behandelt worden sind[800].

b. Die restriktive Auslegung des Genehmigungsvorbehalts

Einen besonderen Lösungsweg zur grundrechtskonformen Interpretation in dem zuvor beschriebenen Sinne hat das Bundesverfassungsgericht in einer bereits zitierten Entscheidung[801] zur Auslegung einer straßenrechtlichen Sondernutzungserlaubnis beschritten. Während in den bereits dargestellten Entscheidungen zu §§ 35 Abs. 2, 31 Abs. 2 BBauG/BauGB eine grundrechtskonforme Auslegung in der Weise vorgenommen wurde, daß ein nach dem Wortlaut der Norm eingeräumtes Rechtsfolgeermessen insgesamt bei Erfüllung der tatbestandlichen Voraussetzungen für unzulässig erklärt und die Norm im Sinne einer gebundenen Entscheidung interpretiert wurde, korrigierte das Bundesverfassungsgericht im Fall des § 19 HambWG unmittelbar die tatbestandliche Reichweite des Genehmigungsvorbehalts.

Das Bundesverfassungsgericht mußte bei der Prüfung auf eine Einschätzung des straßenrechtlichen Genehmigungsvorbehalts als präventiv oder repressiv nicht einmal am Rande eingehen. Es wurde vielmehr untersucht, ob die konkrete Handlung, das Verteilen von Flugblättern, unter Berücksichtigung des betroffenen Grundrechts aus Art. 5 Abs. 1 GG überhaupt einem Genehmigungsvorbehalt hätte unterstellt werden dürfen. Das Bundesverfassungsgericht verneinte diese Frage unter ausdrücklichem Hinweis auf seine bisherige Rechtsprechung[802]. Danach muß der Genehmigungsvorbehalt durch legitime öffentliche Interessen gerechtfertigt und das Genehmigungsverfahren der Gefahr angepaßt sein, der es begegnen soll und die Genehmigungsvoraussetzungen müssen für den Antragsteller erkennbar gesetzlich geregelt sein.

Diesen Anforderungen konnte § 19 VII HambWG nicht gerecht werden, weil der Gesetzgeber ohne Differenzierung nach der Intensität einzelner Aktvitäten sowie

---

799 *Stern*, Die öffentliche Sache, VVDStRL 21 (1964, 183 (221).

800 BVerfGE 8, 71 (76).

801 BVerfG NVwZ 1992, 52 (53), s. unter 1. Kap. § 3 I 4 b.

802 BVerfGE 20, 150 (158); 46, 120 (157); 49, 89 (145).

der Bedeutung der betroffenen Grundrechte den Genehmigungsvorbehalt über sämtliche denkbaren Betätigungen gespannt hatte, ohne von einer tatbestandlich möglichen Differenzierung durch die Regelung von erlaubnisfreien Nutzungen Gebrauch zu machen[803]. Der Genehmigungsvorbehalt selbst schränkte somit den Wesensgehalt des Art. 5 Abs. 1 GG unzulässig ein[804]; ein im Wege der verfassungskonformen Auslegung ermittelter Anspruch auf Erteilung der Sondernutzungserlaubnis konnte grundrechtlichen Anforderungen nicht genügen[805], denn allein der Zwang zur Einholung einer Genehmigung behinderte die Grundrechtsausübung unverhältnismäßig.

In seiner Entscheidung zum Sammlungsgesetz[806] hat das Bundesverfassungsgericht im Grunde einen ganz ähnlichen Weg beschritten, dort allerdings auf Grundlage einer terminologischen und inhaltlichen Unterscheidung zwischen präventiven und repressiven Verboten. Das Bundesverfassungsgericht betonte hier zunächst die grundsätzliche Zulässigkeit präventiver Verbote unter Beachtung der Gebote rechtsstaatlichen Verwaltungshandelns, insbesondere des Übermaßverbotes[807]. Sodann wurde aus dem im Sammlungsgesetz eingeräumten "freien" Ermessen gefolgert, es handele sich um ein repressives Verbot mit Befreiungsvorbehalt[808], bei dem die Genehmigung nicht nur eine formelle Schranke beseitige, sondern materielle Voraussetzung für das Recht selbst sei. Durch das grundsätzliche Verbot werde aber die sich aus Art. 2 Abs. 1 GG ergebende Befugnis, karitative Sammlungen durchzuführen, unzulässig eingeschränkt, da insoweit kein öffentliches Interesse an einer derartigen Beschränkung erkennbar sei.

Auch dieser Entscheidung liegt daher bereits die Auffassung zugrunde, der Gesetzgeber habe mit dem Sammlungsgesetz den Genehmigungsvorbehalt und damit das

---

803 Vgl. *Groll,* NJW 1976, 2156 zu § 2 BremStraßO, der von der Möglichkeit zur Differenzierung Gebrauch macht mit der Ausklammerung nichtgewerblicher Werbung durch das Verteilen von Handzetteln oder Werbematerial von der Erlaubnispflicht. *Groll* kritisiert diese tatbestandliche Regelung und weist auf die mögliche Kollision mit anderen berechtigten Nutzungsabsichten hin.

804 Mit diesem Ergebnis auch *Geck/Böhmer,* JuS 1973, 499 (501) zu einer fiktiven kommunalen Regelung (Übungsklausur), die das Verteilen von Fugblättern von einer Unbedenklichkeitsbescheinigung abhängig macht.

805 Auch hier ist noch einmal auf die besondere Problematik eines Genehmigungsvorbehalts im Hinblick auf das Zensurverbot des Art. 5 Abs. 1 S. 3 hinzuweisen - vgl. *Gusy,* Erlaubnisvorbehalt, JA 1981, 80.

806 BVerfGE 20, 150 (157).

807 BVerfGE 20, 150 (155) unter Bezugnahme auf BVerfGE 8, 71 (76).

808 BVerfGE 20, 150 (157).

gesetzliche Verbot zu weit, nämlich bis über grundrechtlich geschützte und unbedenkliche Betätigungen gespannt, obwohl dies bei einer differenzierten Ausgestaltung des Genehmigungsverfahrens ohne weiteres hätte vermieden werden können.

Die Entscheidung zeigt im übrigen, daß sich in derselben Materie grundsätzlich auch völlig unterschiedlich zu bewertende Betätigungen einem Genehmigungsvorbehalt unterwerfen lassen, Betätigungen, die auch in ganz unterschiedlichem Maße grundrechtlichen Schutz genießen und unterschiedliche Gefahren mit sich bringen. Wie die Rechtsprechung des Bundesverfassungsgerichts zu § 19 HambWG zeigt[809], kann ein Genehmigungsvorbehalt eben auch mit dem grundrechtlichen Schutz bestimmter Betätigungen gänzlich unvereinbar sein. Im übrigen ist die Materie unter Beachtung des Bestimmtheitsgebotes möglichst differenziert auszugestalten und ein Verwaltungsermessen u.U. einzuschränken oder gar auszuschließen. Ist der Genehmigungsvorbehalt somit zu weit gespannt, etwa weil grundrechtlich geschützte Tätigkeiten durch das Verbot erfaßt werden, die tatbestandlich hätten ausgenommen werden können und müssen, liegt insoweit ggfls. eine Unwirksamkeit oder partielle Unbeachtlichkeit des Verbotes vor.

3. Zulässigkeit fehlender tatbestandlicher Differenzierung

Der sachliche Grund für die weitgehend fehlende tatbestandliche Differenzierung der straßenrechtlichen Genehmigungsvorbehalte liegt in der unüberschaubaren Zahl denkbarer Fallgestaltungen, die eine tatbestandliche Definition von genehmigungsfähiger und sozialschädlicher Betätigung von vornherein aussichtlos erscheinen läßt. Auf der einen Seite sind die Straßenverhältnisse nach Breite, Übersichtlichkeit, Verkehrsaufkommen, gefährlichen Einmündungen etc. nicht vorherzusehen. Unüberschaubar ist andererseits aber auch die Vielfalt denkbarer Aktivitäten des Antragstellers vom Betrieb einer Kindereisenbahn oder dem Straßenfest über Werbeveranstaltungen bis hin zur politischen Großveranstaltung.

Die Kombinationsmöglichkeiten von Nutzungsabsicht und örtlichen Verhältnissen multiplizieren schließlich die zu regelnden Sachverhalte und machen eine tatbestandliche Erfassung unmöglich. Weitgefaßte unbestimmte Rechtsbegriffe oder nahezu tatbestandslose Regelungen können zudem nicht nur, wie bei der Korrektivfunktion dargestellt, aus einer fehlenden Differenzierungs- bzw. Regelungsfähigkeit notwendig werden, sondern auch bewußt offen gehalten werden, um der Variabilität und Veränderung der tatsächlichen Lebenssachverhalte gerecht zu werden[810].

---

809 BVerfG NVwZ 1992, 52 (53).

810 *Schmitt-Glaeser*, der landkreis 1976, 442 (444).

Unter beiden Gesichtspunkten ist grundsätzlich von der Zulässigkeit des straßenrechtlichen Genehmigungsvorbehaltes auszugehen. Weder ist der Gesetzgeber in der Lage, die Vielfalt von Nutzungsmöglichkeiten und -kollisionen vorherzusehen und tatbestandlich zu erfassen, noch wäre der Versuch einer derartigen Normierung mit dem Erfordernis situationsangepaßter Einzelfallentscheidung vereinbar. Die bereits bei der Korrektivfunktion festgestellte Notwendigkeit der Schematisierung[811] zur Gewährleistung verwaltungspraktischer Lösungen[812] ist auch auf den straßenrechtlichen Genehmigungsvorbehalt übertragbar. Bedenken gegen dessen Zulässigkeit werden an keiner Stelle in Rechtsprechung und Literatur geäußert. Korrekturen der tatbestandlichen Reichweite einzelner straßenrechtlicher Genehmigungsvorbehalte stellen deren Zulässigkeit nicht insgesamt in Frage. Präventive Genehmigungsvorbehalte ohne tatbestandliche Differenzierung werden auch an anderer Stelle ausdrücklich anerkannt[813].

Damit ist allerdings lediglich das Problem geklärt, inwieweit bei einem Genehmigungsvorbehalt, der auf jeden Fall auch Kontrollzwecken dient, eine tatbestandliche Differenzierung der Genehmigungsvoraussetzungen entbehrlich sein kann. Nichts gesagt ist darüber, welche Möglichkeiten einer Ermessensbetätigung bestehen und welche inhaltlichen Anforderungen ggfls. anzunehmen sind.

4. Versagungsermessen oder gebundene Entscheidung ?

a. Der Meinungsstand

Während die ganz h.M. Meinung das aus dem Wortlaut der Normen sich ergebende Verwaltungsermessen bei der straßenrechtlichen Sondernutzungserlaubnis nicht in Frage stellt[814], wird vereinzelt eine gebundene Entscheidung angenommen.

Krüger[815] nimmt ganz allgemein an, daß bei der Nutzung öffentlicher Sachen, die über den Gemeingebrauch hinausgeht, nur die Gestaltungsform der Dispensation in

811 Vgl. hierzu *Bruder*, Befreiung, S. 2; *Erichsen*, Baudispens, DVBl 1967, 269 (270); *Hoppe*, Ausnahmen, DVBl 1969, 340 (342); *Schmidt-Eichstaedt*, Konkretisierungsauftrag, DVBl 1985, 645; *ders.*, Befreiung, DVBl 1989, 1 (2); *Selmer*, DÖV 1972, 551 (552).

812 BVerfGE 21, 12 (27); 27, 220 (230); 30, 292 (312); NJW 69, 2133.

813 Hierzu *Krüger*, Erlaubnisvorbehalt, DÖV 1958, 673 (675).

814 Eine nach Maßgabe der überkommenen Differenzierung konsequente Qualifizierung als repressives Verbot nehmen nur *Crombach*, DVBl 1977, 277 (278) und *Wolff/Bachof*, VerwR I, § 48 II c an.

815 *Krüger*, Wassergesetzgebung, S. 59 ff..

Betracht komme, geht sodann aber vom Grundsatz eines subjektiven Rechts des Antragstellers auf die begehrte Begünstigung aus[816]. Ausnahmen von diesem Grundsatz seien auch für den Bereich des Wasserhaushaltsgesetzes nicht anzunehmen[817]. Die Begriffe der Dispensation und Begünstigung verwendet *Krüger* ersichtlich nicht im Sinne eines repressiven Verbotes. Die Argumentation ähnelt im wesentlichen derjenigen zur Zulässigkeit präventiver Genehmigungsvorbehalte. Von Interesse ist *Krügers* Begründung insoweit, als hier ein unmittelbar aus den Grundrechten abgeleiteter Genehmigungsanspruch jedenfalls in denjenigen Fällen angenommen wird, in denen die Gewährung den besonderen Interessen des zu begünstigenden Einzelnen dient und nicht dem allgemeinen Interesse der Volksgesamtheit[818].

Ihm folgend geht *Strickstrock*[819] ebenfalls davon aus, daß grundsätzlich ein subjektiv-öffentliches Recht auf wasserrechtliche Verleihungen und Bewilligungen besteht im Gegensatz zur wasserrechtlichen Erlaubnis. Die verwendete Terminologie ist allerdings verwirrend, die Übertragbarkeit auf straßenrechtliche Verhältnisse fraglich. *Strickstrock* spricht von einem echten verwaltungsrechtlichen Verbot mit echtem Erlaubnisvorbehalt als Element der gewährenden Verwaltung mit zulässigem Ermessen. Dies scheint aus heutiger Sicht unverständlich und widerspricht *Strickstrocks* Annahme einer gebundenen Entscheidung.

Stern[820] nimmt Bezug auf *Krüger* und *Strickstrock* und führt für sämtliche Formen von Sondernutzungen aus, diese seien als präventive Verbote mit Erlaubnisvorbehalt zu qualifizieren[821]. Weiter fordert *Stern* aus dieser Erkenntnis und unter Be-

---

816 *Krüger*, a.a.O., S. 60; *ders.*, Erlaubnisvorbehalt, DÖV 1958, 673 (674), stellt die Eignung der konstruktiven Figur des Verbotes mit Erlaubnisvorbehalt für den Bereich der gewährenden Verwaltung, insbesondere das Straßen- und Wegerecht, ganz allgemein in Frage mit der Begründung, das gesetzliche Verbot der Nutzung laufe dem Zweck der öffentlichen Sachen zuwider und der Bürger müsse sich als Empfänger einer an sich unverdienten Gnade empfinden.

817 *Krüger*, a.a.O., S. 75; die ganz h.M. geht demgegenüber für den gesamten Bereich des WHG von repressiven Verboten mit Befreiungsvorbehalt aus: BVerfGE 58, 300 (346); *Breuer*, in: *v. Münch/Schmidt-Aßmann*, Bes.VerwR, S. 432; *Gieseke/Wiedemann/Czychowski*, WHG, § 2 Rdnr. 3; *Keppeler*, Versagungsermessen, S. 49 m.w.N.; *Sieder/Zeither/Dahme*, WHG, § 2 Rdnr. 2 b;

818 *Krüger*, a.a.O., S. 69.

819 *Strickstrock*, S. 236.

820 *Stern*, Die öffentliche Sache, VVDStRL 21 (1964), 183 (221).

821 Unter heftiger Kritik an *O. Mayer* als Begründer dieses Institutes, dem absolutistische Züge und eine Verkennung der Grundrechte vorgeworfen werden, a.a.O., S. 218.

zugnahme[822] auf die frühen Entscheidungen des Bundesverfassungsgerichts zu den präventiven Genehmigungsvorbehalten einen Genehmigungsanspruch. Diese Stellungnahme gehört damit zu den wenigen Auffassungen, die sich eindeutig für eine Qualifizierung des straßenrechtlichen Genehmigungsvorbehaltes als präventives Verbot entscheiden und damit auch für die durch das Bundesverfassungsgericht zu diesem Zeitpunkt schon hinreichend konkretisierten Konsequenzen für das Verwaltungsermessen. In diesem Sinne wird man wohl auch die früheren und von *Stern* ausdrücklich in Bezug genommen Stellungnahmen von *Krüger* und *Strickstrock* verstehen können.

Die ganz herrschende Meinung, die Zweifel an der Berechtigung eines Ermessensspielraums nicht aufkommen läßt, betont demgegenüber die präventive Zweckbestimmung der Sondernutzungserlaubnis, vermeidet jedoch eine Gleichstellung mit den präventiven Genehmigungsvorbehalten. So spricht *Steinberg*[823] davon, der Zweck des Erlaubnisverfahrens bestehe darin festzustellen, ob sich die beabsichtigte Tätigkeit im Rahmen der Zweckbestimmung bewege, Rechte anderer entgegenstünden und die Kapazität ausreiche. Der Genehmigungsvorbehalt gleiche daher in wesentlichen Zügen dem Verbot mit Erlaubnisvorbehalt. *Steinberg* leitet hieraus die Feststellung ab, die Sondernutzungserlaubnis sei nur eine formelle, zur präventiven Kontrolle vorgesehen Voraussetzung der Betätigung[824]. Allerdings werden in der weiteren Folge der Erörterung inhaltliche Ermessensbindungen oder ein im Einzelfall sich aus Art. 3 oder 5 GG ergebender Genehmigungsanspruch für möglich gehalten. Die entscheidende Frage aber, ob sich ob sich aus der Wahl einer bestimmten Gestaltungsform selbst Konsequenzen für die Zulässigkeit einer Ermessensbetätigung ergeben, wird nicht behandelt[825].

In einer einzigen Entscheidung hat das Bundesverwaltungsgericht[826] bei der Erteilung einer Sondernutzungserlaubnis eine gebundene Entscheidung angenom-men. Zur Begründung wurde darauf verwiesen, daß § 8 BFStG selbst keine Aussage über die Voraussetzungen einer genehmigungsfähigen Sondernutzung enthalte. Die Schutzzwecke und Zielsetzungen des § 8 BFStrG könnten aber dem vergleichbaren § 9 Abs. 2 BFStrG entnommen werden. Danach sei eine Sondernutzungserlaubnis bei einer anzunehmenden Beeinträchtigung der Sicherheit oder Leichtigkeit des Verkehrs zu versagen, bei fehlender Beeinträchtigung müsse die Erlaubnis im

822 BVerfGE 6, 32; 7, 397.

823 *Steinberg*, NJW 1978, 1898 (1901).

824 *Steinberg*, a.a.O., S. 1901 unter Hinweis auf BVerfGE 20, 150.

825 Ebenso *Keppeler*, Versagungsermessen, S. 33 ff..

826 BVerwG DVBl 1973, 496 (498).

übrigen erteilt werden[827]. Auf diese Rechtsprechung hat das Bundesverwaltungsgericht in späteren Entscheidungen nicht mehr Bezug genommen und die Notwendigkeit einer gebundenen Entscheidung nicht wieder angenommen[828].

b. Stellungnahme

aa) Funktion der Sondernutzungserlaubnis

Zunächst kann kein Zweifel daran bestehen, daß sich die Aufgabe der straßenrechtlichen Sondernutzungserlaubnis nicht auf eine Korrektivfunktion beschränken läßt und sich andererseits auch nicht darin erschöpft, ausschließlich Gemeinwohlinteressen Geltung zu verschaffen. Der Behörde kommt vielmehr die Aufgabe zu, die Sondernutzung unter Abwägung von Individual- *und* Gemeinwohlbelangen und Berücksichtigung der Zweckbestimmung sowie des Gemeingebrauches überhaupt erst zu regeln. Diese Regelungs- und Gestaltungsfunktion greift über die Korrektur einer tatbestandlichen Verbotsgrenze in einem atypischen Sonderfall weit hinaus.

Ähnlich wie bei der Härtefall-Befreiung könnte sich der Betroffene möglicherweise darauf berufen, die Schutzzwecke des Verbotsgesetzes seien im konkreten Fall nicht tangiert und die Belastung durch ein gesetzliches Verbot daher unverhältnismäßig. In diesem Fall dürfte die Behörde die Genehmigung der begehrten Sondernutzung nicht versagen. Die Erteilung der Genehmigung hätte in diesem Fall aber keine Korrektivfunktion. Denn die große Reichweite des straßenrechtlichen Genehmigungsvorbehaltes rechtfertigt sich bereits aus der beabsichtigten und notwendigen Kontrollfunktion und bedarf daher keiner Korrektur im Einzelfall. Wie bei einem präventiven Genehmigungsvorbehalt ist das Verbot der Sondernutzung ohne Genehmigung notwendig, um der Behörde eine effektive Kontrolle und Regelung der Nutzungsverhältnisse zu ermöglichen, auch wenn sich im Ergebnis der Prüfung ein Genehmigungsanspruch ergibt.

Die straßenrechtliche Sondernutzungserlaubnis ist entgegen *Crombach*[829] auch nicht der Befreiung von einem repressiven Verbot im Sinne einer Rechtswohltat vergleichbar. Insbesondere läßt sich nicht feststellen, der Gesetzgeber habe alle von der tatbestandlichen Reichweite des Verbotes erfaßten Betätigungen als sozialschädlich angesehen und unterdrücken wollen. Eine materielle Wirkung auf alle

---

827 BVerwG, a.a.O., S. 498; ablehnend *Marschall/Kastner*, BFStrG, § 8 Rdnr. 4.2.

828 So BVerwG NJW 1975, 1289; NJW 1978, 1937; hierzu auch *Keppeler*, Versagungsermessen, S. 33 (dort FN 1, 2. Abs.).

829 *Crombach*, DVBl 1977, 277 (278); *Wolff/Bachof*, VerwR, § 48 II c: Der repressive Charakter des § 9 I BFStrG ergibt sich aus dem Sinn des Gesetzes.

denkbaren Sondernutzungen im Sinne einer Abgrenzung der Grundrechtssphäre durch das gesetzliche Verbot ist daher ebenfalls nicht anzunehmen.

Auch nach Maßgabe der zuvor dargestellten Anforderungen des Bundesverfassungsgerichts an eine tatbestandliche Differenzierung des straßenrechtlichen Genehmigungsvorbehaltes erfaßt dieser doch notwendigerweise grundrechtlich schützenswerte und damit im Ergebnis genehmigungsfähige Aktivitäten ebenso wie sozialschädliche Aktivitäten. Er entspricht in seiner Reichweite damit den präventiven Genehmigungsvorbehalten, die zunächst ebenfalls über jedwede Betätigung in einem bestimmten Regelungsbereich gespannt werden. Die Auffassung, nach der es sich beim straßenrechtlichen Genehmigungsvorbehalt um ein präventives Verbot handele, kann sich somit durchaus darauf stützen, daß der Genehmigungsvorbehalt sich sowohl auf "endgültig zu verbietende" als auch auf grundrechtlich bedeutsame und "zu erlaubende" Tätigkeiten erstreckt.

Der Unterschied zum präventiven Genehmigungsvorbehalt besteht darin, daß innerhalb dieser tatbestandlichen Reichweite des Verbotes keine Differenzierung genehmigungsfähiger und nicht genehmigungsfähiger Tätigkeiten durch die tatbestandliche Normierung von Genehmigungsvoraussetzungen und Versagungsgründen vorgenommen wird, wie sie das Bundesverfassungsgericht für präventive Genehmigungsvorbehalte fordert[830]. Die Entscheidung des Bundesverfassungsgerichts zu § 19 HbgWG betrifft nämlich nur die Frage, wie weit ein präventiver Genehmigungsvorbehalt überhaupt gespannt werden darf und somit die äußeren Grenzen des Genehmigungsvorbehalts[831].

Das zulässige Fehlen tatbestandlich normierter Genehmigungsvoraussetzungen und Versagungsgründe führt zu der Frage, an welchen Maßstäben und Kriterien sich ein Genehmigungsanspruch oder aber ein Verwaltungsermessen zu orientieren hätte. Einen Genehmigungsanspruch bei präventiven Genehmigungsvorbehalten hat das Bundesverfassungsgericht bereits in den ersten Entscheidungen zu den präventiven Genehmigungsvorbehalten[832] an das Vorliegen der gesetzlichen Genehmigungsvoraussetzungen bzw. das Nichtvorliegen der gesetzlichen Versagungsgründe geknüpft. Das Fehlen gesetzlicher Genehmigungsvoraussetzungen und Versagungsgründe kann aber nicht dazu führen, dem Antragsteller für jedwe-

830 BVerfGE 6, 32 (42); 8, 71 (76); 20, 150 (157); 21, 73 (79); 46, 120 (157); 49, 89 (145); 52, 1 (41).

831 BVerfG NVwZ 1992, 52 (53) nimmt aber inhaltlich auch Bezug auf die zuvor genannte Rechtsprechung zur inhaltlichen Ausgestaltung des Genehmigungsvorbehaltes.

832 So bereits BVerfGE 6, 32 (42); 8, 71 (76).

de Betätigung einen Anspruch zu verschaffen. Der Genehmigungsvorbehalt hätte in diesem Fall keinen Sinn, eine wirksame Kontrolle wäre nicht möglich.

bb) Gebundene Entscheidung mit Versagungsermessen ?

In Ermangelung tatbestandlicher Vorgaben kann die Entscheidung über einen Genehmigungsanspruch gleichwohl durch den Zweck der Ermächtigung hinreichend determiniert werden. Plichtgemäßes Ermessen muß entweder tatbestandliche Grenzen haben, oder aber diese Grenzen müssen durch den Gesetzeszweck deutlich erkennbar sein[833]. Wie das Meinungsspektrum zu den zulässigen Ermessenerwägungen bei der straßenrechtlichen Sondernutzungserlaubnis zeigt, ist dieser Gesetzeszweck nicht immer zweifelsfrei zu ermitteln. Ohne auf die einzelnen Meinungen näher eingehen zu müssen, läßt sich jedenfalls feststellen, daß die Bindung des Ermessens an den Zweck der Ermächtigung im Sinne des § 40 VwVfG[834] rechtsstaatlich zulässig ist.

Damit kommt der straßenrechtlichen Sondernutzungserlaubnis im Gegensatz zur Korrektiv- oder Gemeinwohlfunktion eine gestaltende Funktion zu. Die tatbestandliche Reichweite des Genehmigungsvorbehalts entspricht derjenigen des präventiven Verbotes. Ebenso hat der Genehmigungsvorbehalt auch eine kontrollierende Funktion. Aus diesem Grunde muß der Antragsteller auch in den Genuß eines Genehmigungsanspruches kommen, wenn die gesetzlichen Schutzzwecke des Genehmigungsvorbehaltes nicht tangiert werden.

Nur kann dieser Genehmigungsanspruch nicht tatbestandlich normiert werden. Da eine tatbestandliche Abgrenzung genehmigungsfähiger und nicht genehmigungsfähiger Betätigungen nicht möglich ist, kann den tatbestandlichen Genehmigungsvoraussetzungen kein tatbestandlicher Genehmigungsanspruch gegenübergestellt werden. Der Behörde muß für den Fall, daß die Schutzzwecke des Gesetzes konkret betroffen sind, ein Versagungsermessen verbleiben, dessen inhaltliche Maßstäbe durch den Gesetzeszweck ausreichend determiniert sind[835]. Es ist daher die Aufgabe der Verwaltung und nachfolgend der Gerichte, in einem ersten Schritt zu prüfen, ob die (zutreffend ermittelten) Schutzzwecke des Gesetzes konkret betroffen sind. Ist dies nicht der Fall, muß genehmigt werden. Liegt eine Betroffenheit vor, hat die Behörde in einen Abwägungsprozeß einzutreten, der durch die Gerichte nur auf mögliche Defizite untersucht werden kann.

---

833 BVerfGE 18, 353 (363); *Bruder*, Befreiung, S. 45.

834 Vgl. hierzu im einzelnen *Keppeler*, Versagungsermessen, S. 35 ff..

835 *Löhr*, NVwZ 1983, 20 (21): sachliche Fundierung von Versagungsgründen.

Der Begriff des Versagungsermessens beschreibt die Aufgabe der Verwaltung und die Prüfungskompetenz des Verwaltungsgerichts zutreffend, da der Ermessensrahmen *tatbestandlich* nicht eingegrenzt ist, eine Ermessensbetätigung und Versagung aber gleichwohl nur für einen anhand des Zwecks der Ermächtigung zu ermittelnden Teilbereich in Betracht kommt. Außerhalb dieses eingegrenzten Bereiches der Ermessensbetätigung hat der Antragsteller einen Rechtsanspruch auf die begehrte Erlaubnis. Insoweit kann von einer gebundenen Entscheidung mit Versagungsermessen gesprochen werden. Die straßenrechtliche Sondernutzungserlaubnis kombiniert Versagungsermessen mit Erlaubnispflicht und trägt daher einen präventiven Charakter. Eine Norm wie § 6 WHG kombiniert demgegenüber Versagungspflicht mit Befreiungsermessen und ist aus diesem Grunde als repressive Norm zu qualifizieren[836].

V. § 7 AtomG

Geht man mit dem Bundesverfassungsgericht[837] und der ganz h.M.[838] davon aus, daß es sich bei dem Atomrecht um eine Ausnahmekonstellation handelt und wegen der besonderen Gefahren des Atomrechts ein Entscheidungsspielraum der Behörde verbleiben kann, wäre im Rahmen der Verbote mit Erlaubnisvorbehalt ein Abweichen von dem Grundsatz gerechtfertigt, daß einem zu Kontrollzwecken errichteten Verbot regelmäßig ein Genehmigungsanspruch gegenübergestellt werden muß. Gleichwohl ist das behördliche Versagungsermessen der Genehmigungsbehörde auch bei § 7 AtomG sachlich begrenzt auf diejenigen Risikoaspekte des Atomrechts, die ein Versagungsermessen bei einem präventiven Genehmigungsvorbehalt überhaupt rechtfertigen.

Gesetzestechnisch wäre auch in diesem Fall von einer gebundenen Entscheidung mit Versagungsermessen auszugehen. Denn bei aller Weite und Ausfüllungsbedürftigkeit der in § 7 AtomG genannten unbestimmten Rechtsbegriffe[839] unterliegen diese grundsätzlich der vollständigen verwaltungsgerichtlichen Kontrolle. Die Frage, ob der Genehmigungsbehörde bei der Ausfüllung dieser Rechtsbegriffe Beurteilungsspielräume zuzuerkennen sind oder von normkonkretisierenden Ver-

---

836 *Papier*, in: *Maunz/Dürig/Herzog/Scholz*, GG, Art. 14 Rdnr. 436 beschreibt § 6 WHG daher zutreffend als konstruktiv umgekehrten Fall. Er bezeichnet § 6 WHG als eine Koppelungsvorschrift, die rechtliche Bindung mit exekutivischer Ermessensfreiheit kombiniere. Eine rechtliche Bindung besteht bei § 6 WHG für den Fall der Versagung, da zwingende Versagungsgründe normiert sind.

837 BVerfGE 49, 89 (146); 78, 214 (226).

838 *Haedrich*, AtomG, § 7 Rdnr. 47 m.w.N.; für ein repressives Verbot nur *Löhr*, DVBl 1979, 70 (72) in einer Anm. zu BVerfG DVBl 1979, 67.

839 *Schmitt-Glaeser*, der landkreis 1976, 442 (444).

waltungsvorschriften Bindungswirkungen für die Verwaltungsgerichte ausgehen können, ist äußerst umstritten.

Durch das Wyhl-Urteil des Bundesverwaltungsgerichts vom 19.12.1985[840] wurde einer Richtlinie zu § 45 StrlSchVO[841] eine normkonkretisierende Funktion zuerkannt, wodurch diese Richtlinie im Gegensatz zu lediglich norminterpretierenden Verwaltungsvorschriften für die Verwaltungsgerichte innerhalb der von der Norm gesetzten Grenzen Verbindlichkeit erlangen sollte[842]. Eine beschränkte verwaltungsgerichtliche Kontrolle im Umweltrecht hatte das Bundes-verwaltungsgericht zuvor bereits bzgl. allgemeiner Verwaltungsvorschriften zu § 48 BImSchG anerkannt und insoweit von einem "antizipierten Sachverständigengutachten" gesprochen[843]. Inhaltlich hielt das Bundesverwaltungsgericht auch nach der Wyhl-Entscheidung an einer beschränkten Überprüfung von bestimmten Verwaltungsvorschriften zu materiellen Genehmigungsvoraussetzungen fest, sprach nun aber von einem Beurteilungsspielraum der Genehmigungsbehörde[844].

In der Lehre wird an verschiedener Stelle die Auffassung vertreten, hinter dem Begriff der Normkonkretisierung verberge sich ohnehin nur das bekannte Problem der tatbestandlichen Beurteilungsermächtigung[845]. Das zentrale Problem der Lehre von den normkonkretisierenden Verwaltungsvorschriften ist allerdings das der dogmatischen Herleitung einer Außenwirkung von Verwaltungsvorschriften[846]. Für die hier dargestellten Ermessensfragen bei § 7 AtomG ist die Auseinandersetzung um normkonkretisierende Verwaltungsvorschriften und tatbestandliche Beurteilungsermächtigungen nicht von Bedeutung. Denn unabhängig von der kon-

---

840 BVerwGE 72, 300 = NVwZ 1986, 208

841 Allgemeine Berechnungsgrundlage für die Strahlenexposition bei radioaktiven Ableitungen mit der Abluft oder im Oberflächenwasser.

842 BVerwG a.a.O., 320; vgl. zur Bewertung dieser Entscheidung *Erbguth*, Verwaltungsvorschriften, DVBl 1989, 473; *Gerhardt*, NJW 1989, 2233; *Gusy*, Vollzugsauftrag, DVBl 1987, 498; *Hill*, Verwaltungsvorschriften, NVwZ 1989, 401.

843 BVerwGE 55, 250 (255 ff.); zur Entwicklung der Rechtsprechung *Hill*, Verwaltungsvorschriften, NVwZ 1989, 401.

844 BVerwG DVBl 1989, 517 (518); zuvor hatte die Rechtsprechung stets Beurteilungsspielräume der Verwaltung im Atomrecht abgelehnt, vgl. die Nachw. bei *Breuer*, Kontrolle, NVwZ 1988, 104 (109), der sich ebenfalls gegen Beurteilungsermächtigungen wendet; *ders.*, Entwicklung, NJW 1977, 1121 (1125) m.w.N..

845 *Di Fabio*, DVBl 1992, 1338 mit dem Titel: Verwaltungsvorschriften als ausgeübte Beurteilungsermächtigung; *Redeker/v.Oertzen*, VwGO, § 114 Rdnr. 15.

846 Hierzu *Jarass*, Standards, NJW 1987, 1225 (1229); *Maurer*, Allg.VerwR, § 9 Rdnr. 27 ff..

struktiven Verbindung eines präventiven Genehmigungsvorbehaltes mit einem begrenzten Versagungsermessen könnte unter beiden Aspekten allenfalls ein *weiterer* exekutivischer Freiraum bzgl. einzelner Tatbestandselemente in Betracht kommen.

Aus den vorgenannten Gründen läßt sich im Hinblick auf das atomrechtliche Genehmigungsverfahren von einer "Kombination strikter Rechtsbindung und Ermessensfreiheit"[847] oder von einem "gemischten Zulassungsverfahren"[848] sprechen, das immer dann vorliegen soll, wenn in einem Genehmigungsverfahren bestimmte Voraussetzungen normiert sind, gleichwohl aber ein gewisser Ermessensrahmen zugelassen wird[849]. Zuzustimmen ist *Kloepfer*[850] zu seiner Formulierung, die atomrechtliche Anlagengenehmigung gewähre der Behörde ein Versagungs-ermessen, daß nur in Ausnahmefällen und nur aus besonderen Gründen angewendet werden dürfe, nicht jedoch zu seiner Schlußfolgerung, § 7 AtomG stehe zwischen den beiden Verbotstypen[851] der präventiven und repressiven Verbote. Die Beifügung eines begrenzten Versagungsermessens verleiht dem Genehmigungs-vorbehalt selbst keinen repressiven Charakter[852].

Wie die zulässigen Ermessenserwägungen sachlich einzugrenzen sind, kann im Rahmen dieser Arbeit nicht geklärt werden. Ein allzu weiter Ermessensrahmen kann dabei nicht angenommen werden. Die Einfügung eines Versagungsermessen forderte der Bundesrat[853] zur Sicherung eines Entscheidungsspielraumes im Hinblick auf zum Zeitpunkt der Verabschiedung des Gesetzes noch nicht vorhersehbare Entwicklungen und Gefahren[854]. Danach darf eine Genehmigung immer dann nicht erteilt werden, wenn sich etwa eine aus neuesten wissenschaftlichen Erkenntnissen gebotene Schadensvorsorge technisch noch nicht realisieren läßt[855].

---

847 *Breuer,* Entwicklung, NJW 1977, 1121 (1126).

848 *Mattern/Raisch,* AtomG, § 7 Rdnr. 14 sowie Vorb. vor § 3 Rdnr. 3.

849 *Mattern/Raisch,* AtomG, Vorb. vor § 3 Rdnr. 3.

850 *Kloepfer,* in: *Achterberg/Püttner,* Bes.VerwR II, S. 604.

851 *Breuer,* in: *v. Münch-Schmidt-Aßmann,* Bes.VerwR, S. 431: § 7 AtomG steht auf der Grenze zwischen einem präventiven und einem repressiven Verbot.

852 Ähnlich *Breuer,* in: *v. Münch-Schmidt-Aßmann,* Bes.VerwR, S. 431: Bei der atomrechtlichen Anlagengenehmigung handelt es sich um ein präventives, aber potentiell restriktives Verbot.

853 BT-Drucks. III / 759 S. 50.

854 In diesem Sinne BVerfGE 49, 89 (146 f.) "Kalkar"; *Haedrich,* AtomG, § 7 Rdnr. 47.

855 BVerfGE 49, 89 (136); *Breuer,* Kontrolle, NVwZ 1988, 104 (109).

VI. Kriegswaffenkontrollgesetz

Eine dem atomrechtlichen Genehmigungsvorbehalt vergleichbare Konstruktion ist bei den §§ 2 - 4 a des Kriegswaffenkontrollgesetzes anzunehmen, sofern man von einem nur begrenzten Versagungsermessen der Genehmigungsbehörde ausgeht. Der Ausschluß eines Genehmigungsanspruchs in § 6 Abs. 1 KWKG wäre auch in diesem Fall keineswegs Kennzeichen oder Indiz eines repressiven Verbotes[856].

Die Rechtfertigung und sachliche Begrenzung des Versagungsermessens könnte sich aus den außen- und innenpolitischen Notwendigkeiten ergeben, die die zuständigen Organe im Gesetzgebungsverfahren zur Aufnahme des § 6 Abs. 1 KWKG in das Gesetz bewogen haben[857]. Ein derartig begrenztes Versagungsermessen stände verfassungsrechtlich nicht im Widerspruch zu der von der ganz h.M.[858] angenommen präventiven Rechtsnatur des Genehmigungsvorbehaltes. Es stellt sich sodann jedoch die Frage, warum der Gesetzgeber seiner Verpflichtung zur differenzierten Regelung der Genehmigungsvoraussetzungen und Versagungsgründe nicht nachgekommen ist. Aus den Rechtsvorschriften selbst muß sich ergeben, aus welchen Gründen eine Genehmigung versagt werden darf[859].

Bei dem straßenrechtlichen Genehmigungsvorbehalt rechtfertigte sich die fehlende Normierung von Versagungsgründen aus der Unmöglichkeit, die denkbaren Nutzungen und Konflikte tatbestandlich zu erfassen[860]. Ähnliches gilt für den Sonderfall des Atomrechts hinsichtlich der bei Verabschiedung des Gesetzes noch nicht vorhersehbaren Entwicklungen und Gefahren. Die Beeinträchtigung außenpolitischer Belange der Bundesrepublik Deutschland hätte aber ohne weiteres als Versagungsgrund normiert und dem Antragsteller im übrigen ein Anspruch auf die Genehmigung eingeräumt werden können. Insbesondere bei Annahme einer tatbestandlichen Beurteilungsermächtigung wäre dem gesetzgeberischen Anliegen der Sicherung politischer Handlungsfreiheit ausreichend Rechnung getragen.

---

856 So aber *Hernekamp*, in: *v. Münch/Kunig*, GG II, Art. 26 Rdnr. 29: Der repressive Charkakter des Art. 26 GG findet im Ausschluß des Genehmigungsanspruches in § 6 Abs. 1 KWKG seinen Ausdruck.

857 BT-Drucks. III 1589, S. 17; *Pottmeyer*, KWKG, § 6 Rdnr. 8.

858 BVerwGE 61, 24 (31); *Maunz*, in: *Maunz/Dürig/Herzog/Scholz*, GG, Art. 26 Rdnr. 42; *Pottmeyer*, KWKG, S. 65 m.w.N..

859 BVerfGE 20, 150 (157); 21, 73 (79); 46, 120 (157); 49, 89 (145); 52, 1 (41).

860 Vgl. hierzu 3. Kap. § 4 IV 3.

VII. Waffenrecht

Da es sich nach der hier vertretenen Ansicht bei den einzelnen Genehmigungs-vorbehalten des Waffenrechts um präventive Genehmigungsvorbehalte handelt, besteht kein Ermessensspielraum der Behörde, der funktional untersucht werden könnte. Auch die h.M. nimmt gebundene Entscheidungen an[861]. Der Umstand, daß das Waffenrecht durch äußerst restriktive[862] Genehmigungsvoraussetzungen und Versagungsgründe gekennzeichnet ist, veranlaßt offenbar zu der Annahme, es handele sich um eine repressive Materie[863].

---

861 *Apel,* WaffenR, § 8 Anm. 2, § 30 Anm. 1, § 35 Anm. 3; *Potrykus/Steindorf,* WaffenR, § 8 Anm. 2, § 30 Anm. 1, § 36 Anm. 1; *Drews/Wacke/Vogel/Martens,* Gefahrenabwehr, S. 443.

862 Zur restriktiven Intention des Waffengesetzes 1972 vgl. *Jung/Lohse,* JuS 1973, 64.

863 So *Faber,* VerwR, S. 112; *Schwabe,* JuS 1973, 133; *Wolff/Bachof,* VerwR I, § 48 II a.

Zusammenfassung und Ergebnis

Der Gesetzgeber kann gesetzliche Verbote sowohl mit materieller Wirkung zur Unterdrückung unerwünschter Aktivitäten installieren, unter bestimmten Voraussetzungen aber auch als präventive Instrumente der Verhaltenssteuerung, durch die der Bürger auf ein behördliches Genehmigungsverfahren verwiesen wird. Im Anwendungsbereich eines präventiven Genehmigungsvorbehaltes bestimmen die Genehmigungsvoraussetzungen und Versagungsgründe die materielle Verbotsgrenze.

Das präventive Verbot mit Erlaubnisvorbehalt als Kontroll- und Steuerungsinstrument ist durch einen Verbotsüberschuß gekennzeichnet, der zur Beachtung des verfassungsrechtlichen Übermaßverbotes eines Korrelates in Form eines Genehmigungsanspruches des betroffenen Bürgers bedarf. Der Gesetzgeber kann aus Gründen der Prävention einen Genehmigungsvorbehalt über grundrechtlich geschützte Betätigungen erstrecken. Er ist aber gehalten, durch Genehmigungsvoraussetzungen und Versagungsgründe eine materielle Verbotsgrenze zu ziehen und dem Bürger für alle Aktivitäten, die mit dieser Verbotsgrenze nicht in Konflikt geraten, einen Genehmigungsanspruch einzuräumen.

Der Grundsatz, nach dem der Gesetzgeber die Grundrechtssphäre des Bürgers selbst abzugrenzen hat und dies nicht dem Verwaltungsermessen überlassen darf, gilt für jede Verbotsnorm und gesetzliche Regelung. Unabhängig von der jeweiligen Gestaltungsform muß der Gesetzgeber die materielle Abgrenzung genehmigungsfähiger und nicht genehmigungsfähiger Tätigkeiten durch eine möglichst exakte tatbestandliche Differenzierung selbst vornehmen. Die so gezogene Grenzlinie freiheitlicher Betätigung bestimmt sich bei repressiven Verboten und Normen grundsätzlich durch den Normtatbestand selbst. Bei präventiven Genehmigungsvorbehalten hingegen bestimmen die Genehmigungsvoraussetzungen und Versagungsgründe inmitten der tatbestandlichen Reichweite des Genehmigungsvorbehaltes die materielle Verbotsgrenze und idealiter damit auch die Grundrechtssphäre.

Befreiungstatbestände werden sowohl zur Aufhebung eines repressiven Verbotes installiert als auch zur Aufhebung oder Verschiebung der repressiven Verbotsgrenze innerhalb eines präventiven Genehmigungsvorbehaltes. In beiden Fällen läßt sich von einer Befreiung von einem repressiven Verbot sprechen. Ebenso wie ein repressiver Verbotstatbestand dient auch die durch Genehmigungsvoraussetzungen und Versagungsgründe bestimmte Verbotsgrenze innerhalb präventiver Genehmigungsvorbehalte der materiellen Abgrenzung und Begrenzung grundrechtlicher Betätigung.

Befreiungen zur Aufhebung repressiver Verbote und Versagungsgründe können in zwei ganz unterschiedlichen Funktionen auftreten, die entscheidend für die verfassungsrechtliche Beurteilung und Begrenzung des Verwaltungsermessens sind. Eine Befreiung kann zum einen in der Funktion eines grundrechtlichen Korrektivs erforderlich werden, um übermäßige Wirkungen von gesetzlichen Verboten und Versagungsgründen auszugleichen, die im einzelnen Fall entstehen können, weil die notwendigerweise typisierende und pauschalierende gesetzliche Regelung den Besonderheiten des konkreten Falles und damit grundrechtlichen Anforderungen nicht gerecht wird. Zum anderen kann der Gesetzgeber eine Befreiung vorsehen, um aus besonderem Anlaß übergeordneten Gemeinwohlinteressen Geltung zu verschaffen, auch wenn der konkrete Fall keinerlei Anlaß dazu gibt, die begehrte Betätigung des Bürgers mit Rücksicht auf dessen Grundrechte zuzulassen.

Im ersten Fall ist für ein Verwaltungsermessen grundsätzlich kein Raum. Die in den Befreiungsnormen verwandten, weitgefaßten unbestimmten Rechtsbegriffe sind notwendig, um jedwede denkbare Fallgestaltung tatbestandlich erfassen und einer grundrechtsadäquaten Lösung zuführen zu können; sie bedingen einen weitgehenden Konkretisierungsauftrag an die Verwaltung, welche die Angemessenheit der Rechtsfolgenanordnung im konkreten Fall unter Berücksichtigung des Verbots- und Versagungszweckes zu überprüfen hat. Mit diesem Konkretisierungsauftrag ist jedoch grundsätzlich keine Beschränkung der richterlichen Prüfungskompetenz verbunden. Gerichtsfreie Beurteilungs- oder Ermessensspielräume bedürfen einer besonderen Rechtfertigung, die sich nicht schon aus einer Korrektivfunktion der Befreiung ergibt. Insbesondere entscheidet die Behörde nicht etwa in einem grundrechtsneutralen Raum, die Entscheidung hat sich vielmehr ausschließlich an grundrechtlichen Notwendigkeiten zu orientieren.

Bei einer Befreiung zur Verwirklichung von Gemeinwohlinteressen kommen grundrechtliche Ermessensbindungen demgegenüber grundsätzlich nicht in Betracht. Der Gesetzgeber hat in dieser Funktion die Grundrechtssphäre durch das Gesetz bereits materiell und zulässig abgegrenzt und stellt die hiermit verbundene Grundrechtsbeschränkung nur deshalb zur Überprüfung und Disposition der Verwaltung, um öffentlichen Interessen Geltung zu verschaffen, auf die sich der Betroffene nicht berufen kann.

Beide Funktionen der Befreiung können in komplizierten Regelungszusammenhängen miteinander sowie mit präventiven Genehmigungsvorbehalten verknüpft oder auch in einzelnen Normen miteinander kombiniert werden. So können etwa innerhalb der Reichweite präventiver Genehmigungsvorbehalte eingeschachtelte Befreiungen von repressiven Verboten zur Überwindung eines Versagungsgrundes sowohl in einer Korrektivfunktion als auch in einer Gemeinwohlfunktion vorliegen, wobei die einzelnen Aufgaben und Funktionen der Verwaltungstätigkeit mit gänzlich unterschiedlichen verfassungsrechtlichen Maßstäben in einem Entscheidungsprozeß zusammenfallen können.

Entscheidet die Baugenehmigungsbehörde etwa über ein nicht privilegiertes Außenbereichsvorhaben gem. § 35 Abs. 2 BauGB, ist zunächst festzustellen, daß die gesetzlichen Voraussetzungen einer Baugenehmigung nicht vorliegen, da § 35 BauGB für den gesamten Außenbereich einen Versagungsgrund normiert, der dem bauordnungsrechtlichen Genehmigungsanspruch entgegensteht. Ein Genehmigungsanspruch für Außenbereichsvorhaben ließe sich daher nur annehmen, wenn die in § 35 Abs. 2 BauGB vorgesehene Möglichkeit einer Befreiung mindestens auch der Wahrung grundrechtlicher Belange des Bauwilligen zu dienen bestimmt wäre. Da § 35 Abs. 2 BauGB aber allein eine planerische Gemeinwohlfunktion hat, ist ein aus grundrechtlichen Positionen abgeleiteter Genehmigungsanspruch ausgeschlossen.

Eine Prüfung von Ermessensgrenzen, die sich nicht an einer funktionalen Differenzierung von Verbots- und Versagungstatbeständen einerseits und unterschiedlichen Befreiungsfunktionen andererseits orientiert, gerät in Gefahr, grundrechtliche und gesetzliche Weichenstellungen zu übersehen. Eine funktionale Betrachtung nach Maßgabe der tatbestandlichen Verbotsgrenze und der Grundrechtssphäre führt schließlich auch zum Verständnis einzelner Verbote und Genehmigungsvorbehalte, in denen sich verschiedene Regelungszwecke vereinigen oder überschneiden.

Beim Versagungsermessen der straßenrechtlichen Sondernutzungserlaubnis etwa handelt es sich konstruktiv um einen präventiven Genehmigungsvorbehalt, in dessen Reichweite kontrolliert, aber auch materiell geregelt werden soll. Es fehlt allerdings die grundsätzlich notwendige tatbestandliche Abgrenzung genehmigungsfähiger und nicht genehmigungsfähiger Betätigungen. Die objektive Unmöglichkeit, alle denkbaren Nutzungsarten, -kollisionen und örtlichen Verhältnisse im Straßenrecht auch nur annähernd tatbestandlich zu erfassen, führt zu der Notwendigkeit und Rechtmäßigkeit eines tatbestandslosen Genehmigungsvorbehaltes.

Die notwendige Abgrenzung der Grundrechtssphäre kann hier durch den Gesetzgeber nur in der Weise vorbestimmt werden, daß die Verwaltung die zulässigen Versagungserwägungen im konkreten Fall anhand des Zwecks der Ermächtigung ermittelt, ähnlich wie dies bei Eingriffsermächtigungen der Fall ist. Soweit für einen durch den Zweck der Ermächtigung sachlich hinreichend umrissenen Bereich ein Ermessen gerechtfertigt ist, verbleibt es doch außerhalb der möglichen Versagungserwägungen bei einer Kontrollfunktion und damit bei einer gebundenen Entscheidung. Zutreffend könnte man daher von einer gebundenen Entscheidung mit Versagungsermessen sprechen.

Die Koppelungsproblematik überlagert die vorstehenden funktionalen Betrachtungen lediglich und darf mit diesen grundrechtlichen Erwägungen und Ermessensbindungen nicht vermengt werden. Die ermessensbeschränkende Wirkung der Koppelung unbestimmter Rechtsbegriffe mit einem Rechtsfolgeermessen ist abhängig von einer Standortbestimmung administrativer Entscheidungsfreiräume in Tatbestand und Rechtsfolgenbereich. Es geht hierbei um die Frage, ob die unbeschränkte richterliche Kontrolle über den Tatbestand einer Norm ein Rechtsfolgeermessen ausschließt, wenn sämtliche für die Ermessensbetätigung denkbaren Erwägungen bereits durch den Tatbestand erfaßt werden.

Literaturverzeichnis

Achterberg, Norbert: Allgemeines Verwaltungsrecht, 2. Aufl. Heidelberg, 1986 (zit.: Achterberg, Allg.VerwR)

Ackermann, Rüdiger: Zur Problematik Bundesbaugesetz § 35 Abs. 2, DÖV 1964, 721

Auernhammer, Herbert: Bundesdatenschutzgesetz, 3. Aufl., Köln, Berlin, Bonn, München 1993 (zit.: Auernhammer, BDatSchG)

Alexy, Robert: Ermessensfehler, JZ 1986, 701

Apel, Erich: Waffenrecht, 2. Aufl., Köln 1977 - 1980 (zit.: Apel, WaffR)

Apel, Erich/Keusgen, Andreas: Sprengstoffgesetz, 2. Aufl., Köln 1994

Aretz, Henning: Die öffentliche Verwaltung zwischen Gesetzgebung und richterlicher Kontrolle, DÖV 1985, 614

Bachof, Otto: Beurteilungsspielraum, Ermessen und unbestimmter Rechtsbegriff im Verwaltungsrecht, JZ 1955, 97 (zit.: Beurteilungsspielraum)

ders.: Die Rechtsprechung des Bundesverwaltungsgerichts, JZ 1966, 436 (zit.: Rspr. BVerwG)

ders.: Neue Tendenzen in der Rechtsprechung zum Ermessen und zum Beurteilungsspielraum , JZ 1972, 641 (zit.: Tendenzen)

Badura, Peter: Staatsrecht, München 1986 (zit.: Badura, Staatsrecht)

Baltz, Konstanz/Fischer, Friedrich Wilhelm: Preußisches Baupolizeirecht, 6. Aufl., Berlin 1954 (zit.: Baltz/Fischer, PrBauPR)

Bartlsperger, Richard: Straßenrecht zwischen Bewahrung und Technizität, DVBl 1979, 1

Battis, Ulrich/Krautzberger, Michael/Löhr, Rolf-Peter: Bundesbaugesetz,

München 1985 (zit.: *Bearbeiter,* in: Battis/Krautzberger/Löhr, BBauG)

dies: Baugesetzbuch , 4. Aufl., München 1994 (zit.: *Bearbeiter,* in: Battis /Krautzberger/Löhr, BauGB)

Beckmann, Martin: Das Verhältnis der verwaltungsgerichtlichen Kontrolldichte zur gesetzlichen Regelungsdichte, DÖV 1986, 505 (zit.: Kontrolldichte)

ders.: Die Umweltverträglichkeitsprüfung und das rechtssystematische Verhältnis von Planfeststellungsbeschluß und Genehmigungsentscheidung, DÖV 1987, 944 (zit.: Umweltverträglichkeitsprüfung)

Bettermann, Karl August: Straßenwerbung und Straßenhandel: Verboten oder nur erlaubnispflichtig ?, BB 1982, 2146

Bielenberg, Walter/Krautzberger, Michael/Söfker, Wilhelm: Baugesetzbuch - Leitfaden und Kommentierung, 3. Aufl., München 1990 (zit.: Bielenberg/Krautzberger/Söfker, BauGB-Leitfaden)

Blankenagel, Alexander/Bohl, Johannes: Abfallrecht und Immissionsschutzrecht - russisches Roulette der Genehmigungsverfahren, DÖV 1993, 585

Breuer, Rüdiger: Gerichtliche Kontrolle der Technik, NVwZ 1988, 104 (zit.: Kontrolle)

ders.: Die Entwicklung des Atomrechts von 1974 - 1976, NJW 1977, 1121 (zit.: Entwicklung)

Brohm, Winfried: Demonstrationsfreiheit und Sitzblockaden, JZ 1985, 501 (zit.: Demonstrationsfreiheit)

ders.: Die staatliche Verwaltung als eigenständige Gewalt und die Grenzen der Verwaltungsgerichtsbarkeit, DVBl 1986, 321 (zit: Verwaltungsgerichtsbarkeit)

Bruder, Kurt: Die Befreiung vom Bebauungsplan als Anwendungsfall des

Übermaßverbotes, Diss. jur. München 1971 (zit.: Bruder, Befreiung)

Brügelmann, Hermann/Dürr, Hansjochen: Baugesetzbuch, 2. Aufl., Stuttgart, Berlin 1987 ff., Stand Mai 1996, (zit.: *Bearbeiter,* in: Brügelmann/Dürr, BauGB)

Bull, Hans Peter: Allgemeines Verwaltungsrecht, 4. Aufl., Heidelberg 1993 (zit.: Bull, VerwR)

Bullinger, Martin: Das Ermessen der öffentlichen Verwaltung, JZ 1984, 1001

Cattepoel, Jan: Ermessen und Beurteilungsspielraum, VerwArch 71 (1980), 140

Crombach, Egon: Zur Erlaubnispflichtigkeit des Verteilens politischer Schriften auf öffentlichen Straßen, DVBl 1977, 277

Dellian, Ed: Der Rechtsanspruch auf wasserrechtliche Erlaubnis, DVBl 1969, 303

Dirnberger, Franz: Grundrechtliche Schutzpflicht und Gestaltungsspielraum, DVBl 1992, 879

Dürig, Günter: Der Grundrechtssatz von der Menschenwürde, AÖR 81 (1956), 117

Dürr, Hansjochen/Seiler, Carmen: Baurecht für Rheinland-Pfalz und das Saarland, Baden-Baden 1991 (zit.: Dürr/Seiler, BauRRhPf)

Dürr, Hansjochen/Bremer, Wolfgang: Baurecht für Niedersachsen und Schleswig-Holstein, Baden-Baden 1987 (zit.: Dürr/Bremer, BauRNds)

Ehmke, Horst: Ermessen und unbestimmter Rechtsbegriff im Verwaltungsrecht, in: Recht und Staat in Geschichte und Gegenwart, Bd. 230/1, Tübingen 1960 (Zit.: Ehmke, Ermessen)

Erbguth, Wilfried: Neue Aspekte zur planerischen Abwägungsfehlerlehre, DVBl 1986, 1230 (zit.: Abwägunsfehlerlehre)

ders.: Normkonkretisierende Verwaltungsvorschriften, DVBl 1989, 473 (zit.: Verwaltungsvorschriften)

ders.: Anmerkungen zum administrativen Entscheidungsspielraum - Am Beispiel der Planfeststellung DVBl 1992, 399 (zit.: Entscheidungsspielraum)

Erichsen, Hans-Uwe: Baudispens und Übermaßverbot, DVBl 1967, 269 (zit.: Baudispens)

ders.: Die sogenannten unbestimmten Rechtsbegriffe als Steuerungs- und Kontrollmaßgaben im Verhältnis von Gesetzgebung, Verwaltung und Rechtsprechung, DVBl 1985, 22 (zit.: Unbest. Rechtsbegriffe)

ders.: Allgemeines Verwaltungsrecht, 10. Aufl., Berlin, New York 1995 (zit.: *Bearbeiter,* in: Erichsen, Allg.VerwR)

Ernst, Werner/Zinkahn, Willy/Bielenberg, Walter: Bundesbaugesetz, München1965 ff., Stand Juni 1982 (zit.: *Bearbeiter,* in: Ernst/Zinkahn/Bielenberg, BBauG)

dies: Baugesetzbuch, München 1986 ff., Stand Juni 1996 (zit.: *Bearbeiter,* in: Ernst/Zinkahn/Bielenberg, BauGB)

Ernst, Werner/Hoppe, Werner: Das Öffentliche Bau und Bodenrecht, 2. Aufl., München 1981 (zit.: Ernst/Hoppe, Öffentl.BauBodR)

Erwe, Helmut: Ausnahmen und Befreiungen im öffentlichen Baurecht, Diss.jur. Bonn 1986 (zit.: Erwe, Befreiungen)

Faber, Heiko: Verwaltungsrecht, 4. Aufl., Tübingen 1995 (zit.: Faber, VerwR)

Di Fabio, Udo: Verwaltungsvorschriften als ausgeübte Beurteilungsermächtigung, DVBl 1992, 1338

Fastenrath, Ulrich: Gewaltenteilung - Ein Überblick, JuS 1986, 194

Feldhaus, Gerhard: Bundesimmissionsschutzrecht Band I, 2. Aufl., Wiesbaden, Stand März 1997 (zit.: Feldhaus, BImSchG)

Finkelnburg, Klaus/Ortloff, Karsten-Michael: Öffentliches Baurecht, Band I, 3. Aufl., München 1995 (zit.: Finckelnburg/Ortloff, Öffentl. BauR)

Fislake, Heribert: Das Ermessen in § 35 Abs. 2 BauGB, ZfBR 1988, 166

Forsthoff, Ernst: Lehrbuch des Verwaltungsrechts, Allgemeiner Teil,
10. Aufl., München 1973 (zit.: Forsthoff, VerwR)
8. Aufl., München 1961 (zit.: Forsthoff, VerwR, 8. Aufl.)

Friauf, Karl-Heinrich: Das Verbot mit Erlaubnisvorbehalt, JuS 1962, 422

Gädtke, Horst/Bockenförde, Dieter/Temme, Heinz-Georg/Krebs, Winnifred: Landesbauordnung Nordrhein-Westfalen, 8. Aufl., Düsseldorf 1989 (zit.: *Bearbeiter,* in: Gädtke/Bockenförde, LBauONRW)

Gaentzsch, Günter: Konkurrenz paralleler Anlagengenehmigungen, NJW 1986, 2787

Geis, Max-Emmanuel: Josephine Mutzenbacher und die Kontrolle der Verwaltung, NVwZ 1992, 25 (zit: Kontrolle)

ders.: Die Anerkennung des besonderen pädagogischen Interesses nach Art. 7 V GG DÖV, 1993, 22 (zit.: Päd. Interesse)

Gelzer, Konrad/Birk, Hans-Jörg: Bauplanungsrecht, 5. Aufl, Köln 1991 (zit.: Gelzer/Birk, BauPlR)

Gentz, Manfred: Zur Verhältnismäßigkeit von Grundrechtseingriffen, NJW 1968, 1600

Gerhardt, Michael: Normkonkretisierende Verwaltungsvorschriften, NJW 1989, 2233

Gern, Alfons: Die Ermessensreduzierung auf Null, DVBl 1987, 1194

Gieseke, Paul/Wiedemann, Werner/Czychowski, Manfred: Wasserhaushaltsgesetz, 6. Aufl., München 1992 (zit.: Gieseke/Wiedemann/Czychowski, WHG)

Götz, Volkmar/Starck, Christian/Klein, Hans Hugo: Die öffentliche Verwaltung zwischen Gesetzgebung und richterlicher Kontrolle - Göttinger Symposion, München 1985

Grabitz, Eberhardt: Der Grundsatz der Verhältnismäßkeit in der Rechtsprechung des Bundesverfassungsgerichts, AöR 98 (1973), 568

Groll, Klaus-Michael: Verteilung politischen Werbematerials, NJW 1976, 2156

Grosse-Suchsdorf, Ulrich /Schmaltz, Hans Karsten/Wiechert, Reinald: Niedersächsische Bauordnung, Kommentar, 5. Aufl., Hannover 1992 (zit.: Grosse-Suchsdorf/Schmaltz/Wiechert, NBauO)

Gusy, Christoph: Verbot mit Erlaubnisvorbehalt - Verbot mit Dispensvorbehalt, JA 1981, 80 (zit.: Gusy, Erlaubnisvorbehalt)

ders.: Administrativer Vollzugsauftrag und justizielle Kontrolldichte im Recht der Technik, DVBl 1987, 497 (zit.: Vollzugsauftrag)

Haedrich, Heinz: Atomgesetz, Baden-Baden 1986 (zit.: Haedrich, AtomG)

Haselau, Klaus: Stellt eine Erlaubnis oder Ausnahmebewilligung "lediglich natürliche" Handlungsfreiheit wieder her ?, DÖV 1965, 449

Herdegen, Matthias: Beurteilungsspielaum und Ermessen im strukturellen Vergleich, JZ 1991, 747

Hesse, Konrad: Grundzüge des Verfassungsrechts der Bundesrepublik Deutschland, 20. Aufl., Heidelberg 1995 (zit.: Hesse, VerfR)

Hill, Hermann: Verfahrensermessen der Verwaltung, NVwZ 1985, 449 (zit.: Verfahrensermessen)

ders.: Die öffentliche Verwaltung zwischen Gesetzgebung und richterlicher Kontrolle, DVBl 1985, 998 (zit. Öffentl. Verwaltung)

Hill, Hermann: Normkonkretisierende Verwaltungsvorschriften, NVwZ 1989, 401 (zit.: Verwaltungsvorschriften)

Hinze, Rolf: Waffenrecht, Wiesbaden 1992 ff., Stand Nov. 1993 (zit.: Hinze, WaffR)

Hirsch, Günter/Schmidt-Didczuhn, Andrea: Gentechnikgesetz , München 1991 (zit.: Hirsch/Schmidt-Didczuhn, GentG)

Hoppe, Werner: Das Ermessen bei der Erteilung baurechtlicher Ausnahmen und Befreiungen, DVBl 1969, 340 (zit.: Ausnahmen)

ders.: Befreiungstatbestände im BBauG und bauplanungsrechtliche Abwägung nach § 1 Abs. 7 BBauG - Ein Beitrag zur Auslegung und Anwendung des § 37 Abs. 1 und Abs. 2 BBauG, DVBl 1983, 1077 (zit.: Befreiungstatbestände)

ders.: Planung und Pläne in der verwaltungsgerichtlichen Kontrolle, Festschrift für Menger 1985, S. 747 (zit.: Planung)

Hösel, Gottfried/von Lersner, Heinrich: Recht der Abfallbeseitigung des Bundes und der Länder, Berlin 1972 ff., Stand März 1997 (zit.: Hösel/v. Lersner, AbfG)

Huber, Hans: Niedergang des Rechts und Krise des Rechtsstaats, in: Festschrift für Zaccaria Giacommetti, Zürich 1953, S. 59

Hufen, Friedhelm: Zur rechtlichen Regelung der Straßenkunst - kommunikativer Gemeingebrauch oder Verbot mit Erlaubnisvorbehalt ?, DÖV 1983, 353

Isensee, Josef: Mehr Recht durch weniger Gesetze?, ZRP 1985, 139

Jäde, Henning: Planreife - ein Befreiungstatbestand?, BauR 1987, 252 (zit.: Planreife)

ders.: Aktuelle Probleme der bauplanungsrechtlichen Begünstigung im Außenbereich, UPR 1991, 401 (zit.: Außenbereich)

Jarass, Hans D.: Bundesimmissionsschutzgesetz, 2. Aufl., München 1993 (zit.: Jarass, BImSchG)

ders.: Der rechtliche Stellenwert technischer und wissenschaftlicher Standards, NJW 1987, 1225 (zit.: Standards)

Jarass, Hans D./Pieroth, Bodo: Grundgesetz, 3. Aufl., München 1995 (zit.: *Bearbeiter*, in: Jarass/Pieroth, GG)

Jellinek, Walter: Die Erklärung der Menschen- und Bürgerrechte, 4. Aufl., Leipzig 1927

Jesch, Dietrich: Unbestimmter Rechtsbegriff und Ermessen in rechtstheoretischer und verfassungsrechtlicher Sicht, AöR 82 (1957), 163

Jung, Heike/Lohse, Volker: Neues Waffengesetz zur Erhöhung der inneren Sicherheit, JuS 1973, 64

Kellner, Hugo: Zum Beurteilungspielraum, DÖV 1962, 572 (zit.: Beurteilungsspielraum)

ders.: Der sog. Beurteilungsspielraum in der verwaltungsgerichtlichen Praxis, NJW 1966, 857 (zit.: Praxis)

ders.: Neue Erkenntnisse zum sogenannten Beurteilungsspielraum ? , DÖV 1972, 801 (zit.: Erkenntnisse)

Keppeler, Jürgen: Die Grenzen des behördlichen Versagungsermessens; unter besonderer Berücksichtigung des Zwecks der Ermächtigung, Konstanz 1989 (zit.: Keppeler, Versagungsermessen)

Kissel, Otto Rudolf: Grenzen der rechtsprechenden Gewalt, NJW 1982, 1777

Klein, Hans Hugo: Einschränkung von Grundrechten durch Ermessensentscheidungen, DÖV 1964, 658

Kloepfer, Michael: Der Vorbehalt des Gesetzes im Wandel, JZ 1984, 685 (zit.: Vorbehalt)

Klöpfer, Michael: Umweltrecht, München 1989 (zit.: Kloepfer, UmweltR)

Kodal, Kurt/Krämer, Helmut: Straßenrecht, München 1985 (zit.: Kodal/Krämer, Straßenrecht)

Körner, Gerhard: Das Bauen im Außenbereich, NJW 1965, 518

Kopp, Ferdinand: Grenzen der Gesetzgebung und der Rechtskontrolle im Bereich der öffentlichen Verwaltung, BayVBl 1983, 673 (zit.: Rechtskontrolle)

ders.: Verwaltungsverfahrensgesetz, 5. Aufl., München 1991 (zit.: Kopp, VwVfG)

ders.: Verwaltungsgerichtsordnung, 10. Aufl., München 1994 (zit.: Kopp, VwGO)

Krautzberger, Michael: Das neue Baugesetzbuch - Sicherung der Bauleitplanung; Zulässigkeit von Vorhaben, NVwZ 1987, 452;

Krüger, Herbert: Grundfragen einer rechtsstaatlichen Wassergesetzgebung, Köln 1957 (zit.: Wassergesetzgebung)

ders.: Verbot mit Erlaubnisvorbehalt und Gewährung mit Auslesevorbehalt DÖV 1958, 673 (zit.: Erlaubnisvorbehalt)

Kunig, Philip/Schwermer, Gerfried/Versteyl, Ludger-Anselm: Abfallgesetz, 2. Aufl., München 1992 (zit.: Kunig/Schwermer/Versteyl, AbfG)

von Landmann, Robert/Rohmer, Gustav: Gewerbeordnung, Umweltrecht, Band I, 13. Aufl., München 1978 ff., Stand Okt. 1996 (zit.: v. Landmann/Rohmer, UmwR I)

Lau, Ulrich: Das Dispensationsermessen in § 31 Abs. 2 des Bundesbaugesetzes und des Baugesetzbuches, BauR 1987, 491

Leibholz, Gerhard/Rinck, Hans-Justus/Hesselberger, Dieter: Grundgesetz , 7. Aufl., Köln 1975 ff., Stand Dez. 1996 (zit.: Leibholz/Rinck, GG)

Lenz, Wolfgang: Die Zulässigkeit von Vorhaben und Nutzungen nach dem BauGB, BauR 1987, 1 (2);

Lerche, Peter: Übermaß und Verfassungsrecht, 1961 (zit.: Übermaß)

ders.: Rechtsprobleme der wirtschaftslenkenden Verwaltung, DÖV 1961, 486 (zit.: Verwaltung)

Lorenz, Dieter: Landesstraßengesetz Baden-Württemberg, Stuttgart, Berlin, Köln 1992

Löhr, Rolf-Peter: Zum Ermessen bei Erlaubnis oder Versagung einer Sondernutzung, NVwZ 1983, 20

Locke, John: Zwei Abhandlungen über die Regierung (Dt. Übers.) Hrsg.: Walter Euchner, Frankfurt 1977

Mahlmann, Werner: Ermessen, Beurteilungsspielraum und Beweislastverteilung im atomrechtlichen Genehmigungsverfahren, 1. Deutsches Atomrechts-Symposium, Hrsg. Rudolf Lukes, 1973, S. 269

von Mangoldt, Hermann/Klein, Friedrich/Starck, Christian: Das Bonner Grundgesetz, Band 1, 3. Aufl., München 1985 (zit.: *Bearbeiter,* in: v. Mangoldt/Klein/Starck, GG)

Marschall, Anton/Schröter, Wolfgang/Kastner, Fritz: Bundesfernstraßengesetz, 4. Aufl., Köln, Berlin, Bonn, München 1977 (zit.: *Bearbeiter,* in: Marschall/Kastner, BFStrG)

Mattern, Karl-Heinz/Raisch, Peter: Atomgesetz, Berlin 1961 (zit.: Mattern/ Raisch, AtomG)

Maunz, Theodor/Dürig, Günter/Herzog, Roman/Scholz, Rupert/Lerche, Peter/Randelzhofer, Albrecht/Papier, Hans-Jürgen/Schmidt-Aßmann, Ebehard: Grundgesetz, Band 1 und 2, 7. Aufl. München 1996, Stand Okt. 1996 (zit.: *Bearbeiter,* in: Maunz/Dürig/Herzog/Scholz, GG)

Maurer, Hartmut: Allgemeines Verwatungsrecht, 10. Aufl., München 1995 (zit.: Maurer, Allg.VerwR)

Mayer, Otto: Deutsches Verwaltungsrecht, Band I, 3. Aufl., München, Leipzig 1924 (zit.: O. Mayer, VerwR I)

Menger, Christian-Friedrich: Höchstrichterliche Rechtsprechung zum Verwaltungs- recht, VerwArch 56 (1965), 81 (zit.: Höchstr.Rspr 1965)

ders.: Zum Koppelungsverbot bei öffentlichrechtlichen Verträgen, VerwArch 64 (1973), 203 (zit.: Koppelungsverbot)

Menger, Christian-Friedrich/Erichsen, Hans-Uwe: Höchstrichterliche Rechtsprechung zum Verwaltungsrecht, VerwArch 58 (1967), 247 (zit.: Höchstr.Rspr 1967)

dies.: Höchstrichterliche Rechtsprechung zum Verwaltungsrecht, VerwArch 61 (1970), 375 (zit.: Höchstr.Rspr 1970)

Meyer, Hans/Borgs-Maciejewski, Herrmann: Verwaltungsverfahrensgesetz, Kommentar, 2. Aufl., Frankfurt 1982 (zit.: Meyer/Borgs-Maciejewski, VwVfG)

Meyn, Karl-Ulrich: Aspekte zur Problematik von Beurteilungsspielraum und Ermessen, JA 1980, 327

Michel, Elmar/Kienzle, Werner: Gaststättengesetz, 12. Aufl., Köln, Berlin, Bonn, München 1995 (zit.: Michel/Kienzle, GastG)

Mörtel, Georg/Metzner, Richard: Gaststättengesetz, 4. Aufl., München 1988 (zit.: Mörtel/Metzner, GastG)

Müller, Horst Joachim: Das Ermessen in der Rechtsprechung des Bundesverfassungsgerichts, DÖV 1969, 119

von Münch (Begründer)/ Kunig, Philip (Hrsg.): Grundgesetz, Band 1, 4. Aufl., München 1992, Band 2, 3. Aufl. 1995 (zit.: *Bearbeiter,* in: v. Münch/Kunig, GG)

von Münch, Ingo/Schmidt-Aßmann, Eberhard (Hrsg.) Besonderes Verwaltungsrecht, 10. Aufl., Berlin, New York 1995 (zit.: *Bearbeiter,* in: v. Münch/Schmidt-Aßmann, BesVerwR)

Mussgnug, Reinhard: Der Dispens von gesetzlichen Vorschriften, Diss.jur. Heidelberg 1964 (zit.: Mussgnug, Dispens)

Von Mutius, Albert: Unbestimmter Rechtsbegriff und Ermessen im Verwaltungsrecht, Jura 1987, 92

Von Mutius, Albert/Sperlich, Klaus: Prüfungen auf dem Prüfstand, DÖV 1993, 45

Naumeyer, Dieter: Das Hessische Straßengesetz, 3. Aufl., Wiesbaden 1989 ff., Stand Aug. 1992 (zit.. Naumeyer, HessStrG)

Neumann, Franz Ludwig/Nipperdey, Hans Carl/Scheuner, Ulrich: Die Grundrechte, Band 3, Berlin 1958/59 (zit.: Neumann/Nipperdey/ Scheuner, Die Grundrechte)

Niehues, Norbert: Stärkere gerichtliche Kontrolle von Prüfungsentscheidungen, NJW 1991, 3001

Nierhaus, Michael: Die Versetzung politischer Beamter in den einstweiligen Ruhestand BVerwGE 52, 33, JuS 1978, 596

Obermayer, Klaus: Verwaltungsverfahrensgesetz, 2. Aufl., Neuwied 1990 (zit.: Obermayer, VwVfG)

Ordemann, Hans-Joachim/Schomerus, Rudolf: Bundesdatenschutzgesetz, 5. Aufl., München 1992 (zit.: Ordemann/Schomerus, BDatSchG)

Ortloff, Karsten-Michael: Ermessen in § 35 Abs. 2 BauGB - Hat das Gesetz doch recht?, NVwZ 1988, 320

Ossenbühl, Fritz: Tendenzen und Gefahren der neuen Ermessenslehre, DÖV 1968, 618 (zit.: Tendenzen)

ders.: Verwaltungsvorschriften und Grundgesetz, Bad Homburg 1968 (zit. Verwaltungsvorschriften)

ders.: Zur Renaissance der administrativen Beurteilungsermächtigung, DÖV 1972, 401 (zit.: Beurteilungsermächtigung)

Papier, Hans-Jürgen: Die rechtlichen Grenzen der Bauleitplanung, DVBl 1975, 461 (zit.: Bauleitplanung)

ders.: Rechtliche Bindung und gerichtliche Kontrolle planender Verwaltung im Bereich des Bodenrechts, NJW 1977, 1714 (zit.: Bodenrecht)

ders.: Das Recht der öffentlichen Sachen, 2. Aufl. Berlin 1984 (zit.: Öffentliche Sachen)

ders.: Zur verwaltungsgerichtlichen Kontrolldichte, DÖV 1986, 621 (zit.: Kontrolldichte)

ders.: Verwaltungsverantwortung und gerichtliche Kontrolle, in: Festschrift für Carl Hermann Ule, Köln, Berlin 1987, S. 235 (zit.: Verwaltungsverantwortung)

Peine, Franz-Josef: Das neue Baugesetzbuch, JZ 1987, 322

Pietzner, Rainer: Das Verbot mit Erlaubnisvorbehalt, JA 1973, 691 ff., 763 ff.

Pottmeyer, Klaus: Kriegswaffenkotrollgesetz, Köln, Berlin, Bonn, München 1991 (zit.: Pottmeyer, KWKG)

Potrykus, Gerhard/Steindorf, Joachim: Waffenrecht, 6. Aufl., München 1995 (zit.: Potrykus/Steindorf, WaffR)

Püttner, Günter/Achterberg, Norbert (Hrsg.): Besonderes Verwaltungsrecht, Band II, Heidelberg 1992 (zit.: Achterberg/Püttner, Bes.VerwR II)

Redeker, Konrad: Verfassungsrechtliche Vorgaben zur Kontrolldichte verwaltungsgerichtlicher Rechtsprechung, NVwZ 1992, 305 (zit.: Kontrolldichte)

ders: Über die Einflußmöglichkeiten des Fachgesetzgebers auf das verwaltungsgerichtliche Verfahren, DÖV 1993, 10 (zit.: Einflußmöglichkeiten)

Redeker, Konrad/Von Oertzen, Hans-Joachim: Verwaltungsgerichtsordnung,

11. Aufl., Stuttgart, Berlin, Köln, Mainz 1994 (zit.: Redeker/v.Oertzen, VwGO)

Reidt, Olaf: Behördlicher Beurteilungsspielraum und Grundrechtsschutz, DÖV 1992, 916

Reuß, Hermann: Das Ermessen - Versuch einer Begriffsklärung, DVBl 1953, 585 (zit: Ermessen)

ders.: Freiheit und Bindung der Verwaltung im Rechtsstaat, DVBl 1959, 533 (zit.: Rechtsstaat)

Richter, Walter: Ausnahme - Befreiung - Eine Stellungnahme, DÖV 1959, 290

Ronellenfitsch, Michael: Das atomrechtliche Genehmigungsverfahren, Berlin 1983

Rozek, Jochen: Neubestimmung der Justiziabilität von Prüfungsentscheidungen, NVwZ 1992, 343

Rüfner, Wolfgang: Materiellrechtliche Voraussetzungen und Grenzen des nachbarschädlichen Baudispenses, DVBl 1963, 609.

Rupp, Hans Heinrich: Grundfragen der heutigen Verwaltungsrechtslehre, Tübingen 1965 (zit.: Grundfragen)

ders.: Das Urteil des Bundesverfassungsgerichts zum Sammlungsgesetz - eine Wende in der Grundrechtsinterpretation des Art. 2 Abs. 1 GG ?, NJW 1966, 2037 (zit.: Sammlungsgesetz)

ders.: "Ermessen", "unbestimmter Rechtsbegriff" und kein Ende, in: Festschrift für Zeidler, 1987, S. 455 (zit.: Ermessen)

Salzwedel, Jürgen/Preusker, Werner: Umweltschutzrecht und -verwaltung in der Bundesrepublik Deutschland, Köln 1983 (zit.: Salzwedel/Preusker, UmweltschutzR)

Sattler, Andreas: Die Verwirklichung der Grundrechte durch die Gerichte im Verwaltungsrecht, in: Vierzig Jahre Grundrechte in ihrer Verwirklichung durch die Gerichte, Göttinger Kolloqium, Hrsg.: *Wolfgang Heyde/ Christian Starck,* Göttingen 1992 (zit.: *Bearbeiter,* in: Göttinger Kolloqium)

Scheuner, Ulrich: Zur Frage der Grenzen der Nachprüfung des Ermessens durch die Gerichte, VerwArch 33 (1928), 68

Schick, Walter: Das Verbot mit Anzeigevorbehalt, BayVBl 1967, 341

Schlez, Georg: Baugesetzbuch, 4. Aufl., Wiesbaden, Berlin 1994 (zit.: Schlez, BauGB)

Schlichter, Otto/Stich, Rudolf/Tittel, Hans-J.: Bundesbaugesetz, 3. Aufl., Köln, Berlin 1979 (zit.: *Bearbeiter,* in: Schlichter/Stich/Tittel, BBauG)

Schlichter, Otto/Stich, Rudolf: Berliner Kommentar zum Baugesetzbuch, 2. Aufl. Köln 1995 (zit.: *Bearbeiter,* in: Schlichter/Stich, BauGB)

Schmaltz, Hans-Karsten: Die Befreiung aus städtebaulichen Gründen nach § 31 Abs. 2 Nr. 2 BBauG 1979, BauR 1980, 1

Schmidt, Walter: Abschied vom unbestimmten Rechtsbegriff, NJW 1975, 1753 (zit.: Unbest. Rechtsbegriff)

Schmidt, Walter: Der Ermessensrahmen bei der Versagung einer straßenrechtlichen Sondernutzungserlaubnis, NVwZ 1985, 167 (zit.: Sondernutzungserlaubnis)

Schmidt-Aßmann, Eberhard/Groß, Thomas: Zur verwaltungsgerichtlichen Kontrolldichte nach der Privatgrundschul-Entscheidung des BVerfG, NVwZ 1993, 617

Schmidt-Bleibtreu, Bruno/Klein, Franz: Kommentar zum Grundgesetz, 8. Aufl., Frankfurt 1995 (zit.: *Bearbeiter,* in: Schmidt-Bleibtreu/Klein, GG)

Schmidt-Eichstaedt, Gerd: Der Konkretisierungsauftrag der Verwaltung beim Vollzug öffentlichrechtlicher Normen, DVBl 1985, 645 (zit: Konkretisierungsauftrag)

ders.: Die Befreiung im Spannungsfeld zwischen Bauleitplanung und Einzelfallentscheidung, DVBl 1989, 1 (zit.: Befreiung)

Schmitt-Glaeser, Walter: Planende Behörden, protestierende Bürger und überforderte Richter, der landkreis 1976, 442

Schmidt-Salzer, Joachim: Die normstrukturelle und dogmatische Bedeutung der Ermessensermächtigungen, VerwArch 60 (1969), 261

Scholler, Heinrich: Selbstbindung und Selbstbefreiung der Verwaltung, DVBl 1968, 409

Scholz, Rupert: Verwaltungsverantwortung und Verwaltungsgerichtsbarkeit, VVDStRL 34 (1976), 145

Schrödter, Hans: Baugesetzbuch, 5. Aufl., München 1992 (zit.: Schrödter, BauGB)

Schubert, Reinhard/Thedieck, Franz: Grundrechtstheorie und legislative Gestaltungsfreiheit, ZRP 1979, 254

Schulte, Hans: Freiheit und Bindung des Eigentums im Bodenrecht, JZ 1984, 297

Schuppert, Gunnar Folke: Self-restraints der Rechtssprechung, DVBl 1988, 1191

Schwabe, Jürgen: Das Verbot mit Erlaubnisvorbehalt, JuS 1973, 133

Schwalm, Georg: Der objektivierte Wille des Gesetzgebers, in: Festschrift für Ernst Heinitz, Berlin 1972, S. 47

Seebass, Friedrich: Eine Wende im Prüfungsrecht ?, NVwZ 1992, 609

Seewald, Otfried: Ermessen und unbestimmter Rechtsbegriff im Verwaltungsrecht, Jura 1980, 175 ?

Selmer, Peter: Generelle Norm und individueller Grundrechtsschutz. Gedanken zum Thema Recht und Individualität, DÖV 1972, 551

Sendler, Horst: Zulässigkeit von Bauvorhaben, BBauBl 1968, 63 (zit.: Bauvorhaben)

ders.: Normenflut und Richter, ZRP 1979, 227 (zit.: Normenflut)

ders.: Zur Unabhängigkeit des Verwaltungsrichters, NJW 1983, 1449 (zit.: Unabhängigkeit)

ders.: Die öffentliche Verwaltung zwischen Scylla und Charybdis, NJW 1986, 1084 (zit.: Verwaltung)

Sieder, Frank/Zeitler, Herbert/Dahme, Heinz: Wasserhaushaltsgesetz, München, Stand 1.8.1994 (zit.: Sieder/Zeitler/Dahme, WHG)

Simitis, Spiros/Dammann, Ulrich/Mallmann, Otto/Reh, Hans-Joachim: Bundes-datenschutzgesetz, 3. Aufl., Baden-Baden 1981 (zit.: Simitis/Damann/Mallmann/Reh, BDatSchG)

Simon, Alfons: Bayrische Bauordnung, 8. Aufl.; München 1983 ff., Stand Oktober 1991 (zit.: Simon, BayBauO)

Söfker, Wilhelm: Ferienwohnungen und Windkraftanlagen im Außenbereich nach Städtebaurecht, ZfBR 1989, 91

Soell, Hermann: Das Ermessen der Eingriffsverwaltung, Heidelberg 1973

Starck, Christian: Übermaß an Rechtsstaat, ZRP 1979, 209 (zit.: Übermaß)

ders.: Das Verwaltungsermessen und dessen gerichtliche Kontrolle, in: Festschrift für Horst Sendler, München 1991, S. 167 (zit.: Verwaltungsermessen)

Steinberg, Rudolf: Meinungsfreiheit und Straßennutzung, NJW 1978, 1898

Steiner, Udo: Straßenrecht und Straßenverkehrsrecht, JuS 1984, 1 (zit.: Straßenrecht)

Steiner, Udo (Hrsg.*):* Besonderes Verwaltungsrecht, Heidelberg 1988 (zit.: *Bearbeiter,* in: Steiner, Bes.VerwR)

Stelkens, Paul/Bonk, Heinz Joachim/Leonhardt, Klaus: Verwaltungsverfahrensgesetz, 4. Aufl., München 1993 (zit.: Stelkens/Bonk/ Leonhardt, VwVfG)

Stern, Klaus: Das Staatsrecht der Bundesrepublik Deutschland, Band I, 2. Aufl. München 1984; Band II, München 1980; Band III/1, München 1988 (zit.: Stern, Staatsrecht)

Stern, Klaus: Die öffentliche Sache, VVDStRL 21 (1964), 183

Stier-Somlo, Fritz/Elster, Alexander: Rechtswörterbuch der Rechtswissenschaft, Berlin 1926 - 1937 (zit.: Stier-Somlo/Elster, Rechtswörterbuch)

Strickstrock, Wilhelm: Zum begünstigenden Verwaltungsakt, Festschrift für Apelt 1958, S. 231

Tettinger, Peter J.: Überlegungen zu einem administrativen Prognosespielraum, DVBl 1982, 421

Tipke, Klaus/Kruse, Heinrich Wilhelm: Abgabenordnung, Finanzgerichtsordnung, Kommentar zur AO 1977 und FGO, 8. Aufl., Köln 1976 ff., Stand Mai 1997 (zit.: Tipke/Kruse, AO/FGO)

Ule, Karl Hermann: Zur Anwendung unbestimmter Rechtsbegriffe im Verwaltungsrecht, in: Gedächtnisschrift f. Walter Jellinek, München 1955, S. 309 (zit.: Unbestimmter Rechtsbegriff)

ders.: Unbestimmter Rechtsbegriff und Ermessen im Umweltschutzrecht, DVBl 1973, 756 (zit.: Umweltschutzrecht)

ders.: Rechtsstaat und Verwaltung, VerwArch 76 (1985), 1 ff., 129 ff. (zit.: Rechtsstaat)

Ule, Karl Hermann/Laubinger, Hans-Werner: Bundesimmissionsschutzgesetz Teil I, Neuwied, Kriftel, Berlin 1974 ff., Stand Mai 1997 (zit.: Ule/Laubinger, BImSchG)

Vogel, Klaus/Martens, Wolfgang: Gefahrenabwehr, 9. Aufl., Köln, Berlin, Bonn, München 1986 (zit.: Drews/Wacke/Vogel/Martens, Gefahrenabwehr)

Wahl, Rainer: Genehmigung und Planungsentscheidung, DVBl 1982, 51

Walprecht, Dieter/Cosson, Rainer: Straßen- und Wegegesetz des Landes Nordrhein-Westfalen, Köln, Berlin 1984 (zit.: Walprecht, StrGNRW)

Weyreuther, Felix: Rechtliche Bindung und gerichtliche Kontrolle planender Verwaltung im Bereich des Bodenrechts, BauR 1977, 293

Wittig, Peter: Zum Standort des Verhältnismäßigkeitsgrundsatzes im System des Grundgesetzes, DÖV 1968, 817

Wolff, Hans Julius/Bachof, Otto: Verwaltungsrecht I, 9. Aufl., München 1974 (zit.: Wolff/Bachof, VerwR I)

Würkner, Joachim: Die Freiheit der Kunst in der Rechtsprechung des BVerfG und BVerwG, NVwZ 1992, 1

Zippelius, Reinhold: Juristische Methodenlehre, 6. Aufl., München 1994

Printed by
CPI books GmbH, Leck

FSC
www.fsc.org
MIX
Papier | Fördert gute Waldnutzung
FSC® C083411

Kolibri 360 GmbH
Ferdinand-Jühlke-Straße 7
99095 Erfurt, Deutschland
produktsicherheit@kolibri360.de